ÉPICTÈTE

ENTRETIENS

LIVRE III

COLLECTION DES UNIVERSITÉS DE FRANCE
publiée sous le patronage de l'*ASSOCIATION GUILLAUME BUDÉ*

ÉPICTÈTE

ENTRETIENS

LIVRE III

TEXTE ÉTABLI ET TRADUIT

PAR

Joseph SOUILHÉ

AVEC LA COLLABORATION DE

Amand JAGU

DOYEN DE LA FACULTÉ LIBRE DES LETTRES D'ANGERS

DEUXIÈME TIRAGE REVU ET CORRIGÉ

PARIS
LES BELLES LETTRES
1990

Conformément aux statuts de l'Association Guillaume Budé, ce volume a été soumis à l'approbation de la commission technique, qui a chargé M. J. Meunier d'en faire la révision et d'en surveiller la correction en collaboration avec M. A. Jagu.

Tous droits de traduction, de reproduction et d'adaptation réservés pour tous les pays.

© 1990. Société d'édition Les Belles Lettres,
95 bd Raspail 75006 Paris.

Première édition 1963

ISBN : 2.251.00110-7
ISSN : 0184-7155

CONSPECTUS SIGLORUM

S = Bodleianus, cod. graec. miscellanei 251 (fin du xɪᵉ ou début du xɪɪᵉ siècle).
   S_{pr} = leçon primitive de S.
   $S_a S_b S_c S_d$ = corrections de S à diverses époques.
   Srec = corrections récentes de S.
   s = copies de S.
P = Parisinus Suppl. gr. 65 (xɪɪɪᵉ siècle).
V = Vaticanus graec. 64 (xɪɪɪᵉ siècle).
B = Vaticanus gr. 325 (xɪvᵉ siècle).
F = Cod. Pii II 40 (xvᵉ siècle).
J = Parisinus gr. 1417 (xvᵉ siècle).
Upt. cod. = lectiones ab Uptono adhibitae (1791).
Ven. 251 = Venetus cod. 251 (xvᵉ siècle).
Flor. = Florentinus plutei LX cod. 5 (1485).
Vat. 1374 = Vaticanus gr. 1374 (xvᵉ siècle).
Ottob. 102 = Ottobonianus gr. 102 (xvᵉ siècle).
Par. 1958 = Parisinus gr. 1958 (xvᵉ siècle).
Est. = Estensis II-A-10 (xvᵉ siècle).
Ambr. = Ambrosianus H-52-inf. (xvɪᵉ siècle).
Par. 1959 = Parisinus gr. 1959 (xvɪᵉ siècle).
Barb. = Barberinus gr. 85 (xvɪᵉ siècle).

Stob. = Joannis Stobaei Anthologium, éd. Wachsmuth-Hense, 1884-1923.
   Stobaei P = Parisinus gr. 2129 (xvᵉ siècle).
   Stobaei F = Farnesinus III-D-15 (xɪvᵉ siècle).

CONSPECTUS SIGLORUM

Trinc. = Trincavelli (edit. princeps Veneta 1535).
ed. Bas. = edit. Basileensis 1554.
ed. Salmant. = edit. Salmantica 1555.
ed. Col. = edit. Coloniensis 1595.
ed. Gen. = edit. Genevensis 1595.
Cor. = Coraes.
Kron. = Kronenberg.
Meib. = Meibom.
Rich. = Richards.
Saum. = Saumaise.
Schenkl[1] = Schenkl, édit. de 1894.
Schw. = Schweighäuser.
Upt. = Upton.
Wil. = U. von Wilamowitz-Moellendorff.

Les chiffres inscrits dans la marge extérieure du texte et de la traduction indiquent les sections du chapitre; ceux en caractères gras représentent les pages (recto et verso) du manuscrit qui sert de base à l'édition, le *Bodleianus* (S); enfin, dans la marge intérieure, les chiffres correspondent aux lignes du texte auxquelles renvoie l'apparat critique.

LIVRE III

TITRES DES CHAPITRES DU LIVRE TROISIÈME

1. De la recherche dans la parure.
2. A quoi doit s'exercer celui qui veut progresser, et que nous négligeons les affaires les plus importantes.
3. Quelle est la matière propre à l'homme de bien et à quoi il faut principalement s'exercer.
4. A l'homme qui avait pris parti au théâtre d'une façon inconvenante.
5. A ceux qui quittent l'école pour raison de santé.
6. Choses et autres.
7. A l'inspecteur de cités libres qui était épicurien.
8. Comment il faut s'exercer pour faire face aux représentations.
9. A un rhéteur qui allait à Rome pour un procès.
10. Comment il faut supporter les maladies.
11. Choses et autres.
12. De l'exercice.
13. Ce qu'est l'isolement et quelle sorte d'homme est isolé.
14. Choses et autres.
15. Qu'il faut tout entreprendre avec circonspection.
16. Qu'il faut être prudent pour condescendre à nouer des relations.
17. De la Providence.

ΚΕΦΑΛΑΙΑ ΤΟΥ Γ ΒΙΒΛΙΟΥ

α'. Περὶ καλλωπισμοῦ.
β'. Περὶ τίνα ἀσκεῖσθαι δεῖ τὸν προκόψοντα καὶ ὅτι τῶν κυριωτάτων ἀμελοῦμεν.
γ'. Τίς ὕλη τοῦ ἀγαθοῦ καὶ πρὸς τί μάλιστα ἀσκητέον.
δ'. Πρὸς τὸν ἀκόσμως ἐν θεάτρῳ σπουδάσαντα.
ε'. Πρὸς τοὺς διὰ νόσον ⟨ἀ⟩π⟨αλ⟩λαττομένους.
ϛ'. Σποράδην τινά.
ζ'. Πρὸς τὸν διορθωτὴν τῶν ἐλευθέρων πόλεων Ἐπικούρειον ὄντα.
η'. Πῶς πρὸς τὰς φαντασίας ∥ γυμναστέον.
θ'. Πρός τινα ῥήτορα ἀνιόντα εἰς Ῥώμην ἐπὶ δίκῃ.
⟨ι'. Πῶς φέρειν δεῖ τὰς νόσους.⟩
ια'. Σποράδην τινά.
ιβ'. Περὶ ἀσκήσεως.
ιγ'. Τί ἐρημία καὶ ποῖος ἔρημος.
ιδ'. Σποράδην τινά.
ιε'. Ὅτι δεῖ περιεσκεμμένως ἔρχεσθαι ἐφ' ἕκαστα.
ιϛ'. Ὅτι εὐλαβῶς δεῖ συγκαθιέναι εἰς συμπεριφοράν.
ιζ'. Περὶ προνοίας.

86ʳ

---

3 τίνα: τοῦ τίνα B (τοῦ s. l.) υ J τίνας P ∥ ἀσκεῖσθαι: ἀσκῆσθαι SV ∥ προκόψοντα: προκόψαντα SPVBFJ ∥ 5 τί: τίνα J ∥ 6 θεάτρῳ: τῷ θεάτρῳ B ∥ 7 ἀπαλλαττομένους J: πλαττομένους SPVBF ∥ 12 δίκῃ: δίκην F ∥ 13 πῶς — νόσους om. codd. (add. rubro F) ∥ 15 περὶ — 17 τινά: om. S transp. post ταράσσεσθαι p. 4,1 BF et rubro S ordinem rest. rubro F.

18. Qu'il ne faut pas se laisser troubler par les nouvelles.
19. Quelle est la position d'un profane et celle d'un philosophe.
20. Qu'il est possible de tirer profit de toutes les choses extérieures.
21. A ceux qui font aisément profession de maîtres en philosophie.
22. De la profession de Cynique.
23. A ceux qui lisent et discutent pour parader.
24. Qu'il ne faut pas s'émouvoir pour ce qui ne dépend pas de nous.
25. A ceux qui sont infidèles à leurs résolutions.
26. A ceux qui redoutent le dénuement.

ΚΕΦΑΛΑΙΑ ΤΟΥ Γ΄ ΒΙΒΛΙΟΥ

ιη΄. Ὅτι οὐ δεῖ πρὸς τὰς ἀγγελίας ταράσσεσθαι.
ιθ΄. Τίς στάσις ἰδιώτου καὶ φιλοσόφου.
κ΄.   Ὅτι ἀπὸ πάντων τῶν ἐκτὸς ἔστιν ὠφελεῖσθαι.
κα΄. Πρὸς τοὺς εὐκόλως ἐπὶ τὸ σοφιστεύειν ἐρχομένους.
κβ΄. Περὶ Κυνισμοῦ.
κγ΄. Πρὸς τοὺς ἀναγινώσκοντας καὶ διαλεγομένους ἐπιδεικτικῶς.
κδ΄. Περὶ τοῦ μὴ δεῖν προσπάσχειν τοῖς οὐκ ἐφ᾽ ἡμῖν.
κε΄. Πρὸς τοὺς ἀποπίπτοντας ὧν προέθεντο.
κς΄. Πρὸς τοὺς τὴν ἀπορίαν δεδοικότας.

Chapitre premier

De la recherche dans la parure [1].

1 *La vraie beauté est intérieure.* Un jeune rhéteur en herbe vint un jour le trouver ; sa chevelure était beaucoup trop soignée et toute sa toilette sentait la recherche : Dis-moi, lui demanda Épictète, ne penses-tu pas qu'il y ait des chiens qui soient beaux, et des chevaux, et de même toute autre sorte d'animaux?

— Je le pense, répondit-il.

2 — N'est-ce point vrai également des hommes? N'y en a-t-il point quelques-uns qui sont beaux et d'autres laids?

— Assurément.

— Serait-ce en nous plaçant au même point de vue que nous déclarons beau chacun de ces êtres dans son genre, ou bien avons-nous pour chacun un point de vue spécial? **3** Voici qui te fera comprendre. Puisque, nous le voyons, un chien est destiné par nature à telle tâche, un cheval à telle autre, un rossignol, si tu veux, à telle autre encore, on pourrait, sans dire d'absurdité, déclarer d'une façon générale que chacun d'eux est beau précisément lorsqu'il réalise dans la perfection la fin de sa propre nature; et puisque la nature de chacun est différente, différente aussi me paraît être la beauté de chacun de ces animaux. N'est-ce pas vrai?

1. Tout ce chapitre est d'inspiration fortement platoni-

Γ

α'

Περὶ καλλωπισμοῦ

Εἰσιόντος τινὸς πρὸς αὐτὸν νεανίσκου ῥητορικοῦ 1
περιεργότερον ἡρμοσμένου τὴν κόμην καὶ τὴν ἄλλην περι-
βολὴν κατακοσμοῦντος· « Εἰπέ μοι, ἔφη, εἰ οὐ δοκοῦσίν σοι
κύνες τ' εἶναι καλοί τινες καὶ ἵπποι καὶ οὕτως τῶν ἄλλων
ζῴων ἕκαστον; »

— Δοκοῦσιν, ἔφη.

— Οὐκοῦν καὶ ἄνθρωποι οἱ μὲν καλοί, οἱ δ' αἰσχροί; 2

— Πῶς γὰρ οὔ;

— Πότερον οὖν κατὰ τὸ αὐτὸ ἕκαστα τούτων ἐν τῷ
αὐτῷ γένει καλὰ προσαγορεύομεν ἢ ἰδίως ἕκαστον; οὕτως
δ' ὄψει αὐτό. Ἐπειδὴ πρὸς ἄλλο μὲν ὁρῶμεν κύνα πεφυ- 3
κότα, πρὸς ἄλλο δ' ἵππον, πρὸς ἄλλο δ' εἰ οὕτως τύχοι
ἀηδόνα, καθόλου μὲν οὐκ ἀτόπως || ἀποφήναιτ' ἄν τις
ἕκαστον τηνικαῦτα καλὸν εἶναι, ὁπότε κατὰ τὴν αὐτοῦ
φύσιν κράτιστ' ἔχοι· ἐπεὶ δ' ἡ φύσις ἑκάστου διάφορός
ἐστιν, διαφόρως εἶναί μοι δοκεῖ ἕκαστον αὐτῶν καλόν· ἢ
γὰρ οὔ;

4 ἡρμοσμένου: ἠσχημένου PJ ǁ 5 κατακοσμοῦντος: κατακόσμου
ὄντος Reiske ǁ 6 post ἵπποι intercidisse coni. ἄλλοι δ' οὔ uel
ἄλλοι δ' αἰσχροί Schw. ǁ 7 ἕκαστον: ἑκάστων susp. Schw. ǁ 12
αὐτῷ: αὐτῶν susp. Schw. ǁ 14 prius ἄλλο FJ et ex. corr. B
(ν eras.): ἄλλον SVB¹F ǁ 16 αὐτοῦ B ex corr.: αὐτοῦ SPVB¹FJ
ǁ 17 ἔχοι: ἔχει PJ ǁ 18 ἢ s: ἦ SVBFJ.

Il en convint.

4 — Donc, cela même qui rend le chien beau, ne rend-il pas laid le cheval, et cela même qui rend beau le cheval, ne rend-il pas laid le chien, si leur nature est différente?

— Il le paraît.

5 — Et ainsi, d'après moi, ce qui fait la beauté du lutteur au pancrace ne fait point qu'il soit bon athlète, et, bien plus, rend le coureur ridicule; et le même homme, qui est beau dans le pentathle, n'est-il point fort laid dans la lutte?

— Certainement, répondit-il.

6 — Qu'est-ce donc qui fait la beauté de l'homme, sinon ce qui, dans leur genre, fait celle du chien et du cheval?

— C'est cela même, dit-il.

— Et qu'est-ce qui fait la beauté du chien? C'est la présence en lui de sa perfection propre. Qu'est-ce qui fait celle du cheval? La présence en lui de sa perfection propre. Qu'est-ce qui fait dès lors celle de l'homme? Ne serait-ce
7 point la présence en lui de sa perfection propre? Si tu veux donc être beau, toi aussi, jeune homme, travaille précisément à acquérir cette perfection qui est la perfection humaine.

8 — Mais quelle est-elle?

— Vois quels sont les gens que tu loues, quand, sans passion, tu loues des gens : ceux qui sont justes ou ceux qui sont injustes?

— Ceux qui sont justes.

— Ceux qui observent la tempérance ou les intempérants?

— Ceux qui observent la tempérance.

— Les hommes maîtres d'eux-mêmes ou ceux qui ne le sont pas?

— Les hommes maîtres d'eux-mêmes.

9 — Sache donc qu'en te rendant tel, tu te rendras également beau; mais, tant que tu négligeras ces vertus, tu seras nécessairement laid, quelque artifice dont tu puisses user pour paraître beau.

cienne. Épictète cite l'*Apologie* au § 20 et l'*Alcibiade* au § 42. Le mot ἀρετή est employé au sens de « qualité propre », perfection d'un être, comme dans la *République*, II, 352 *d*-353 *d*.

Ὁμολόγει.

— Οὐκ οὖν ὅπερ κύνα ποιεῖ καλόν, τοῦτο ἵππον αἰσχρόν, 4
ὅπερ δ' ἵππον καλόν, τοῦτο κύνα αἰσχρόν, εἴ γε διάφοροι
αἱ φύσεις εἰσὶν αὐτῶν;

— Ἔοικεν.

— Καὶ γὰρ τὸ παγκρατιαστὴν οἶμαι ποιοῦν καλὸν τοῦτο 5
παλαιστὴν οὐκ ἀγαθὸν ποιεῖ, δρομέα δὲ καὶ γελοιότατον·
καὶ ὁ πρὸς πενταθλίαν καλὸς ὁ αὐτὸς οὗτος πρὸς πάλην
αἴσχιστος;

— Οὕτως, ἔφη.

— Τί οὖν ποιεῖ ἄνθρωπον καλὸν ἢ ὅπερ τῷ γένει καὶ 6
κύνα καὶ ἵππον;

— Τοῦτο, ἔφη.

— Τί οὖν ποιεῖ κύνα καλόν; ἡ ἀρετὴ ἡ κυνὸς παροῦσα.
Τί ἵππον; ἡ ἀρετὴ ἡ ἵππου παροῦσα. Τί οὖν ἄνθρωπον; μή
ποθ' ἡ ἀρετὴ ἡ ἀνθρώπου παροῦσα; Καὶ σὺ οὖν εἰ θέλεις 7
καλὸς εἶναι, νεανίσκε, τοῦτο ἐκπόνει, τὴν ἀρετὴν τὴν
ἀνθρωπικήν.

— Τίς δ' ἐστὶν αὕτη; 8

— Ὅρα τίνας αὐτὸς ἐπαινεῖς, ὅταν δίχα πάθους τινὰς
ἐπαινῇς· πότερα τοὺς δικαίους ἢ τοὺς ἀδίκους;

— Τοὺς δικαίους.

— Πότερον τοὺς σώφρονας ἢ τοὺς ἀκολάστους;

— Τοὺς σώφρονας.

— Τοὺς ἐγκρατεῖς δ' ἢ τοὺς ἀκρατεῖς;

— Τοὺς ἐγκρατεῖς.

— Οὐκοῦν τοιοῦτόν τινα ποιῶν σαυτὸν ἴσθι ὅτι καλὸν 9
ποιήσεις· μέχρις δ' ἂν τούτων ἀμελῇς, αἰσχρόν σ' εἶναι
ἀνάγκη, κἂν πάντα μηχανᾷ ὑπὲρ τοῦ φαίνεσθαί σε καλόν.

11 καλὸν ἢ F : καλόν· ἢ SPVBJ καλὸν; ἢ ed. Bas. καλόν; ἢ
Rich. ‖ τῷ : ἐν τῷ Kron. ‖ 15 alt. ἡ add. Par. 1959 ‖ 20 τινὰς :
τινὸς Upt. ‖ 21 ἐπαινῇς : ἐπαινεῖς BF ‖ 27 ἴσθι Par. 1959 : ἴσει
SVB¹F εἴσῃ PJ et B ex corr. ‖ 29 σε : om. J γε susp. Oldfather ‖
καλόν : καλός S (corr. s_c).

10   *Les reproches que mérite Épictète s'il ne réprimande pas son interlocuteur.*

Sur ce, je ne sais plus comment te parler, car, si je te dis ce que je pense, je vais te froisser et tu t'en iras peut-être pour ne plus revenir. Et si je ne te le dis pas, vois quelle sera mon attitude : car tu viens à moi pour en retirer quelque profit, et moi je ne te servirai en rien ; tu viens à moi comme à un philosophe, et moi je ne te tiendrai aucunement le 11 langage du philosophe. De plus, comme ce serait agir cruellement envers toi que de te laisser sans correction ! Si plus tard tu retrouves ton bon sens, tu auras raison de 12 m'adresser des reproches : « Qu'a remarqué en moi Épictète pour que, me voyant venir à lui dans l'état où je me trouvais, il m'ait abandonné dans une pareille turpitude 13 sans même jamais me dire un mot ? A-t-il désespéré de moi à ce point ? N'étais-je point jeune ? N'étais-je point disposé à écouter la raison ? Et combien d'autres jeunes gens à qui l'âge fait commettre tant de fautes semblables ! 14 J'ai entendu parler d'un certain Polémon, qui était un jeune homme entièrement dissolu et qui a subi une transformation si remarquable. Soit, il ne pensait pas que je serais un autre Polémon ; il pouvait, du moins, corriger ma chevelure, supprimer mes colifichets, me faire renoncer à m'épiler, mais il me voyait ayant l'aspect — de quoi 15 dirai-je — et néanmoins il gardait le silence. » Je ne dis pas, moi, quel est cet aspect. Ce sera à toi de le dire quand tu seras rentré en toi-même et connaîtras quel il est et quels sont ceux qui l'adoptent.

16   *Ceux qui ont mission de veiller sur les hommes.*

Si tu me fais plus tard ces reproches, que trouverai-je pour me justifier ? Oui, me disais-je, je parlerai, et il ne m'écoutera pas. Et Laïos a-t-il écouté Apollon ? En le quittant, ne s'est-il pas enivré et n'a-t-il point envoyé promener l'oracle ? Alors, quoi ? Malgré cela, 17 Apollon ne lui a-t-il pas dit la vérité ? Tandis que, moi, je ne sais si tu m'écouteras ou non, lui, du moins, savait parfaitement qu'il ne l'écouterait pas, et cependant il a parlé.

Ἐντεῦθεν οὐκέτι ἔχω σοι πῶς εἴπω· ἄν τε γὰρ λέγω ἃ φρονῶ, ἀνιάσω σε καὶ ἐξελθὼν τάχα οὐδ᾽ εἰσελεύσῃ· ἄν τε μὴ λέγω, ὅρα οἷον ποιήσω, εἰ σὺ μὲν ἔρχῃ πρός ἐμὲ ὠφεληθησόμενος, ἐγὼ δ᾽ οὐκ ὠφελήσω σ᾽ οὐδέν, καὶ σὺ μὲν ὡς πρὸς φιλόσοφον, ἐγὼ δ᾽ οὐδὲν ἐρῶ σοι ὡς φιλόσοφος. Πῶς δὲ καὶ ὠμόν ἐστι πρὸς αὐτόν σε τὸ περιιδεῖν ἀνεπανόρθωτον; Ἄν ποθ᾽ ὕστερον φρένας σχῇς, εὖ ‖ λόγως μοι ἐγκαλέσεις· « Τί εἶδεν ἐν ἐμοὶ ὁ Ἐπίκτητος, ἵνα βλέπων με τοιοῦτον εἰσερχόμενον πρὸς αὐτὸν οὕτως αἰσχρῶς ἔχοντα περιίδῃ καὶ μηδέποτε μηδὲ ῥῆμα εἴπῃ; οὕτως μου ἀπέγνω; Νέος οὐκ ἤμην; οὐκ ἤμην λόγου ἀκουστικός; πόσοι δ᾽ ἄλλοι νέοι ἐφ᾽ ἡλικίας πολλὰ τοιαῦτα διαμαρτάνουσιν; Τινά ποτ᾽ ἀκούω Πολέμωνα ἐξ ἀκολαστοτάτου νεανίσκου τοσαύτην μεταβολὴν μεταβαλεῖν. Ἔστω, οὐκ ᾤετό με Πολέμωνα ἔσεσθαι· τὴν μὲν κόμην ἠδύνατό μου διορθῶσαι, τὰ μὲν περιάμματά μου περιελεῖν, ψιλούμενόν με παῦσαι ἠδύνατο, ἀλλὰ βλέπων με — τίνος εἴπω; — σχῆμα ἔχοντα ἐσιώπα. » Ἐγὼ οὐ λέγω τίνος ἐστὶ τὸ σχῆμα τοῦτο· σὺ δ᾽ αὐτὸ ἐρεῖς τόθ᾽ ὅταν εἰς σαυτὸν ἔλθῃς, καὶ γνώσει οἷόν ἐστι καὶ τίνες αὐτὸ ἐπιτηδεύουσι.

Τοῦτό μοι ὕστερον ἂν ἐγκαλῇς, τί ἕξω ἀπολογήσασθαι; Ναί· ἀλλ᾽ ἐρῶ καὶ οὐ πεισθήσεται. Τῷ γὰρ Ἀπόλλωνι ἐπείσθη ὁ Λάιος; οὐκ ἀπελθὼν καὶ μεθυσθεὶς χαίρειν εἶπεν τῷ χρησμῷ; τί οὖν; παρὰ τοῦτο οὐκ εἶπεν αὐτῷ ὁ Ἀπόλλων τὰς ἀληθείας; Καίτοι ἐγὼ μὲν οὐκ οἶδα οὔτ᾽ εἰ πεισθήσῃ μοι οὔτ᾽ εἰ μή· ἐκεῖνος δ᾽ ἀκριβέστατα ᾔδει ὅτι οὐ πεισθήσεται, καὶ ὅμως εἶπεν.

4 ὠφεληθησόμενος: ὡς ὠφεληθησόμενος Kron. ‖ ἐγὼ Upt. cod.: ἔργωι SPVBFJ ‖ 6 Πῶς: ἄλλως Elter ‖ δὲ καί: δ᾽ οὐχί Upt. δὲ καὶ οὐκ Cor. ‖ 7 ἄν: κἄν Rich. ‖ 9 πρός: εἰς J ‖ 10 καὶ add. J. ‖ 12 ἐφ᾽: ὑφ᾽ Reiske Schw. ‖ 13 Τινά: οἷόν (uel οὐχί) τινά Reiske ‖ 16 τὰ μὲν: τὰ δὲ Upt. cod. ‖ 17 βλέπων: βλέπει S (corr. s_b) ‖ 19 αὐτό: αὐτός susp. Schw. ‖ τόθ᾽: τότ᾽ SPVF et ex corr. ut uid. B ‖ 21 ἄν: ἤν PJ ‖ 22 καί: καὶ γὰρ susp. Schw. ‖ 24 παρά: πρός Meib.

18 — Et pourquoi a-t-il parlé ?
— Et pourquoi est-il Apollon ? Et pourquoi rend-il des oracles ? Et pourquoi s'est-il établi en un lieu qui fît de lui le prophète et la source de la vérité et le rendez-vous de tous les habitants du monde civilisé ? Et pourquoi est-il inscrit sur le temple : « Connais-toi toi-même », bien que personne ne comprenne ce mot ?

19 Socrate réussissait-il à persuader tous ceux qui venaient à lui de prendre soin d'eux-mêmes ? Pas même un sur mille. Néanmoins, placé, comme il le dit, à ce poste par la divinité, il ne l'a plus abandonné. Mais,
20 jusque devant ses juges, que dit-il ? « Si vous me relâchez, proclame-t-il, à cette condition que je cesse de faire ce que je fais à présent, je n'accepterai pas et je ne cesserai pas. Mais, jeune ou vieux, quiconque en un mot je trouverai sur mon chemin, je lui poserai ces mêmes questions que je pose actuellement, et principalement à vous, ajouta-t-il, à vous mes concitoyens, puisque vous me tenez de plus
21 près par le sang[1]. » — Es-tu à ce point, Socrate, indiscret et brouillon ? Et que t'importe, à toi, ce que nous faisons ?
— « Mais que dis-tu ? Compagnon de ma vie et du même sang que moi, tu te négliges toi-même et tu fournis à la ville un mauvais citoyen, à tes parents un mauvais parent, à tes voisins un mauvais voisin. »

22 — Mais toi, qui es-tu ?
— A cette question, il est téméraire de répondre : « Je suis celui dont le devoir est de s'occuper des hommes[2]. » Car, s'il s'agit du lion, ce n'est pas non plus le premier bouvillon venu qui ose lui résister, mais si le taureau se présente et lui résiste, demande au taureau, si cela te fait plaisir : « Et toi, qui es-tu ? » et « De quoi te mêles-tu ? »
23 Homme, dans toute espèce, la nature produit quelque individu supérieur : parmi les bœufs, parmi les chiens, parmi les abeilles, parmi les chevaux. Ne va donc pas dire

---

1. Platon, *Apologie*, 28 e, 29 c et 30 a.
2. Comparer Platon, *Apologie*, 30 *a-b* : « Ma seule affaire, c'est en effet d'aller par les rues pour vous persuader, jeunes et vieux, de ne vous préoccuper ni de votre corps ni de votre fortune aussi passionnément que de votre âme, pour la rendre aussi bonne que possible... » (Trad. Croiset).

— Διὰ τί δ' εἶπεν;

— Διὰ τί δὲ Ἀπόλλων ἐστίν; διὰ τί δὲ χρησμῳδεῖ; διὰ τί δ' εἰς ταύτην τὴν χώραν ἑαυτὸν κατατέταχεν, ὥστε μάντις εἶναι καὶ πηγὴ τῆς ἀληθείας καὶ πρὸς αὐτὸν ἔρχεσθαι τοὺς ἐκ τῆς οἰκουμένης; διὰ τί δὲ προγέγραπται τὸ γνῶθι σαυτὸν μηδενὸς αὐτὸ νοοῦντος;

Σωκράτης πάντας ἔπειθε τοὺς προσιό⟨ν⟩τας ἐπιμελεῖσθαι ἑαυτῶν; οὐδὲ τὸ χιλιοστὸν μέρος. Ἀλλ' ὅμως ἐπειδὴ εἰς ταύτην τὴν τάξιν ὑπὸ τοῦ δαιμονίου, ὥς φησιν αὐτός, κατετάχθη, ‖ μηκέτι ἐξέλιπεν. Ἀλλὰ καὶ πρὸς τοὺς δικαστὰς τί λέγει; « Ἄν μ' ἀφῆτε », φησίν, « ἐπὶ τούτοις, ἵνα μηκέτι ταῦτα πράσσω ἃ νῦν, οὐκ ἀνέξομαι οὐδ' ἀνήσω· ἀλλὰ καὶ νέῳ καὶ πρεσβυτέρῳ καὶ ἁπλῶς ἀεὶ τῷ ἐντυγχάνοντι προσελθὼν πεύσομαι ταῦτα ἃ καὶ νῦν πυνθάνομαι, πολὺ δὲ μάλιστα ὑμῶν, φησί, τῶν πολιτῶν, ὅτι ἐγγυτέρω μου γένει ἐστέ. » Οὕτως περίεργος εἶ, ὦ Σώκρατες, καὶ πολυπράγμων; τί δέ σοι μέλει τί ποιοῦμεν; « Οἷον καὶ λέγεις; κοινωνός μου ὢν καὶ συγγενὴς ἀμελεῖς σεαυτοῦ καὶ τῇ πόλει παρέχεις πολίτην κακὸν καὶ τοῖς συγγενέσι συγγενῆ καὶ τοῖς γείτοσι γείτονα. »

— Σὺ οὖν τίς εἶ;

— Ἐνταῦθα μέγα ἐστὶ τὸ εἰπεῖν ὅτι· « οὗτός εἰμι, ᾧ δεῖ μέλειν ἀνθρώπων. » Οὐδὲ γὰρ λέοντι τὸ τυχὸν βοίδιον τολμᾷ ἀντιστῆναι αὐτῷ· ἂν δ' ὁ ταῦρος προσελθὼν ἀντιστήτῃ, λέγε αὐτῷ, ἄν σοι δόξῃ· « Σὺ δὲ τίς εἶ; » καὶ « Τί σοι μέλει; » Ἄνθρωπε, ἐν παντὶ γένει φύεταί τι ἐξαίρετον· ἐν βουσίν, ἐν κυσίν, ἐν μελίσσαις, ἐν ἵπποις. Μὴ δὴ λέγε τῷ ἐξαιρέτῳ·

2 prius διὰ add. Upt. cod. J. ‖ 7 ἔπειθε: ἔπεισε Kron. ‖ προσιόντας: προσιότας SF ‖ 10 μηκέτι ἐξέλιπεν: μή τι ἐξέλιπεν; Cor. ‖ 12 ταῦτα om. J. ‖ 15 καὶ om. J. ‖ 16 ἐγγυτέρω: ἐγγυτέρωι S ‖ 25 αὐτῷ om. Upt. cod. J. ‖ 26 δόξῃ: δόξῃς (δόξῃ ex corr.) S.

à cet individu supérieur : « Mais toi, qu'es-tu ? » Sinon, il empruntera bien quelque voix pour te répondre : « Moi, je suis ce qu'est la pourpre dans le vêtement. Ne me demande pas de ressembler aux autres ou reproche à ma nature de m'avoir fait différent des autres. »

24 *Exhortation à agir comme un homme.* Mais quoi ! Est-ce là ce que je suis ? Loin de là ! Et toi, es-tu capable d'entendre la vérité ? Plût au ciel ! Néanmoins, puisque me voilà en somme condamné à porter la barbe blanche et le manteau grossier et que tu viens à moi comme à un philosophe, je ne te traiterai pas avec cruauté ni comme si je désespérais de toi, mais je te dirai : Jeune homme, qui veux-tu rendre beau ? Apprends d'abord à connaître qui tu es et pare-toi en
25 conséquence. Tu es un homme, c'est-à-dire un animal mortel doué de la faculté d'user rationnellement de ses représentations. Mais que signifie *rationnellement* ? Cela signifie : en accord avec la nature et selon la perfection. Quel est donc en toi l'élément supérieur ? L'animal ? Non. Le mortel ? Non. La faculté d'user de tes représentations ?
26 Non. L'élément raisonnable, voilà quel est en toi l'élément supérieur. C'est lui que tu dois parer et embellir. Quant à ta chevelure, laisse-la à Celui qui l'a façonnée comme Il
27 a voulu. Voyons, quels autres noms portes-tu ? Es-tu un homme ou une femme ? Un homme. C'est donc un homme que tu dois embellir, non une femme. La nature a fait celle-ci imberbe et délicate; si elle est couverte de poils, c'est un monstre, et on l'exhibe à Rome parmi les monstres.
28 Mais c'est la même chose pour l'homme de ne pas avoir de poils : si c'est par nature qu'il n'en a pas, il est un monstre, mais si lui-même se les arrache, s'il s'épile, qu'en ferons-nous ? Où l'exhiberons-nous et quel sera notre boniment ? « Je vous montrerai un homme qui aime mieux être une
29 femme qu'un homme. » Le hideux spectacle ! Il n'est personne qui ne soit abasourdi par ce boniment. Par Zeus, ceux mêmes qui s'épilent, j'imagine, agissent comme ils le font sans se rendre compte du sens de leur action.
30 Homme, qu'as-tu à reprocher à ta nature ? De t'avoir

« Σὺ οὖν τί εἶ; » Εἰ δὲ μή, ἐρεῖ σοι φωνήν ποθεν λαβόν·
« Ἐγώ εἰμι τοιοῦτον οἷον ἐν ἱματίῳ πορφύρα· μή μ' ἀξίου
ὅμοιον εἶναι τοῖς ἄλλοις ἢ τῇ φύσει μου μέμφου, ὅτι με
διαφέροντα παρὰ τοὺς ἄλλους ἐποίησεν. »

Τί οὖν; ἐγὼ τοιοῦτος; πόθεν; Σὺ γὰρ τοιοῦτος οἷος
ἀκούειν τἀληθῆ; ὤφελεν. Ἀλλ' ὅμως ἐπεί πως κατεκρίθην
πώγωνα ἔχειν πολιὸν καὶ τρίβωνα καὶ σὺ εἰσέρχῃ πρὸς ἐμὲ
ὡς πρὸς φιλόσοφον, οὐ χρήσομαί σοι ὠμῶς οὐδ' ἀπογνωστι-
κῶς, ἀλλ' ἐρῶ· Νεανίσκε, τίνα θέλεις καλὸν ποιεῖν; γνῶθι
πρῶτον τίς εἶ καὶ οὕτως κόσμει σεαυτόν. Ἄνθρωπος εἶ·
τοῦτο δ' ἐστὶ θνητὸν ζῷον χρηστικὸν φαντασίαις
λογικῶς. Τὸ δὲ λογικῶς τί ἐστιν; φύσει ὁμολογουμέ-
νως καὶ τελέως. Τί οὖν ἐξαίρετον ἔχεις; Τὸ ζῷον; οὔ.
Τὸ θνητόν; οὔ. Τὸ χρηστικὸν φαντασίαις; οὔ. Τὸ λογικὸν
ἔχεις ἐξαίρετον· τοῦτο κόσμει καὶ καλλώπιζε· τὴν κόμην
δ' ἄφες τῷ πλάσαντι ὡς αὐτὸς ἠθέλησεν. Ἄγε, τίνας ἄλλας
ἔχεις προσηγορίας; ἀνήρ εἶ ἢ γυνή; — Ἀνήρ. — Ἄνδρα
οὖν καλλώπιζε, μὴ γυναῖκα. Ἐκείνη φύσει λεία γέγονε καὶ
τρυφερά· κἂν ἔχῃ τρίχας πολλάς, τέρας ἐστὶ καὶ ἐν τοῖς
τέρασιν ἐν Ῥώμῃ δείκνυται. Τοῦτο δ' ἐπ' ἀνδρός ἐστι τὸ
μὴ ἔχειν· κἂν μὲν φύσει μὴ ἔχῃ, τέρας ἐστίν, ἂν δ' αὐτὸς
ἑαυτοῦ ἐκκόπτῃ καὶ ἀποτίλλῃ, τί αὐτὸν ποιήσωμεν; ποῦ
αὐτὸν δείξωμεν καὶ τί προγράψωμεν; « Δείξω ὑμῖν ἄνδρα
ὃς θέλει μᾶλλον γυνὴ εἶναι ἢ ἀνήρ. » Ὢ δεινοῦ θεάματος·
οὐδεὶς οὐχὶ θαυμάσει τὴν προγραφήν· νὴ τὸν Δία, οἶμαι
ὅτι αὐτοὶ οἱ τιλλόμενοι οὐ παρακολουθοῦντες ὅτι τοῦτ'
αὐτό ἐστιν, ὃ ποιοῦσιν, ποιοῦσιν. Ἄνθρωπε, τί ἔχεις

1 τί: τίς Upt. cod. ‖ ποθεν: ἔσωθεν Elter ‖ λαβόν: λαβών Upt.
cod. J ‖ 3 μου del. Kron. ‖ 5 ἐγώ: ἐγώ οὐ s$_b$ uel s$_c$ ‖ 11 χρησ-
τικόν: χρηστικαῖς (-τικόν ex corr.) S ‖ 12 λογικῶς: λογικόν (corr.
s$_b$) S (bis) ‖ φύσει: τῇ φύσει Cor. ‖ 20 Τοῦτο: τοὐναντίον Reiske
ταὐτὸ Blass ‖ 22-23 ποῦ αὐτὸν δείξωμεν: ποῦ αὐτὸν τάξομεν (uel
ποῖον αὐτὸν δείξομεν) Reiske ‖ 27 alt. ποιοῦσιν: ἐροῦσιν Wolf
ποιήσουσιν (uel θαυμάσουσιν) Meib. del. Reiske.

fait homme ? Eh quoi ! devait-elle faire de tous les êtres des femmes ? Et quel profit aurais-tu alors retiré de ta parure ? Pour qui te parerais-tu si tous étaient des femmes ? Mais cette vilaine chose te déplaît. Agis alors radicalement ; extirpe — comment dirai-je — la cause des poils. Transforme-toi complètement en femme, afin que nous ne puissions nous y tromper, et ne sois pas moitié homme et moitié femme. A qui veux-tu plaire ? Aux femmelettes ? Plais-leur comme un homme.

— Oui, mais elles aiment les hommes imberbes.

— N'iras-tu pas te faire pendre ? Et, si elles aimaient les invertis, deviendrais-tu un inverti ? Est-ce là ton rôle, es-tu né à cette fin, de te faire aimer des femmes dissolues ? Ferons-nous d'un homme tel que toi un citoyen de Corinthe, et, le cas échéant, un astynome ou un surveillant d'éphèbes ou un stratège ou un agonothète ? Voyons, même une fois marié, vas-tu te faire épiler ? Pour qui et à quelle fin ? Et quand tu auras des enfants, eux aussi vas-tu les faire épiler pour les introduire ainsi dans l'État ? Le beau citoyen, le beau sénateur, le bel orateur ! Est-ce là le genre de jeunesse qu'il nous faut souhaiter voir naître et grandir chez nous [1] ?

Le maître, interprète de Dieu. Par les dieux, je t'en conjure, qu'il n'en soit pas ainsi, jeune homme, mais, une fois que tu as entendu ces discours, dis-toi à toi-même en t'en retournant : « Tout cela, ce n'est point Épictète qui me l'a exprimé. D'où, en effet, l'aurait-il tiré ? Mais c'est par sa bouche quelque dieu bienveillant. Il n'aurait pu venir à l'esprit d'Épictète de me tenir ce langage, lui qui n'a pas l'habitude de parler à qui que ce soit. Eh bien, donc ! obéissons au dieu pour ne pas devenir l'objet de sa colère. »

Non, ce n'est pas Épictète. Si un corbeau vient à te donner quelque signe par ses croassements, ce n'est pas

---

1. Dans tout ce passage, Épictète semble s'inspirer de son maître Musonius Rufus (fr. XXI, pp. 114-116, O. Hense). Ce dernier critique les hommes qui se rasent ou arrangent leur chevelure pour attirer les regards « des femmes ou des mignons par qui ils veulent être loués ».

ἐγκαλέσαι σου τῇ φύσει; ὅτι σε ἄνδρα ἐγέννησεν;
Τί οὖν; πάσας ἔδει γυναῖκας γεννῆσαι; καὶ τί ἂν ὄφελος
ἦν σοι τοῦ κοσμεῖσθαι; τίνι ἂν ἐκοσμοῦ, εἰ πάντες ἦσαν
γυναῖκες; Ἀλλ᾽ οὐκ ἀρέσκει σοι τὸ πραγμάτιον; ὅλον δι᾽ 31
ὅλων αὐτὸ ποίησον· ἆρον — τί ποτ᾽ ἐκεῖνο; — τὸ αἴτιον
τῶν τριχῶν· ποίησον εἰς ἅπαντα σαυτὸν γυναῖκα, ἵνα μὴ
πλανώμεθα, μὴ τὸ μὲν ἥμισυ ἀνδρός, τὸ δ᾽ ἥμισυ γυναικός.
Τίνι θέλεις ἀρέσαι; τοῖς γυναικαρίοις; ὡ⟨ς⟩ ἀνὴρ αὐτοῖς 32
ἄρεσον.

— Ναί· ἀλλὰ τοῖς λείοις χαίρουσιν.

— Οὐκ ἀπάγξῃ; καὶ εἰ τοῖς κιναίδοις ἔχαιρον, ἐγένου ἂν
κίναιδος; Τοῦτό σοι τὸ ἔργον ἐστίν, ἐπὶ τοῦτο ἐγεννήθης, 33
ἵνα σοι αἱ γυναῖκες αἱ ἀκόλαστοι χαίρωσιν; τοιοῦτόν σε 34
θῶμεν πολίτην Κορινθίων, κἂν οὕτως τύχῃ, ἀστυνόμον ἢ
ἐφήβαρχον ἢ στρατηγὸν ἢ ἀγωνοθέτην; ‖ Ἄγε καὶ γαμήσας 35
τίλλεσθαι μέλλεις; τίνι καὶ ἐπὶ τί; καὶ παιδία ποιήσας
εἶτα κἀκεῖνα τιλλόμενα ἡμῖν εἰσάξεις εἰς τὸ πολίτευμα;
καλὸς πολίτης καὶ βουλευτὴς καὶ ῥήτωρ. Τοιούτους δεῖ
νέους εὔχεσθαι ἡμῖν φύεσθαι καὶ ἀνατρέφεσθαι;

Μή, τοὺς θεούς σοι, νεανίσκε· ἀλλ᾽ ἅπαξ ἀκούσας τῶν 36
λόγων τούτων ἀπελθὼν σαυτῷ εἰπέ· «Ταῦτά μοι Ἐπίκτητος
οὐκ εἴρηκεν· πόθεν γὰρ ἐκείνῳ; ἀλλὰ θεός τίς ποτ᾽
εὐμενὴς δι᾽ ἐκείνου. Οὐδὲ γὰρ ἂν ἐπῆλθεν Ἐπικτήτῳ
ταῦτα εἰπεῖν οὐκ εἰωθότι λέγειν πρὸς οὐδένα. Ἄγε οὖν τῷ 37
θεῷ πεισθῶμεν, ἵνα μὴ θεοχόλωτοι ὦμεν.» Οὔ· ἀλλ᾽ ἂν μὲν
κόραξ κραυγάζων σημαίνῃ σοί τι, οὐχ ὁ κόραξ ἐστὶν ὁ
σημαίνων, ἀλλ᾽ ὁ θεὸς δι᾽ αὐτοῦ· ἂν δὲ δι᾽ ἀνθρωπίνης

---

4 πραγμάτιον: σωμάτιον i. m. ed. Salmant. ‖ ὅλον: ψιλὸν
Reiske ‖ 5 αὐτὸ ποίησον: σαυτὸν ποίησον Reiske ἀποποιῆσαι
Wolf ‖ τί ποτ᾽ ἐκεῖνο: τὸ τί ποτ᾽ ἐκεῖνο Blass τί ποτ᾽ del. Wolf
del. Upt. ‖ 6 τῶν τριχῶν: τῆς τριχ S ‖ 8 ὡς: ὣ S (corr. Sb). ‖
11 ἐγένου: ἐγίνου Cor. ‖ 12 Τοῦτό σοι: τοῦτο σὸν uel σοῦ susp.
Schenkl ‖ 13 χαίρωσιν PFJ: χαίρουσιν SVB ‖ 16 ποιήσας: ποιήσεις
PJ ‖ 19-20 ἀνατρέφεσθαι; Μή: ἀνατρέφεσθαι, νὴ edd. Upt.

le corbeau qui donne le signe, mais le dieu par lui; et s'il donne un signe par l'intermédiaire de la voix humaine, ne fera-t-il pas l'homme te parler ainsi, pour que tu connaisses la puissance de la divinité et saches qu'il donne son signe aux uns d'une manière, aux autres d'une autre, mais que, s'il s'agit des problèmes les plus graves et les plus importants, il le donne par l'intermédiaire du plus noble
38 de ses messagers [1] ? Est-ce autre chose que dit le poète :

> *Car nous l'avions averti nous-mêmes*
> *Par Hermès au regard perçant, le meurtrier d'Argus,*
> *De ne point tuer l'époux et de ne point convoiter l'épouse* [2].

39 Et, comme Hermès est descendu pour lui donner cet avertissement, de même les dieux aujourd'hui t'ont envoyé « Hermès le messager, meurtrier d'Argus », pour t'avertir de ne point modifier ce qui est bien et de ne point perdre ta peine, mais de laisser l'homme être un homme, la femme, une femme, l'homme beau, beau comme un homme,
40 l'homme laid, laid comme un homme. Car tu n'es ni chair ni poils, mais une personne morale : si tu la rends belle,
41 alors tu seras beau. Mais, pour l'instant, je n'ose te dire que tu es laid, car tu me parais désirer entendre tout
42 autre chose que cela. Vois, toutefois, ce que dit Socrate à l'homme le plus beau et à la fleur de l'âge, Alcibiade : « Tâche donc d'être beau [3]. » Que veut-il lui dire? Arrange ta chevelure et épile tes jambes ? A Dieu ne plaise ! mais : Pare ta personne morale, extirpe les opinions mauvaises.

43 — Et le misérable corps, alors, comment le traiter? — Suivant sa nature. Un Autre [4] a pris soin de ces choses; remets-t'en à lui.

— Eh quoi ! Faut-il être sale?

44 — A Dieu ne plaise ! Mais l'être que tu es et que tu

---

1. La même idée sera reprise au chapitre XXII, 23-25, où Épictète trace le portrait du vrai Cynique.
2. Homère, *Odyssée*, I, 37 sq.
3. Platon, *Alcibiade*, 131 d.
4. Épictète use plusieurs fois de cette expression pour désigner Dieu (I, 25, 13; 30, 1; II, 5, 22; IV, 1, 103). On en a rapproché le titre messianique de « Fils de l'homme ».

φωνῆς σημαίνῃ τι, τὸν ἄνθρωπον οὐ ποιήσει λέγειν σοι ταῦτα, ἵνα γνώῃς τὴν δύναμιν τοῦ δαιμονίου, ὅτι τοῖς μὲν οὕτως, τοῖς δ' ἐκείνως σημαίνει, περὶ δὲ τῶν μεγίστων καὶ κυριωτάτων ⟨διὰ⟩ καλλίστου ἀγγέλου σημαίνει; Τί ἐστιν ἄλλο, ὃ λέγει ὁ ποιητής;

> ἐπεὶ πρό οἱ εἴπομεν ἡμεῖς,
> Ἑρμείαν πέμψαντες ἐύσκοπον ἀργειφόντην,
> μήτ' αὐτὸν κτείνειν μήτε μνάασθαι ἄκοιτιν.

Ὁ Ἑρμῆς καταβὰς ἔμελλεν αὐτῷ λέγειν ταῦτα καὶ σοὶ νῦν λέγουσιν οἱ θεοὶ ταῦτα '**Ἑρμείαν πέμψαντες διάκτορον ἀργειφόντην** μὴ ἐκστρέφειν τὰ καλῶς ἔχοντα μηδὲ περιεργάζεσθαι, ἀλλ' ἀφεῖναι τὸν ἄνδρα ἄνδρα, τὴν γυναῖκα γυναῖκα, τὸν καλὸν ἄνθρωπον ὡς καλὸν ἄνθρωπον, τὸν αἰσχρὸν ὡς ἄνθρωπον αἰσχρόν. Ὅτι οὐκ εἶ κρέας οὐδὲ τρίχες, ἀλλὰ προαίρεσις· ταύτην ἂν σχῇς καλήν, τότ' ἔσει καλός. Μέχρι δὲ νῦν οὐ τολμῶ σοι λέγειν ὅτι αἰσχρὸς εἶ· δοκεῖς γάρ μοι πάντα θέλειν ἀκοῦσαι ἢ τοῦτο. Ἀλλ' ὅρα ‖ τί λέγει Σωκράτης τῷ καλλίστῳ πάντων καὶ ὡραιοτάτῳ Ἀλκιβιάδῃ· «**Πειρῶ οὖν καλὸς εἶναι.**» Τί αὐτῷ λέγει; «Πλάσσε σου τὴν κόμην καὶ τίλλε σου τὰ σκέλη»; μὴ γένοιτο· ἀλλὰ «Κόσμει σου τὴν προαίρεσιν, ἔξαιρε τὰ φαῦλα δόγματα.» Τὸ σωμάτιον οὖν πῶς; ὡς πέφυκεν. Ἄλλῳ τούτων ἐμέλησεν· ἐκείνῳ ἐπίτρεψον. — Τί οὖν; ἀκάθαρτον δεῖ εἶναι; — Μὴ γένοιτο· ἀλλ' ὃς εἶ

---

1 οὐ ποιήσει SbPVBJ : ποιήσει S οὐ οἰήσει Reiske προσποιήσῃ Blass ‖ 2 ἵνα γνώῃς : ἵνα γνοίῃς PVBF ἵν' ἀγνοῇς Blass Kron. ‖ 4 διὰ om. S (add. s_b) ‖ 6 πρό οἱ εἴπομεν Upt. ex Homero : οἱ (οἵ B om. F) προείπομεν codd. ‖ 7 πέμψαντες : πέμψαντ' PV πέμψαντε Oldfather (et sic 10) ‖ ἐύσκοπον : διάκτορον Oldfather ‖ 9 αὐτῷ : Αἰγίσθῳ Bentley ‖ 11 ἐκστρέφειν : ἐκτρέφειν V ἐκτρέπειν (uel ἐκτρίβειν aut ἐκτίλλειν Wolf) ed. Salmant. i. m. Wolf ‖ 13 ἄνθρωπον del. Oldfather ‖ 14 ὡς ἄνθρωπον : ἄνθρωπον ὡς Elter ὡς Barb. Kron. ‖ 16 τότ' : ποτ' PJ ποτε, τότ' susp. Schw. ‖ 22 ἔξαιρε : ἐξαίρει Kron. ‖ 23 ἐπίτρεψον : ἐπισ- (ἐπι- ex corr.) SV.

tiens de la nature, c'est celui-là que tu dois conserver propre : homme, sois propre comme un homme, femme, comme une femme, enfant, comme un enfant.

45 Non, mais nous allons aussi arracher la crinière du lion pour qu'il ne soit pas sale, et la crête du coq, car lui aussi doit être propre. Sans doute, mais comme un coq, et celui-là comme un lion, et le chien de chasse comme un chien de chasse.

καὶ πέφυκας, τοῦτον κάθαιρε, ἄνδρα ὡς ἄνδρα καθάριον 45
εἶναι, γυναῖκα ὡς γυναῖκα, παιδίον ὡς παιδίον. Οὔ; ἀλλὰ
καὶ τοῦ λέοντος ἐκτίλωμεν τὴν κόμην, ἵνα μὴ ἀκάθαρτος
ᾖ, καὶ τοῦ ἀλεκτρυόνος τὸν λόφον· δεῖ γὰρ καὶ τοῦτον
5 καθάριον εἶναι. Ἀλλ' ὡς ἀλεκτρυόνα καὶ ἐκεῖνον ὡς λέοντα
καὶ τὸν κυνηγετικὸν κύνα ὡς κυνηγετικόν.

1 τοῦτον: τοῦτο edd. || κάθαιρε: καθαρὸν PJ || 2 εἶναι: εἶναι δεῖ Wolf || 3 καὶ om. PJ || 4 λόφον· δεῖ: λόφον; δεῖ Blass || 5 εἶναι. Ἀλλ': εἶναι. Οὔ· ἀλλ' Upt. εἶναι. Ναί· ἀλλ' susp. Schw. εἶναι, ἀλλ' Blass.

Chapitre II

*A quoi doit s'exercer celui qui veut progresser,
et que nous négligeons les affaires les plus importantes.*

1 **Les trois disciplines philosophiques.** Il y a trois disciplines auxquelles doit s'être exercé l'homme qui veut acquérir la perfection : celle qui concerne les désirs et les aversions, afin de ne pas se voir frustré dans ses désirs et de ne pas rencontrer ce qu'on cherche à éviter; celle qui concerne les propensions et les répulsions, et, d'une façon générale, ce qui a trait au devoir, afin d'agir d'une façon ordonnée, réfléchie, sans négligence; la troisième est celle qui concerne la fuite de l'erreur, la prudence du jugement, en un mot ce qui se rapporte aux assentiments.

2

3 De toutes, la principale et la plus urgente est celle qui regarde les passions, car la passion ne vient point d'ailleurs que du fait de se voir frustré dans ses désirs ou de rencontrer ce qu'on cherche à éviter. Voilà ce qui amène les troubles, les agitations, les infortunes, les calamités, les chagrins, les lamentations, la malignité; ce qui rend envieux, jaloux, passions qui empêchent même de prêter l'oreille à la raison.

4 La seconde discipline concerne le devoir : je ne dois pas, en effet, être insensible comme une statue, mais observer avec soin ce que réclament les relations naturelles ou acquises, comme un homme religieux, comme un fils, comme un frère, comme un père, comme un citoyen.

5 **A qui convient la troisième discipline.** La troisième discipline s'adresse à ceux qui sont déjà en progrès : elle a pour objet d'assurer à ceux-là mêmes la fermeté d'esprit, en sorte que, pas même dans leur sommeil, ne se présente à eux, à leur

β'

Περὶ τίνα ἀσκεῖσθαι δεῖ τὸν προκόψοντα
καὶ ὅτι τῶν κυριωτάτων ἀμελοῦμεν.

Τρεῖς εἰσι τόποι, περὶ οὓς ἀσκηθῆναι δεῖ τὸν ἐσόμενον 1
καλὸν καὶ ἀγαθόν· ὁ περὶ τὰς ὀρέξεις καὶ τὰς ἐκκλίσεις,
ἵνα μήτ' ὀρεγόμενος ἀποτυγχάνῃ μήτ' ἐκκλίνων περι-
πίπτῃ· ὁ περὶ τὰς ὁρμὰς καὶ ἀφορμὰς καὶ ἁπλῶς ὁ περὶ 2
τὸ καθῆκον, ἵνα τάξει, ἵνα εὐλογίστως, ἵνα μὴ ἀμελῶς·
τρίτος ἐστὶν ὁ περὶ τὴν ἀνεξαπατησίαν καὶ ἀνεικαιότητα
καὶ ὅλως ὁ περὶ τὰς συγκαταθέσεις. Τούτων κυριώτατος 3
καὶ μάλιστα ἐπείγων ἐστὶν ὁ περὶ τὰ πάθη· πάθος γὰρ
ἄλλως οὐ γίνεται εἰ μὴ ὀρέξεως ἀποτυγχανούσης ἢ ἐκκλίσεως περιπιπτούσης. Οὗτός ἐστιν ὁ ταραχάς, θορύβους,
ἀτυχίας, ὁ δυστυχίας ἐπιφέρων, ὁ πένθη, οἰμωγάς,
φθόνους, ὁ φθονερούς, ὁ ζηλοτύπους ποιῶν, δι' ὧν οὐδ'
ἀκοῦσαι λόγου δυνάμεθα. || Δεύτερός ἐστιν ὁ περὶ τὸ καθῆ- 4
κον· οὐ δεῖ γάρ με εἶναι ἀπαθῆ ὡς ἀνδριάντα, ἀλλὰ τὰς
σχέσεις τηροῦντα τὰς φυσικὰς καὶ ἐπιθέτους ὡς εὐσεβῆ,
ὡς υἱόν, ὡς ἀδελφόν, ὡς πατέρα, ὡς πολίτην.

Τρίτος ἐστὶν ὁ ἤδη τοῖς προκόπτουσιν ἐπιβάλλων, ὁ 5
περὶ τὴν αὐτῶν τούτων ἀσφάλειαν, ἵνα μηδ' ἐν ὕπνοις
λάθῃ τις ἀνεξέταστος παρελθοῦσα φαντασία μηδ' ἐν
οἰνώσει μηδὲ μελαγχολῶντος.

2 τίνα: τοῦ τίνα J || ἀσκεῖσθαι: ἀσκῆσθαι (corr. m. pr.) S ||
προκόψοντα edd.: προκόψαντα SPVBFJ || 15 φθόνους: φόβους
Reiske || ὁ ζηλοτύπους: καὶ ζηλοτύπους J || ὧν: ὃν Reiske || 16 λόγου:
λόγον J λόγων Par. 1958.

insu, une représentation qui n'aurait pas été examinée, ni non plus dans l'état d'ébriété ou de mélancolie.

— Mais, dit un auditeur, cela nous dépasse.

6 — Or les philosophes de notre temps laissent de côté la première et la seconde discipline pour s'occuper de la troisième : les arguments captieux, ceux qui procèdent par interrogation, les arguments hypothétiques, les raisonnements faux [1].

7 — C'est qu'il faut bien, dit l'auditeur, même en ces matières, s'être mis en garde contre l'erreur.

8 — Qui ? L'homme de bien. Est-ce donc là ce qui te manque ? As-tu achevé de t'exercer dans les autres domaines ? Quand il s'agit d'une piécette d'argent, es-tu garanti contre l'erreur ? Si tu vois une jolie fille, sais-tu résister à cette représentation ? Si ton voisin fait un héritage, n'éprouves-tu pas les morsures de l'envie ? En ce moment ne te manque-t-il rien d'autre que la fermeté d'esprit ?

9 Malheureux, mais tu trembles, tandis que tu apprends tout cela, tu crains anxieusement qu'on ne te méprise,
10 tu t'informes si l'on parle de toi. Et voilà que, si quelqu'un vient te dire : « Dans une discussion où l'on cherchait à savoir quel était le meilleur philosophe, un des assistants a dit : le seul philosophe, c'est un tel », ta petite âme, pas plus grande qu'un doigt, s'est aussitôt élevée à deux coudées. Mais qu'un autre des assistants vienne à dire : « Tu te trompes ! Cela ne vaut pas la peine d'écouter un tel. Que sait-il, en effet ? Il possède les éléments, mais rien de plus », te voilà hors de toi, tu blêmis, et aussitôt de t'écrier : « Je lui montrerai, moi, qui je suis, et que je suis un grand philosophe. » Oui, on le voit à ces signes
11 mêmes. Pourquoi veux-tu le montrer par d'autres ? Ignores-tu que Diogène montra ainsi un sophiste en tendant vers lui son médius ? Et comme ensuite cet homme s'était mis en fureur : « Voilà un tel, dit Diogène. Je vous l'ai montré [2]. »
12 Ce n'est pas, en effet, avec le doigt qu'on montre un

---

1. L'examen des raisonnements captieux, de ceux qui procèdent par interrogation et des raisonnements hypothétiques a été fait en 1, 7, un des chapitres essentiels pour l'étude de la logique néo-stoïcienne.
2. Diogène Laërce, VI, 34 et 35.

— Τοῦτο ὑπὲρ ἡμᾶς, φησίν, ἐστίν.

— Οἱ δὲ νῦν φιλόσοφοι ἀφέντες τὸν πρῶτον τόπον καὶ 6
τὸν δεύτερον καταγίνονται περὶ τὸν τρίτον· μεταπίπτοντας,
ἠρωτῆσθαι περαίνοντας, ὑποθετικούς, ψευδομένους.

— Δεῖ γάρ, φησίν, καὶ ἐν ταῖς ὕλαις ταύταις γενόμενον 7
διαφυλάξαι τὸ ἀνεξαπάτητον.

— Τίνα; τὸν καλὸν καὶ ἀγαθόν. Σοὶ οὖν τοῦτο λείπει; 8
τὰς ἄλλας ἐκπεπόνηκας; περὶ κερμάτιον ἀνεξαπάτητος
εἶ; ἐὰν ἴδῃς κοράσιον καλόν, ἀντέχεις τῇ φαντασίᾳ; ἂν
ὁ γείτων σου κληρονομήσῃ, οὐ δάκνῃ; νῦν οὐδὲν ἄλλο
σοι λείπει ἢ ἀμεταπτωσία; Τάλας, αὐτὰ ταῦτα τρέμων 9
μανθάνεις καὶ ἀγωνιῶν, μή τίς σου καταφρονήσῃ, καὶ
πυνθανόμενος, μή τίς τι περὶ σοῦ λέγει. Κἄν τις ἐλθὼν 10
εἴπῃ σοι ὅτι «λόγου γινομένου, τίς ἄριστός ἐστι τῶν φιλοσόφων, παρών τις ἔλεγεν ὅτι εἷς φιλόσοφος ὁ δεῖνα»,
γέγονέ σου τὸ ψυχάριον ἀντὶ δακτυλιαίου δίπηχυ. Ἂν δ᾽
ἄλλος παρὼν εἴπῃ· «Οὐδὲν εἴρηκας, οὐκ ἔστιν ἄξιον τοῦ
δεῖνος ἀκροᾶσθαι· τί γὰρ οἶδεν; τὰς πρώτας ἀφορμὰς
ἔχει, πλέον δ᾽ οὐδέν», ἐξέστηκας, ὠχρίακας, εὐθὺς κέκραγας· «Ἐγὼ αὐτῷ δείξω τίς εἰμι, ὅτι μέγας φιλόσοφος.»
Βλέπεται ἐξ αὐτῶν τούτων. Τί θέλεις ἐξ ἄλλων δεῖξαι; 11
οὐκ οἶδας ὅτι Διογένης τῶν σοφιστῶν τινα οὕτως ἔδειξεν ‖
ἐκτείνας τὸν μέσον δάκτυλον, εἶτα ἐκμανέντος αὐτοῦ
«Οὗτός ἐστιν», ἔφη, «ὁ δεῖνα· ἔδειξα ὑμῖν αὐτόν»;
Ἄνθρωπος γὰρ δακτύλῳ οὐ δείκνυται ὡς λίθος ἢ ὡς ξύλον, 12

---

3 μεταπίπτοντας : βουλόμενοι (uel ζητοῦντες) μεταπίπτοντας Reiske καταγίνονται περὶ μεταπίπτοντας Upt. ‖ 4 ἠρωτῆσθαι : ἠρώτησθε S_a ἐκ τοῦ ἠρωτῆσθαι Upt. τῷ ἠρωτῆσθαι susp. Schw. ἐρωτᾶσθαι Cor. ‖ ὑποθετικούς : ὑπερθετικούς VBF ‖ 5 φησίν : φασίν ed. Bas. i. m. ‖ ταύταις : τοιαύταις Meib. ‖ 8 τὰς ἄλλας : τὰ ἄλλα (uel τοὺς ἄλλους) Reiske ‖ 11 ἢ : ἢ ἡ Reiske ‖ 14 γινομένου : γενομένου Cor. ‖ 17 ἄξιον : ἄξιος (corr. S_b uel S_c) S ‖ 19 ὠχρίακας, εὐθὺς κέκραγας dist. Schw. : ὠχρίακας εὐθύς, κέκραγας codd. ‖ 20 ὅτι μέγας φιλόσοφος del. Kron. ‖ 25 alt. ὡς om. PJ.

homme, comme une pierre ou un morceau de bois, mais quand on a montré ses jugements, alors on a montré en lui l'homme.

13 *L'homme se révèle par ses jugements.* Voyons aussi quels sont tes jugements. N'est-il pas évident que tu ne fais aucun cas de ta personne morale et que tu regardes au dehors, vers ce qui ne dépend pas de toi : que dira un tel, quelle impression tu produiras, celle d'un lettré, d'un homme qui a lu Chrysippe ou Antipater? Et si tu passes pour avoir lu aussi Archédèmos[1], tu es au comble de tes vœux. Pourquoi es-tu
14 encore anxieux, par crainte de ne pas nous montrer qui tu es? Veux-tu que je te dise quel tu t'es montré à nous? Un homme qui affiche sa bassesse de caractère, mécontent de son sort, irascible, lâche, se plaignant de tout, accusant tout le monde, jamais tranquille, frivole. Voilà ce que tu
15 nous as montré. Va-t'en donc à présent, va lire Archédèmos. Et puis, si un rat vient à tomber chez toi et fait un peu de bruit, te voilà mort de peur. Car telle est la mort qui t'attend, la même qui a frappé — comment déjà s'appelait-il? — ah! oui, Crinis. Lui aussi avait grande opinion de
16 soi-même, parce qu'il comprenait Archédèmos. Malheureux! Ne veux-tu pas laisser de côté toutes ces choses qui n'ont rien à voir avec toi? Elles conviennent à ceux qui peuvent les apprendre sans trouble, à ceux qui ont le droit de dire : « Je ne m'abandonne pas à l'irritation, à la tristesse, à l'envie, je ne me laisse ni entraver, ni forcer. Que me reste-t-il à faire? J'ai du loisir, j'ai la paix.
17 Voyons comment se retourner dans les arguments captieux; voyons comment, en partant d'une hypothèse,
18 on n'aboutira à aucune absurdité. » C'est à ces gens-là que ce genre d'études convient. C'est quand tout va bien qu'il sied d'allumer le feu, de manger et, le cas échéant, de chanter aussi et de danser. Mais, alors que le navire coule, tu viens à moi toutes voiles déployées!

---

1. Archédèmos de Tarse et Antipater de Tarse sont deux philosophes stoïciens. Les fragments qui les concernent ont été rassemblés par von Arnim : S.V.F., III, 262-264 et III, 244-258.

ἀλλ' ὅταν τις τὰ δόγματα αὐτοῦ δείξῃ, τότε αὐτὸν ὡς ἄνθρωπον ἔδειξεν.

Βλέπωμεν καὶ σοῦ τὰ δόγματα. Μὴ γὰρ οὐ δῆλόν ἐστιν ὅτι σὺ τὴν προαίρεσιν τὴν σαυτοῦ ἐν οὐδενὶ τίθεσαι, ἔξω δὲ βλέπεις εἰς τὰ ἀπροαίρετα τί ἐρεῖ ὁ δεῖνα καὶ τίς εἶναι δόξεις, εἰ φιλόλογος, εἰ Χρύσιππον ἀνεγνωκὼς ἢ Ἀντίπατρον; Εἰ μὲν γὰρ καὶ Ἀρχέδημον, ἀπέχεις ἅπαντα. Τί ἔτι ἀγωνιᾷς, μὴ οὐ δείξῃς ἡμῖν τίς εἶ; θέλεις σοι εἴπω τίνα ἡμῖν ἔδειξας; ἄνθρωπον παριόντα ταπεινόν, μεμψίμοιρον, ὀξύθυμον, δειλόν, πάντα μεμφόμενον, πᾶσιν ἐγκαλοῦντα, μηδέποτε ἡσυχίαν ἄγοντα, πέρπερον· ταῦτα ἡμῖν ἔδειξας. Ἄπελθε νῦν καὶ ἀναγίγνωσκε Ἀρχέδημον· εἶτα μῦς ἂν καταπέσῃ καὶ ψοφήσῃ, ἀπέθανες. Τοιοῦτος γάρ σε μένει θάνατος, οἷος καὶ τὸν — τίνα ποτ' ἐκεῖνον; — τὸν Κρῖνιν. Καὶ ἐκεῖνος μέγα ἐφρόνει, ὅτι ἐνόει Ἀρχέδημον. Τάλας, οὐ θέλεις ἀφεῖναι ταῦτα τὰ μηδὲν πρός σέ; πρέπει ταῦτα τοῖς δυναμένοις δίχα ταραχῆς αὐτὰ μανθάνειν, οἷς ἔξεστιν εἰπεῖν· «Οὐκ ὀργίζομαι, οὐ λυποῦμαι, οὐ φθονῶ, οὐ κωλύομαι, οὐκ ἀναγκάζομαι. Τί μοι λοιπόν; εὐσχολῶ, ἡσυχίαν ἄγω. Ἴδωμεν πῶς περὶ τὰς μεταπτώσεις τῶν λόγων δεῖ ἀναστρέφεσθαι· ἴδωμεν πῶς ὑπόθεσίν τις λαβὼν εἰς οὐδὲν ἄτοπον ἀπαχθήσεται.» Ἐκείνων ἐστὶ ταῦτα. Τοῖς εὖ παθοῦσι πρέπει πῦρ καίειν, ἀριστᾶν, ἂν οὕτως τύχῃ, καὶ ᾄδειν καὶ ὀρχεῖσθαι· βυθιζομένου δὲ τοῦ πλοίου ‖ σύ μοι παρελθὼν ἐπαίρεις τοὺς σιφάρους.

3 Βλέπωμεν: βλέπομεν SBF ‖ Μὴ γὰρ οὐ: τί γάρ, εἰ Reiske ‖ 4 οὐδενὶ: οὐδενὶ τῶν σαυτοῦ r ‖ 6 εἰ φιλόλογος: ὅτι φιλόλογος εἰ Reiske ‖ εἰ Χρύσιππον: ὅτι Χρύσιππον Reiske ‖ ἀνεγνωκὼς Kron.: ἀνέγνως codd. ἀναγνοὺς Schenkl[1] ‖ 8 δείξῃς J: δείξεις SPVBF ‖ 9 ἄνθρωπον παριόντα: ἀνθρωπάριον Reiske ‖ 12 νῦν: οὖν B ‖ 13 μῦς: μύχης Schenkl[1] ‖ ἀπέθανες: -θανεν (corr. S$_c$) S ‖ 14 οἷος Ménage: οἶον codd. ‖ τὸν-τίνα ποτ' ἐκεῖνον: τὸν κλεινόν ποτ' ἐκεῖνον Reiske del. Upt. ‖ 15 τὸν del. Reiske ‖ Χρίνιν (Κρῖνιν Reiske) S$_c$PVBFJ: χρίνειν S ‖ 23 εὖ παθοῦσι: εὐπαθοῦσι S εὐπλοοῦσι Cor. εὐσταθοῦσι Elter ‖ πρέπει: προσήκει PJ.

Chapitre III

Quelle est la matière propre à l'homme de bien et à quoi il faut principalement s'exercer.

1   *Mouvement de l'âme humaine vers le bien.*   La matière de l'homme de bien, c'est la partie maîtresse de son âme; celle du médecin et du maître de gymnase, c'est le corps; celle de l'agriculteur, le champ. La tâche de l'homme de bien consiste à user de ses représentations conformément à la nature.
2 Or, comme toute âme est naturellement portée à donner son assentiment au vrai, à le refuser à l'erreur, à le retenir en présence de ce qui est incertain, elle est portée également à se laisser mouvoir par le désir du bien, par l'aversion du mal, à demeurer indifférente vis-à-vis
3 de ce qui n'est ni bien ni mal. De même, en effet, que la monnaie de César ne peut être légitimement refusée par le banquier ou le marchand de légumes, mais qu'il devra, si on la lui présente, donner bon gré mal gré ce qu'il
4 vend pour ce prix, de même en est-il aussi de l'âme. Le bien, dès qu'il se montre, l'attire à lui, le mal l'éloigne. Jamais l'âme ne refusera une représentation claire du bien, pas plus que la monnaie de César. A cela est suspendu tout mouvement et de l'homme et de Dieu.

5   *Prééminence du bien.*   Voilà pourquoi on préfère le bien à tous les liens du sang. Mon père n'est rien pour moi, mais seulement le bien.
— Peux-tu être aussi dur?
— La nature m'a fait ainsi. Telle est la monnaie que
6 Dieu m'a donnée. Aussi, le bien vient-il à s'opposer au

γ'

Τίς ύλη τοῦ ἀγαθοῦ καὶ πρὸς τί μάλιστ'
ἀσκητέον.

Ὕλη τοῦ καλοῦ καὶ ἀγαθοῦ τὸ ἴδιον ἡγεμονικόν, τὸ 1
σῶμα δ' ἰατροῦ καὶ ἀλείπτου, ὁ ἀγρὸς γεωργοῦ ὕλη· ἔργον
δὲ καλοῦ καὶ ἀγαθοῦ τὸ χρῆσθαι ταῖς φαντασίαις κατὰ
φύσιν. Πέφυκεν δὲ πᾶσα ψυχὴ ὥσπερ τῷ ἀληθεῖ ἐπινεύειν, 2
πρὸς τὸ ψεῦδος ἀνανεύειν, πρὸς τὸ ἄδηλον ἐπέχειν, οὕτως
πρὸς μὲν τὸ ἀγαθὸν ὀρεκτικῶς κινεῖσθαι, πρὸς δὲ τὸ
κακὸν ἐκκλιτικῶς, πρὸς δὲ τὸ μήτε κακὸν μήτ' ἀγαθὸν
οὐδετέρως. Ὡς γὰρ τὸ τοῦ Καίσαρος νόμισμα οὐκ ἔξεστιν 3
ἀποδοκιμάσαι τῷ τραπεζίτῃ οὐδὲ τῷ λαχανοπώλῃ, ἀλλ' ἂν
δείξῃς, θέλει οὐ θέλει, προέσθαι αὐτὸν δεῖ τὸ ἀντ' αὐτοῦ
πωλούμενον, οὕτως ἔχει καὶ ἐπὶ τῆς ψυχῆς. Τὸ ἀγαθὸν 4
φανὲν εὐθὺς ἐκίνησεν ἐφ' αὑτό, τὸ κακὸν ἀφ' αὑτοῦ. Οὐδέποτε δ' ἀγαθοῦ φαντασίαν ἐναργῆ ἀποδοκιμάσει ψυχή, οὐ
μᾶλλον ἢ τὸ Καίσαρος νόμισμα. Ἔνθεν ἐξήρτηται πᾶσα κί-
νησις καὶ ἀνθρώπου καὶ θεοῦ.

Διὰ τοῦτο πάσης οἰκειότητος προκρίνεται τὸ ἀγαθόν. 5
Οὐδὲν ἐμοὶ καὶ τῷ πατρί, ἀλλὰ τῷ ἀγαθῷ.

— Οὕτως εἶ σκληρός;

— Οὕτως γὰρ πέφυκα· τοῦτό μοι τὸ νόμισμα δέδωκεν ὁ
θεός. Διὰ τοῦτο, εἰ τοῦ καλοῦ καὶ δικαίου τὸ ἀγαθὸν ἕτε- 6

5 ἀλείπτου ed. Bas.: ἀπαλείπτου PVBJ ἀπαραλείπτου F ἰατρα-
λείπτου susp. Schw. ἐπαλείπτου Cor. ‖ 15 αὑτοῦ PVJ et ex corr. B:
αὐτοῦ SBF ‖ 16 ἐναργῆ FJ: ἐνεργῆ SPVB.

beau et juste, tout s'en va, père, frère, patrie, et tout le reste. Mais quoi! vais-je, moi, négliger mon propre bien pour que tu en jouisses, et vais-je te céder la place? En échange de quoi?
— Je suis ton père.
— Mais non un bien.
— Je suis ton frère.
— Mais non un bien. Or, si nous faisons consister celui-ci dans la rectitude de la personne morale, le fait de conserver nos relations naturelles devient un bien. Et, dès lors, celui qui cède quelqu'une des choses extérieures, celui-là atteint le bien.
— Ton père t'enlève la fortune.
— Mais il ne me cause pas de dommage.
— Ton frère aura la plus grande partie du champ.
— Qu'il en ait même autant qu'il veut. En aura-t-il plus de réserve, plus de fidélité, plus de piété fraternelle? De cet avoir-là, qui peut me déshériter? Pas même Zeus. Il ne l'a, du reste, pas voulu, mais il a mis ce bien en mon pouvoir; et tout ce qu'il avait lui-même, il me l'a donné libre de toute entrave, de toute violence, de toute contrainte [1].

Les diverses monnaies. Quand donc les monnaies varient avec les gens, présente telle monnaie et voici en échange la marchandise. Un proconsul voleur est venu dans la province. De quelle monnaie se sert-il? De l'argent. Offre-lui-en et emporte ce qui te fait plaisir. C'est un adultère qui est venu. De quelle monnaie se sert-il? De jolies filles. « Prends ta monnaie, dit l'acheteur, et vends-moi cette bagatelle. » Donne et achète. Un autre a du goût pour les garçons. Donne-lui sa monnaie et prends ce qui te fait plaisir. Un autre est amateur de chasse. Donne-lui un beau petit cheval ou un petit chien. Avec des soupirs et des gémissements, il te vendra pour ce prix ce que tu désires. C'est

---

1. L'indépendance absolue de l'âme est un des thèmes favoris d'Épictète (I, 1, 7 et 23; 17, 21-26; 22, 10; 25, 3; II, 15, 1; IV, 1, 68, 70-75, 100).

ρόν έστιν, οΐχεται και πατήρ και αδελφός και πατρις και πάντα τα πράγματα. Άλλ' εγώ το έμον άγαθον υπερίδω, 7 ίνα σύ σχης, και παραχωρήσω σοι; άντι τίνος;
— Πατήρ σου ειμί.
— Άλλ' ούκ άγαθόν.
— Αδελφός σου ειμί.
— Άλλ' ούκ άγαθόν. Έάν δ'έν όρθη προαιρέσει θώμεν 8 αυτό, ⟨το⟩ τηρεΐν τας σχέσεις άγαθον γίνεται· || και λοιπον ό τών έκτός τινων έκχωρών, ούτος τοΰ άγαθοΰ τυγχάνει.
— Αίρει τα χρήματα ό πατήρ. 9
— Άλλ' ού βλάπτει.
— Έξει το πλέον τοΰ άγροΰ ⟨ό αδελφός⟩.
— Όσον και θέλει. Μή τι ούν τοΰ αιδήμονος, μή τι τοΰ πιστοΰ, μή τι τοΰ φιλαδέλφου; εκ ταύτης γάρ της ουσίας 10 τίς δύναται έκβαλεΐν; ούδ' ό Ζεύς. Ουδέ γάρ ήθέλησεν, άλλ' έπ' έμοι αυτό έποίησεν και έδωκεν οίον είχεν αυτός, άκώλυτον, άνανάγκαστον, άπαραπόδιστον.

Όταν ούν άλλω άλλο τι νόμισμα η, εκείνο δείξας έχε 11 το άντ' αύτοΰ πιπρασκόμενον. Έλήλυθεν εις τήν επαρχίαν 12 κλέπτης άνθύπατος. Τίνι νομίσματι χρηται; άργυρίω. Δεΐξον και άπόφερε δ θέλεις. Έλήλυθεν μοιχός. Τίνι νομίσματι χρηται; κορασιδίοις. «Λάβε», φησίν, «το νόμισμα και πώλησόν μοι το πραγμάτιον.» Δος και άγόραζε. Άλλος 13 περι παιδάρια έσπούδακεν. Δος αύτώ το νόμισμα και λάβε δ θέλεις. Άλλος φιλόθηρος. Δος ίππάριον καλον η κυνάριον· οίμώζων και στένων πωλήσει άντ' αύτοΰ δ θέλεις.

2 ἐγὼ post ἐμόν transp. J || 7-8 θῶμεν αὐτό: θῶμεν, αὐτὸ Schw. || 8 τὸ add. Reiske || 13 ἕξει* S || ὁ ἀδελφός add. Schw. || 16 ἐκβαλεῖν: μ' ἐκβαλεῖν coni. Schw. || 18 ἀκώλυτον PVB et (τ ex corr. ut uid.) S: ἀκώλυστον F || 19 τι S: τὸ S ex corr. et PVBFJ || ἦ Upt.: ἢ codd. || ἐκεῖνο: ἐκεῖνος S ἐκεῖνό τις S_bPVBFJ || ἔχε Kron.: ἔχει S ἔχῃ S_ePVBFJ || 21 ἀργυρίῳ: ἀργυρῷ Wolf || 23 φησίν del. Cor. || 24 πώλησόν: πωλήσω Cor.

qu'un autre le contraint au dedans de lui, celui qui a fixé cette monnaie.

14 *L'exercice de la vie morale.* Voici par-dessus tout la méthode d'exercice qu'il faut employer. A peine es-tu sorti dès le matin, tous ceux que tu vois, tous ceux que tu entends, examine-les et réponds comme si on t'interrogeait : Qu'as-tu vu ? Un bel homme ou une belle femme ? Applique la règle : est-ce une chose indépendante de toi, ou en dépend-elle ?
15 Indépendante. Rejette-la. Qu'as-tu vu ? Quelqu'un qui pleure la mort d'un fils ? Applique la règle : la mort ne dépend pas de nous. Rejette loin de toi. As-tu rencontré un consul ? Applique la règle : le consulat, quelle sorte de chose est-ce ? Une chose indépendante de nous ou dépendante ? Indépendante. Rejette également, cela ne résiste point à l'épreuve. Supprime. Cela ne te concerne aucune-
16 ment. Si nous agissions ainsi et nous appliquions à cet exercice tous les jours, depuis l'aurore jusqu'à la nuit,
17 il nous en reviendrait quelque utilité, par les dieux. En fait, nous voilà tout de suite bouche bée devant n'importe quelle représentation qui nous saisit, et, même au cas le meilleur, c'est seulement à l'école que nous nous réveillons un peu. Ensuite, quand nous sommes sortis, si nous voyons quelqu'un pleurer, nous déclarons : « Il est perdu » ; si c'est un consul que nous voyons, nous proclamons : « L'heureux homme ! » ; si c'est un exilé : « Le malheureux ! » ; si c'est un pauvre : « L'infortuné ! Il n'a pas de quoi man-
18 ger. » Voilà donc les jugements vicieux que nous devons extirper ; c'est à ce but qu'il faut tendre fortement. Que sont, en effet, les gémissements et les lamentations ? Un jugement. Qu'est l'infortune ? Un jugement. Qu'est la contestation, qu'est le dissentiment, qu'est le blâme, qu'est l'accusation, qu'est l'impiété, qu'est la sottise ?
19 Tout cela, jugements et pas autre chose, et jugements qui prononcent sur des choses indépendantes de nous, comme si elles étaient des biens ou des maux. Ces jugements, qu'on les transfère à des objets qui dépendent de nous, et je garantis qu'on aura le calme, quoi qu'on puisse éprouver d'autre part.

Ἄλλος γὰρ αὐτὸν ἀναγκάζει ἔσωθεν, ὁ τὸ νόμισμα τοῦτο τεταχώς.

Πρὸς τοῦτο μάλιστα τὸ εἶδος αὐτὸν γυμναστέον. Εὐθὺς ὄρθρου προελθὼν ὃν ἂν ἴδῃς, ὃν ἂν ἀκούσῃς, ἐξέταζε, ἀποκρίνου ὡς πρὸς ἐρώτημα. Τί εἶδες; καλὸν ἢ καλήν; ἔπαγε τὸν κανόνα. Ἀπροαίρετον ἢ προαιρετικόν; ἀπροαίρετον· αἶρε ἔξω. Τί εἶδες; πενθοῦντ' ἐπὶ τέκνου τελευτῇ; ἔπαγε τὸν κανόνα. Ὁ θάνατός ἐστιν ἀπροαίρετον· αἶρε ἐκ τοῦ μέσου. Ἀπήντησέ σοι ὕπατος; ἔπαγε τὸν κανόνα. Ὑπατεία ποῖόν τί ἐστιν; ἀπροαίρετον ἢ προαιρετικόν; ∥ ἀπροαίρετον· αἶρε καὶ τοῦτο, οὐκ ἔστι δόκιμον· ἀπόβαλε, οὐδὲν πρὸς σέ. Καὶ τοῦτο εἰ ἐποιοῦμεν καὶ πρὸς τοῦτο ἠσκούμεθα καθ' ἡμέραν ἐξ ὄρθρου μέχρι νυκτός, ἐγίνετο ἄν τι, νὴ τοὺς θεούς. Νῦν δ' εὐθὺς ὑπὸ πάσης φαντασίας κεχηνότες λαμβανόμεθα καὶ μόνον, εἴπερ ἄρα, ἐν τῇ σχολῇ μικρόν τι διεγειρόμεθα· εἶτ' ἐξελθόντες ἂν ἴδωμεν πενθοῦντα, λέγομεν· «ἀπώλετο»· ἂν ὕπατον, «μακάριος»· ἂν ἐξωρισμένον, «ταλαίπωρος»· ἂν πένητα, «ἄθλιος, οὐκ ἔχει πόθεν φάγῃ». Ταῦτ' οὖν ἐκκόπτειν δεῖ τὰ πονηρὰ δόγματα, περὶ τοῦτο συντετάσθαι. Τί γάρ ἐστι τὸ κλαίειν καὶ οἰμώζειν; δόγμα. Τί δυστυχία; δόγμα. Τί στάσις, τί διχόνοια, τί μέμψις, τί κατηγορία, τί ἀσέβεια, τί φλυαρία; ταῦτα πάντα δόγματά ἐστι καὶ ἄλλο οὐδὲν καὶ δόγματα περὶ τῶν ἀπροαιρέτων ὡς ὄντων ἀγαθῶν καὶ κακῶν. Ταῦτά τις ἐπὶ τὰ προαιρετικὰ μεταθέτω, κἀγὼ αὐτὸν ἐγγυῶμαι ὅτι εὐσταθήσει, ὡς ἂν ἔχῃ τὰ περὶ αὐτόν.

Οἷόν ἐστιν ἡ λεκάνη τοῦ ὕδατος, τοιοῦτον ἡ ψυχή, οἷον ἡ αὐγὴ ἡ προσπίπτουσα τῷ ὕδατι, τοιοῦτον αἱ

---

1 ἀναγκάζει: ἀναγκάξηι (-ζει ex corr.) S ∥ 3 αὐτὸν Cor.: αὑτὸν codd. ∥ 4 ὃν (bis): ὃ J. ∥ 7 πενθοῦντ' Upt. cod.: πενθοῦν SPVBF πενθοῦντας J ∥ τελευτῇ: τελευτὴν B ∥ 8 θάνατός ἐστιν: θάνατος τί (ποῖόν τι Kron.) ἐστιν; Reiske ∥ post ἀπροαίρετον add. ἢ προαιρετικόν; ἀπροαίρετον Schenkl[1] ∥ 22 μέμψις: μέμψης (ψις ex corr.) S μέμψεις F.

20   Une cuvette pleine d'eau, voilà ce qu'est l'âme, et le
rayon qui tombe sur cette eau, voilà les représentations.
21 Quand l'eau est agitée, il semble que le rayon aussi soit
22 agité. Or il ne l'est pas. Et quand on a le vertige, ce ne
sont ni les arts ni les vertus qui se brouillent, mais l'esprit
qui les possède. Qu'il vienne à retrouver son équilibre,
ils le retrouveront, eux aussi.

φαντασίαι. Ὅταν οὖν τὸ ὕδωρ κινηθῇ, δοκεῖ μὲν καὶ ἡ 21
αὐγὴ κινεῖσθαι, οὐ μέντοι κινεῖται. Καὶ ὅταν τοίνυν 22
σκοτωθῇ τις, οὐχ αἱ τέχναι καὶ αἱ ἀρεταὶ συγχέονται,
ἀλλὰ τὸ πνεῦμα, ἐφ᾽ οὗ εἰσιν· καταστάντος δὲ καθίσταται
5 κἀκεῖνα.

4 εἰσιν : ἐστιν (corr. S_b) S || 5 κἀκεῖνα : κἀκεῖνο (corr. S_b) S.

Chapitre IV

A l'homme qui avait pris parti au théâtre d'une façon inconvenante.

1 Le procurateur d'Épire avait pris parti d'une façon un peu trop inconvenante en faveur d'un comédien, et pour cela avait été publiquement injurié. En suite de quoi il vint raconter à Épictète qu'il avait été injurié et s'indignait contre ses insulteurs.

— Et quel mal faisaient-ils? dit Épictète. Ils prenaient
2 parti, eux aussi, de même que toi. Et comme son interlocuteur répondait: « Mais prend-on parti de cette manière? », Épictète reprit:

— En te voyant, toi, leur gouverneur, l'ami de César et son procurateur, prendre parti, ne devaient-ils pas, eux
3 aussi, prendre parti de la même façon? Si donc on ne peut prendre parti de cette manière, ne le fais pas toi non plus; mais si on le peut, pourquoi te fâcher parce qu'ils t'imitaient? Qui, en effet, le peuple imitera-t-il, sinon vous, qui lui êtes supérieurs? Vers qui doit-il tourner
4 ses regards quand il va au théâtre, sinon vers vous? « Vois comme le procurateur de César contemple le spectacle: il a crié; eh bien! moi aussi je crierai. Il bondit, moi aussi je bondirai; ses esclaves, disséminés çà et là, poussent des cris. Moi je n'ai pas d'esclaves; je crierai autant que je pourrai et ferai du bruit pour tous. »
5 Tu dois donc savoir que, lorsque tu entres au théâtre, tu y entres comme une règle et un modèle pour les autres, modèle de la manière dont il faut contempler le spectacle.
6 Pourquoi donc t'injuriaient-ils? Parce que tout homme a horreur de ce qui le gêne. Eux voulaient faire couronner un tel, toi un autre. Eux te gênaient et toi tu les gênais. Tu t'es trouvé être le plus fort. Ils ont fait ce qu'ils pou-
7 vaient faire, ils ont injurié le gêneur. Que veux-tu donc? Faire, toi, ce qui te fait plaisir, et qu'eux ne puissent même

δ'

Πρὸς τὸν ἀκόσμως ἐν θεάτρῳ σπουδάσαντα.

Τοῦ δ' ἐπιτρόπου τῆς Ἠπείρου ἀκοσμότερον σπου- 1
δάσαντος κωμῳδῷ τινι καὶ ἐπὶ τούτῳ δημοσίᾳ λοιδορη-
θέντος, εἶτα ἑξῆς ἀπαγγείλαντος πρὸς αὐτὸν || ὅτι
ἐλοιδορήθη καὶ ἀγανακτοῦντος πρὸς τοὺς λοιδορήσαντας·
— Καὶ τί κακόν, ἔφη, ἐποίουν; ἐσπούδαζον καὶ οὗτοι ὡς
καὶ σύ· Εἰπόντος δ' ἐκείνου· «Οὕτως οὖν τις σπουδάζει;» 2
— Σέ, ἔφη, βλέποντες τὸν αὐτῶν ἄρχοντα, τοῦ Καίσαρος
φίλον καὶ ἐπίτροπον, οὕτως σπουδάζοντα οὐκ ἔμελλον
καὶ αὐτοὶ οὕτως σπουδάζειν; Εἰ γὰρ μὴ δεῖ οὕτως σπουδά- 3
ζειν, μηδὲ σὺ σπούδαζε· εἰ δὲ δεῖ, τί χαλεπαίνεις, εἴ σε
ἐμιμήσαντο; Τίνας γὰρ ἔχουσιν μιμήσασθαι οἱ πολλοὶ ἢ
τοὺς ὑπερέχοντας ὑμᾶς; εἰς τίνας ἀπίδωσιν ἐλθόντες εἰς
τὰ θέατρα ἢ ὑμᾶς; «Ὅρα πῶς ὁ ἐπίτροπος τοῦ Καίσαρος 4
θεωρεῖ· κέκραγεν· κἀγὼ τοίνυν κραυγάσω. Ἀναπηδᾷ·
κἀγὼ ἀναπηδήσω. Οἱ δοῦλοι αὐτοῦ διακάθηνται κραυγά-
ζοντες· ἐγὼ δ' οὐκ ἔχω δούλους· ἀντὶ πάντων αὐτὸς ὅσον
δύναμαι κραυγάσω.»
Εἰδέναι σε οὖν δεῖ, ὅταν εἰσέρχῃ εἰς τὸ θέατρον, ὅτι 5
κανὼν εἰσέρχῃ καὶ παράδειγμα τοῖς ἄλλοις, πῶς αὐτοὺς
δεῖ θεωρεῖν. Τί οὖν σε ἐλοιδόρουν; ὅτι πᾶς ἄνθρωπος 6
μισεῖ τὸ ἐμποδίζον. Ἐκεῖνοι στεφανωθῆναι ἤθελον τὸν
δεῖνα, σὺ ἕτερον· ἐκεῖνοι σοι ἐνεπόδιζον καὶ σὺ ἐκείνοις.
Σὺ εὑρίσκου ἰσχυρότερος· ἐκεῖνοι ὃ ἐδύναντο ἐποίουν,
ἐλοιδόρουν τὸ ἐμποδίζον. Τί οὖν θέλεις; ἵνα σὺ μὲν ποιῇς 7

5 ἀπαγγείλαντος : ἀπαγγελέντος susp. Schenkl || 18 ἔχω : ἔχων r. ||
26 οὖν θέλεις; ἵνα : οὖν ; θέλεις ἵνα PJ.

dire ce qui leur fait plaisir? Quoi d'étonnant? Les agriculteurs n'injurient-ils pas Zeus quand il les gêne? Les matelots ne l'injurient-ils pas? Cesse-t-on d'injurier César? Eh quoi! Zeus ne le sait-il pas? Ne rapporte-t-on pas à César ce qu'on dit de lui? Que fait-il alors? Il sait bien que, s'il châtiait tous ceux qui l'injurient, il n'aurait plus à qui commander. Mais quoi! Devais-tu, en entrant au théâtre, t'exprimer de cette manière : « Voyons, il faut que Sophron obtienne la couronne »? Mais bien plutôt : « Allons, il faut qu'en cette matière je garde ma personne morale en pleine conformité avec la nature. Nul ne m'est plus cher que moi-même. Ce serait ridicule de me faire tort à moi-même pour qu'un autre remporte la victoire en jouant la comédie. Quel est donc celui que je veux voir vaincre? Le vainqueur, et ainsi c'est toujours mon candidat qui vaincra. »

— Mais je veux voir couronner Sophron.

— Institue chez toi autant de concours qu'il te plaira et proclame-le vainqueur aux jeux Néméens, Pythiques, Isthmiques, Olympiques; mais, en public, ne réclame pas plus qu'il ne t'est dû et n'usurpe pas un droit qui est à tous; sinon, souffre d'être injurié, car si tu agis comme la multitude, tu te places toi-même à son niveau.

ὃ θέλεις, ἐκεῖνοι δὲ μηδ' εἴπωσιν ἃ θέλουσιν; Καὶ τί θαυμαστόν; οἱ γεωργοὶ τὸν Δία οὐ λοιδοροῦσιν, ὅταν ἐμποδίζωνται ὑπ' αὐτοῦ; οἱ ναῦται οὐ λοιδοροῦσι; τὸν Καίσαρα παύονται λοιδοροῦντες; Τί οὖν; οὐ γιγνώσκει ὁ Ζεύς; τῷ 8
Καίσαρι οὐκ ἀπαγγέλλονται τὰ λεγόμενα; || τί οὖν ποιεῖ;
οἶδεν ὅτι, ἂν πάντας τοὺς λοιδοροῦντας κολάζῃ, οὐχ ἕξει
τίνων ἄρξει. Τί οὖν; ἔδει εἰσερχόμενον εἰς τὸ θέατρον 9
τοῦτο εἰπεῖν· «Ἄγε ἵνα Σώφρων στεφανωθῇ»; Ἀλλ' ἐκεῖνο·
«Ἄγε ἵνα τηρήσω τὴν ἐμαυτοῦ προαίρεσιν ἐπὶ ταύτης τῆς
ὕλης κατὰ φύσιν ἔχουσαν. Ἐμοὶ παρ' ἐμὲ φίλτερος οὐδείς· 10
γελοῖον οὖν, ἵν' ἄλλος νικήσῃ κωμῳδῶν, ἐμὲ βλάπτεσθαι.
— Τίνα οὖν θέλω νικῆσαι; — Τὸν νικῶντα· καὶ οὕτως ἀεὶ 11
νικήσει ὃν θέλω.»
— Ἀλλὰ θέλω στεφανωθῆναι Σώφρονα.
— Ἐν οἴκῳ ὅσους θέλεις ἀγῶνας ἄγων ἀνακήρυξον
αὐτὸν Νέμεα, Πύθια, Ἴσθμια, Ὀλύμπια· ἐν φανερῷ δὲ μὴ
πλεονέκτει μηδ' ὑφάρπαζε τὸ κοινόν. Εἰ δὲ μή, ἀνέχου 12
λοιδορούμενος· ὡς, ὅταν ταὐτὰ ποιῇς τοῖς πολλοῖς, εἰς
ἴσον ἐκείνοις καθιστᾷς σαυτόν.

1 θέλουσιν PJ: θέλωσιν (uel σι) SVBF || 6 κολάζῃ : κολάσῃ Par.
1959 || 7 post οὖν dist. Meib. || ἔδει: οὐκ ἔδει Meib. || 8 τοῦτο :
οὐ τοῦτο Schw. || στεφανωθῇ; ἀλλ': στεφανωθῇ· ἀλλ' Meib. Schw.
στεφανωθῇ; Οὐ. Ἀλλ' Upt || 10 παρ' ἐμὲ: παρ' ἐμοῦ S (corr. S_b)
παρ' ἐμὲ οὐ Schenkl¹ γὰρ ἐμοῦ Kron. || 13 νικήσει S (ut uid.)
et B: νικήσ* S ex corr. νικήσω S_b (ut uid.) et PVFJ νικῆσαι B.

Chapitre V

A ceux qui quittent l'école pour raison de santé.

1 **L'unique nécessaire.** — Ici, je suis malade, dit un étudiant, je veux revenir chez moi.
2 — Mais chez toi, étais-tu immunisé contre la maladie? Ne veux-tu pas examiner si tu accomplis ici de ces actes qui contribuent à l'amélioration de ta personne morale? Car, si tu n'avances en rien, ta venue ici a été elle-même inutile. Va-t'en, occupe-toi des affaires
3 de ta maison. Si, en effet, la partie maîtresse de ton âme ne peut se maintenir en pleine conformité avec la nature, ton petit bout de champ, du moins, le pourra; du moins tu augmenteras ta petite fortune, tu soigneras ton vieux père, tu circuleras sur l'agora, tu auras une charge: homme misérable, tu ne pourras que faire misérablement
4 tout le reste. Mais si tu te rends compte toi-même que tu rejettes certaines opinions mauvaises et en accueilles d'autres à leur place, que tu as transféré les désirs de ton âme des objets indépendants de nous à ceux qui en dépendent, et que, si tu viens à dire « hélas! », ce n'est point à cause de ton père ou de ton frère, mais à cause de ton
5 moi, alors tiens-tu compte encore de la maladie? Ne sais-tu pas que maladie et mort doivent nous saisir au milieu de quelque occupation? Elles saisissent le laboureur dans son labour, le matelot dans sa navigation. Et
6 toi, dans quelle occupation veux-tu être saisi? Car c'est dans quelqu'une qu'elle doit te saisir. Si tu peux l'être en train de pratiquer une occupation meilleure que la présente, pratique-la.

ε'

Πρὸς τοὺς διὰ νόσον ἀπαλλαττομένους.

— Νοσῶ, φησίν, ἐνθάδε καὶ βούλομαι ἀπιέναι εἰς οἶκον. 1
— Ἐν οἴκῳ γὰρ ἄνοσος ἦς σύ; οὐ σκοπεῖς εἴ τι ποιεῖς 2
ἐνθάδε τῶν πρὸς τὴν προαίρεσιν τὴν σαυτοῦ φερόντων,
ἵν' ἐπανορθωθῇ; εἰ μὲν γὰρ μηδὲν ἀνύεις, περισσῶς καὶ
ἦλθες. Ἄπιθι, ἐπιμελοῦ τῶν ἐν οἴκῳ. Εἰ γὰρ μὴ δύναταί 3
σου τὸ ἡγεμονικὸν σχεῖν κατὰ φύσιν, τό γ' ἀγρίδιον δυνή-
σεται· τό γε κερμάτιον αὐξήσεις, τὸν πατέρα γηροκομή-
σεις, ἐν τῇ ἀγορᾷ ἀναστραφήσῃ, ἄρξεις· κακὸς κακῶς τί
ποτε ποιήσεις τῶν ἑξῆς. Εἰ δὲ παρακολουθεῖς σαυτῷ 4
ὅτι ἀποβάλλεις τινὰ δόγματα φαῦλα καὶ ἄλλ' ἀντ' αὐτῶν
ἀναλαμβάνεις καὶ τὴν σαυτοῦ στάσιν || μετατέθεικας ἀπὸ
τῶν ἀπροαιρέτων ἐπὶ τὰ προαιρετικά, κἂν ποτ' εἴπῃς·
«οἴμοι», οὐ λέγεις διὰ τὸν πατέρα, τὸν ἀδελφόν, ἀλλὰ «δι'
ἐμέ», ἔτι ὑπολογίζῃ νόσον; Οὐκ οἶδας ὅτι καὶ νόσος καὶ 5
θάνατος καταλαβεῖν ἡμᾶς ὀφείλουσίν τί ποτε ποιοῦντας;
τὸν γεωργὸν γεωργοῦντα καταλαμβάνουσι, τὸν ναυτικὸν
πλέοντα. Σὺ τί θέλεις ποιῶν καταληφθῆναι; τί ποτε μὲν 6
γὰρ ποιοῦντά σε δεῖ καταληφθῆναι. Εἴ τι ἔχεις τούτου
κρεῖσσον ποιῶν καταληφθῆναι, ποίει ἐκεῖνο.

93ʳ

2 ἀπαλλαττομένους J in cap. ind.: πλαττομένους SPVBF et
hic J || 4 ἦς σύ: ἦσθα σύ J ἔσῃ susp. Upt. || 8-9 δυνήσεται:
εὐθενήσεται Elter || 9-10 γηροκομήσεις: γηρω — S$_d$PFJ || 10 ἄρξεις·
κακὸς Schw.: ἄρξεις κακος codd. || 15 λέγεις: λέξεις Meib. || alt.
τὸν: διὰ τὸν Par. 1959 || ἀλλὰ: διὰ νόσον, ἀλλὰ Shaftesbury ||
17 ποτε om. PJ || 19 μὲν om. J.

7 *L'attitude du sage.* Pour moi, plaise au ciel que je ne sois pas saisi parmi d'autres soucis que celui de ma personne morale : qu'elle soit exempte de passions, dégagée de toute entrave, de toute contrainte,
8 libre. C'est dans ces exercices que je désire être trouvé, pour pouvoir dire à Dieu : « Ai-je enfreint sur quelque point tes commandements ? Ai-je abusé en quelque manière des ressources que tu m'as données ? mal usé de mes sens ? ou de mes prénotions ? Ai-je porté quelque accusation
9 contre toi ? Ai-je jamais critiqué ton gouvernement ? J'ai subi la maladie quand tu l'as voulu. Les autres aussi, mais moi, de bon gré. J'ai subi la pauvreté parce que tu le voulais, mais avec joie. Je n'ai pas eu de magistrature parce que tu ne l'as pas voulu ; je n'ai jamais désiré de charge. M'en as-tu vu pour cela plus triste ? Ne me suis-je pas toujours présenté à toi le visage rayonnant, prêt à
10 obéir à tous tes ordres, à tes moindres signes ? Tu veux qu'à présent je quitte la fête. Je pars, plein de reconnaissance pour toi, parce que tu m'as jugé digne de prendre part à la fête avec toi, de contempler tes œuvres et de
11 comprendre ton gouvernement.[1] » Puisse la mort me saisir en train de penser, d'écrire, de lire cela !
12 — Mais ma mère ne me soutiendra pas la tête quand je serai malade.
— Va donc trouver ta mère : tu mérites bien, en effet, qu'on te soutienne la tête dans ta maladie.
13 — Mais, à la maison, j'étais couché dans un joli petit lit.
— Va retrouver ton petit lit : même en bonne santé, tu mérites de coucher dans un tel lit. Ne te prive donc pas de ce que tu peux faire là-bas.

---

1. Nous avons là un bel exemple de la piété d'Épictète qui l'amène à s'adresser à Dieu comme à un être personnel, à tel point que M.-J. Lagrange (*La philosophie religieuse d'Épictète et le christianisme* dans *Revue Biblique*, t. 9, 1912, p. 5-21 ; 192-212) croit pouvoir conclure à une influence au moins indirecte du christianisme. — Il importe de noter qu'Épictète emploie le mot même avec lequel Socrate salue le jour de sa mort : « Je pars » (*Phédon*, 61 c). Mais la sérénité de Socrate devant la mort s'explique tout autrement que celle d'Épictète. Cf. A. Jagu, *Épictète et Platon*, Paris, Vrin, 1946, p. 129.

ΔΙΑΤΡΙΒΑΙ

Ἐμοὶ μὲν γὰρ καταληφθῆναι γένοιτο μηδενὸς ἄλλου 7
ἐπιμελουμένῳ ἢ τῆς προαιρέσεως τῆς ἐμῆς, ἵν' ἀπαθής,
ἵν' ἀκώλυτος, ἵν' ἀνανάγκαστος, ἵν' ἐλεύθερος. Ταῦτα 8
ἐπιτηδεύων θέλω εὑρεθῆναι, ἵν' εἰπεῖν δύνωμαι τῷ θεῷ·
«Μή τι παρέβην σου τὰς ἐντολάς; μή τι πρὸς ἄλλα ἐχρησάμην ταῖς ἀφορμαῖς ἃς ἔδωκας; μή τι ταῖς αἰσθήσεσιν
ἄλλως, μή τι ταῖς προλήψεσιν; μή τί σοί ποτ' ἐνεκάλεσα;
μή τι ἐμεμψάμην σου τὴν διοίκησιν; Ἐνόσησα, ὅτε ἠθέλη- 9
σας· καὶ οἱ ἄλλοι, ἀλλ' ἐγὼ ἑκών. Πένης ἐγενόμην σου
θέλοντος, ἀλλὰ χαίρων. Οὐκ ἦρξα, ὅτι σὺ οὐκ ἠθέλησας·
οὐδέποτ' ἐπεθύμησα ἀρχῆς. Μή τί με τούτου ἕνεκα
στυγνότερον εἶδες; μὴ οὐ προσῆλθόν σοί ποτε φαιδρῷ
τῷ προσώπῳ, ἕτοιμος εἴ τι ἐπιτάσσεις, εἴ τι σημαίνεις;
Νῦν με θέλεις ἀπελθεῖν ἐκ τῆς πανηγύρεως· ἄπειμι, χάριν 10
σοι ἔχω πᾶσαν, ὅτι ἠξίωσάς με συμπανηγυρίσαι σοι καὶ
ἰδεῖν ἔργα τὰ σὰ καὶ τῇ διοικήσει σου || συμπαρακολουθῆσαι.» Ταῦτά με ἐνθυμούμενον, ταῦτα γράφοντα, ταῦτα 11
ἀναγιγνώσκοντα καταλάβοι ὁ θάνατος.

— Ἀλλ' ἡ μήτηρ μου τὴν κεφαλὴν νοσοῦντος οὐ 12
κρατήσει.

— Ἄπιθι τοίνυν πρὸς τὴν μητέρα· ἄξιος γὰρ εἶ τὴν
κεφαλὴν κρατούμενος νοσεῖν.

— Ἀλλ' ἐπὶ κλιναρίου κομψοῦ ἐν οἴκῳ κατεκείμην. 13

— Ἄπιθί σου ἐπὶ τὸ κλινάριον· καὶ ὑγιαίνων ἄξιος εἶ
ἐπὶ τοιούτου κατακεῖσθαι. Μὴ τοίνυν ἀπόλλυε ἃ δύνασαι
ἐκεῖ ποιεῖν.

---

2 ἐπιμελουμένῳ PJ: ἐπιμελουμένου SVBF || ἀπαθής: ἀπαθὴς ᾖ
Reiske || 6 ἔδωκας: ἔδωκάς μοι Reiske || 10 θέλοντος: θελήσαντος J ||
ἠθέλησας· οὐδέποτ': ἠθέλησας, οὐδέ ποτ' Kron. || 13 ἐπιτάσσεις:
ἐπιτάσσοις (uel — τάξεις) Rich. ἐπέτασσες Kron. || σημαίνεις:
σημαίνοις (uel — ανεῖς) Rich. ἐσήμαινες Kron. || 15 ἔχω: ἔχων
Reiske || 16-17 post συμπαρακολουθῆσαι hab. σοί SVBF. || 24 καὶ
Reiske: ἢ SPBJ ἢ VF ὅς Meib. ἢ Upt. νοσῶν ἢ Schenkl[1] || 25 τοιούτου: τούτου Cor.

14 *L'occupation du philosophe.* Socrate, lui, que dit-il? « De même qu'un autre se réjouit de rendre meilleur son champ, un autre, son cheval, de même moi, je me réjouis chaque jour en me rendant compte que je deviens meilleur [1]. »

15 — Meilleur en quoi? Serait-ce dans l'art de débiter de belles phrases?

— Homme, ne dis pas de bêtises!

— Serait-ce dans l'art d'énoncer de beaux principes?

— Qu'est-ce que tu me chantes là?

16 — En vérité, je ne vois pas à quelle autre occupation peuvent s'adonner les philosophes.

— N'est-ce rien, selon toi, de ne jamais critiquer personne, Dieu ou homme? de ne blâmer personne? d'avoir
17 toujours le même visage en sortant et en entrant? Voilà ce que savait Socrate et, néanmoins, il ne disait jamais qu'il connaissait ou enseignait quoi que ce fût. Mais si quelqu'un réclamait de belles phrases ou de beaux principes, il le renvoyait à Protagoras, à Hippias [2], tout comme, si on était venu chercher des légumes, il aurait renvoyé
18 au jardinier. Qui donc parmi vous conçoit ce dessein? Car, si vous l'aviez, vous subiriez volontiers la maladie,
19 la faim et la mort. Si quelqu'un d'entre vous a aimé une belle jeune fille, il sait que je dis vrai.

---

1. Xénophon, *Mémorables*, I, 6, 8 sq.
2. Platon, *Protagoras*, 310 e; *Théétète*, 151 b.

Ἀλλ' ὁ Σωκράτης τί λέγει; «Ὥσπερ ἄλλος τις», φησίν, «χαίρει τὸν ἀγρὸν τὸν αὑτοῦ ποιῶν κρείσσονα, ἄλλος τὸν ἵππον, οὕτως ἐγὼ καθ' ἡμέραν χαίρω παρακολουθῶν ἐμαυτῷ βελτίονι γινομένῳ.»

— Πρὸς τί; μή τι πρὸς λεξείδια;
— Ἄνθρωπε, εὐφήμει.
— Μή τι πρὸς θεωρημάτια;
— Τί ποιεῖς;
— Καὶ μὴν οὐ βλέπω τί ἐστιν ἄλλο περὶ ὃ ἀσχολοῦνται οἱ φιλόσοφοι.

— Οὐδέν σοι δοκεῖ εἶναι τὸ μηδέποτε ἐγκαλέσαι τινί, μὴ θεῷ, μὴ ἀνθρώπῳ; μὴ μέμψασθαι μηδένα; τὸ αὐτὸ πρόσωπον ἀεὶ καὶ ἐκφέρειν καὶ εἰσφέρειν; Ταῦτα ἦν, ἃ ᾔδει ὁ Σωκράτης, καὶ ὅμως οὐδέποτε εἶπεν ὅτι οἶδέν τι ἢ διδάσκει. Εἰ δέ τις λεξείδια ᾔτει ἢ θεωρημάτια, ἀπῆγεν πρὸς Πρωταγόραν, πρὸς Ἱππίαν. Καὶ γὰρ εἰ λάχανά τις ζητῶν ἐλήλυθεν, πρὸς τὸν κηπουρὸν ἂν αὐτὸν ἀπήγαγεν· τίς οὖν ὑμῶν ἔχει ταύτην τὴν ἐπιβολήν; ἐπεί τοι εἰ εἴχετε, καὶ ἐνοσεῖτε ἂν ἡδέως καὶ ἐπεινᾶτε καὶ ἀπεθνήσκετε. Εἴ τις ὑμῶν ἠράσθη κορασίου κομψοῦ, οἶδεν ὅτι ἀληθῆ λέγω. ||

2 χαίρει : χαίρειν SF || αὐτοῦ J : αὑτοῦ SPVBF || 3 ἐγώ : κἀγώ B || 10 περὶ ὃ : πρὸς ὃ PJ πρὸς ᾧ Cor. || 16 ᾔτει : ἐζήτει Reiske || 17 Καὶ γὰρ : καθάπερ (uel ὥσπερ) Rich. || 18 ἐλήλυθεν : ἐληλύθει (uel ἦλθεν) Rich. || κηπουρόν : κηπωρόν J || 19 ὑμῶν PJ : ἡμῶν SVBF || 20 εἴχετε : ἔχετε (corr. S$_c$) S || ἐπεινᾶτε : πεινᾶτε (corr. S$_c$) S || 20-21 ἀπεθνήσκετε : ἀποθνήσκετε (corr. S$_c$) S || 21-22 ὅτι ἀληθῆ : ὃ PJ.

Chapitre VI

Choses et autres.

1 **Nature du progrès.** Quelqu'un lui demandait pour quelle raison, en dépit des efforts plus considérables apportés actuellement à l'étude du raisonnement, les progrès étaient jadis plus grands.

2 — Sur quoi, répondit-il, enregistre-t-on des efforts, et en quoi les progrès étaient-ils alors plus grands? C'est, en effet, dans les matières qui sont actuellement l'objet

3 d'efforts que se manifesteront aussi des progrès actuels. Or, actuellement, les efforts ont porté sur la solution des syllogismes et c'est en cela que l'on progresse. Mais, jadis, c'est à conserver la partie maîtresse de son âme en pleine conformité avec la nature que l'on consacrait tous ses

4 efforts et c'est en cela que l'on progressait. Ne mélange pas les choses et ne cherche pas, quand tu consacres tes efforts à l'une, à progresser dans une autre. Mais vois s'il y a quelqu'un d'entre nous qui, s'appliquant tout entier à conformer sa personne et sa vie à la nature, ne progresse pas. Tu n'en trouveras pas un.

5 **L'invincibilité du sage.** L'homme de bien est invincible. Et, en effet, il n'engage point le combat

6 là où il n'a pas la supériorité. Tu as envie de mes champs, prends-les; prends mes serviteurs, prends ma charge, prends mon misérable corps. Tu ne feras pas que mon désir soit frustré, ni que je rencontre

7 ce que je cherche à éviter. Voilà le seul combat dans lequel il s'engage, celui qui concerne les choses dépendant de nous. Comment ne serait-il pas invincible?

ς'

Σποράδην τινά.

Πυθομένου δέ τινος πῶς νῦν μᾶλλον ἐκπεπονημένου 1
τοῦ λόγου πρότερον μείζονες προκοπαὶ ἦσαν,

— Κατὰ τί, ἔφη, ἐκπεπόνηται καὶ κατὰ τί μείζους αἱ 2
προκοπαὶ τότε ἦσαν; καθὸ γὰρ νῦν ἐκπεπόνηται, κατὰ
τοῦτο καὶ προκοπαὶ νῦν εὑρεθήσονται. Καὶ νῦν μὲν ὥστε 3
συλλογισμοὺς ἀναλύειν ἐκπεπόνηται καὶ προκοπαὶ γίνονται·
τότε δ' ὥστε τὸ ἡγεμονικὸν κατὰ φύσιν ἔχον τηρῆσαι καὶ
ἐξεπονεῖτο καὶ προκοπαὶ ἦσαν. Μὴ οὖν ἐνάλλασσε μηδὲ 4
ζήτει, ὅταν ἄλλο ἐκπονῇς, ἐν ἄλλῳ προκόπτειν. Ἀλλ' ἴδε
εἴ τις ἡμῶν πρὸς τούτῳ ὤν, ὥστε κατὰ φύσιν ἔχειν καὶ
διεξάγειν, οὐ προκόπτει. Οὐδένα γὰρ εὑρήσεις.

Ὁ σπουδαῖος ἀήττητος· καὶ γὰρ οὐκ ἀγωνίζεται 5
ὅπου μὴ κρείσσων ἐστίν. «Εἰ τὰ κατὰ τὸν ἀγρὸν θέλεις, 6
⟨λάβε⟩· λάβε τοὺς οἰκέτας, λάβε τὴν ἀρχήν, λάβε τὸ σωμάτιον. Τὴν δ' ὄρεξιν οὐ ποιήσεις ἀποτευκτικὴν οὐδὲ τὴν
ἔκκλισιν περιπτωτικήν.» Εἰς τοῦτον μόνον τὸν ἀγῶνα 7
καθίησιν τὸν περὶ τῶν προαιρετικῶν· πῶς οὖν οὐ μέλλει
ἀήττητος εἶναι;

3 πῶς Schw.: τῶν codd. διὰ τί i. m. Par. 1959 ‖ νῦν : ὑπὸ τῶν
νῦν (uel τὸ νῦν) Schw. τοῖς νῦν Cor. ‖ 5 ἐκπεπόνηται: ἐκπέπονητο
Reiske ‖ αἱ : καὶ αἱ Reiske ‖ 7 καὶ: καὶ αἱ Reiske ‖ 11 ἴδε
edd.: ἰδοὺ SPVBFJ εἶδε Par. 1959 ‖ 13 οὐ del. Elter ‖ 14 καὶ
Upt. cod. J.: ἢ SPVB ἢ F ἐπεὶ Schenkl[1] ‖ 15 post κρείσσων
hab. εἰ μὴ ὅπου κρείσσων SPVBF ‖ εἰ τὰ κατὰ S_bBFJ et τὰ ex
add. V: εἰ κατὰ SV εἰκότως Kron. ‖ 16 λάβε add. Upt.

8 *Le sens commun.* Quelqu'un lui demandait ce qu'était le sens commun.

— De même, répondit-il, qu'on pourrait appeler « ouïe commune » celle qui se borne à distinguer les sons, tandis que celle qui distingue les tons ne serait déjà plus une « ouïe commune », mais l'ouïe d'un artiste, de même aussi y a-t-il certaines choses que les hommes dont l'esprit n'est pas entièrement faussé voient grâce aux notions communes. Telle est la constitution mentale qu'on appelle « le sens commun ».

9 *Les natures philosophiques.* Il n'est point facile de pousser à la philosophie les jeunes gens mous, pas plus qu'on ne peut prendre du fromage à l'hameçon [1]. Au contraire, les jeunes gens bien doués, même si on essaie de les détourner, s'attachent **10** plus fortement à la raison. Aussi Rufus, la plupart du temps, essayait de les détourner, usant de cette épreuve pour discerner les natures heureusement douées de celles qui ne le sont pas. Il disait, en effet : « Une pierre, même si on la lance en l'air, retombe sur la terre en vertu de sa propre nature. Ainsi le jeune homme bien doué, plus on le rebute, plus il penche vers l'objet auquel le porte sa nature. »

---

1. Diogène Laërce, IV, 47.

ΔΙΑΤΡΙΒΑΙ

Πυθομένου δέ τινος τί ἐστιν ὁ κοινὸς νοῦς, 8
— "Ωσπερ, φησίν, κοινή τις ἀκοὴ λέγοιτ' ἂν ἡ μόνον φωνῶν διακριτική, ἡ δὲ τῶν φθόγγων οὐκέτι κοινή, ἀλλὰ τεχνική, οὕτως ἐστί τινα, ἃ οἱ μὴ παντάπασιν διεστραμμένοι τῶν ἀνθρώπων κατὰ τὰς κοινὰς ἀφορμὰς ὁρῶσιν. Ἡ τοιαύτη κατάστασις κοινὸς νοῦς καλεῖται.

Τῶν νέων τοὺς μαλακοὺς οὐκ ἔστι προτρέψαι ῥᾴδιον· 9 οὐδὲ γὰρ τυρὸν ἀγκίστρῳ λαβεῖν· οἱ δ' εὐφυεῖς, κἂν ἀποτρέπῃς, ἔτι μᾶλλον ἔχονται τοῦ λόγου. Διὸ καὶ ὁ 10 Ῥοῦφος τὰ πολλὰ ἀπέτρεπεν ‖ τούτῳ δοκιμαστηρίῳ χρώμενος τῶν εὐφυῶν καὶ ἀφυῶν. Ἔλεγε γὰρ ὅτι «ὡς ὁ λίθος, κἂν ἀναβάλῃς, ἐνεχθήσεται κάτω ἐπὶ ⟨γῆν κατὰ⟩ τὴν αὑτοῦ κατασκευήν, οὕτως καὶ ὁ εὐφυής, ὅσῳ μᾶλλον ἀποκρούεταί τις αὐτόν, τοσούτῳ μᾶλλον νεύει ἐφ' ὃ πέφυκεν.»

1 νοῦς ex add. S ‖ 2 μόνον: μόνων B ‖ 8 τυρόν: ἁπαλὸν τυρόν Wolf ‖ 11 ὅτι om. PJ ‖ 12 ἀναβάλῃς: ἄνω βάλῃς J ‖ ἐπί: κατὰ Barb. ‖ γῆν κατὰ add. Schw. ‖ 13 αὑτοῦ ed. Lond.: αὐτοῦ codd. ‖ 15 ὃ ᾧ PJ.

Chapitre VII

A l'inspecteur de cités libres qui était épicurien.

1 **La nature du bien.** Quand l'inspecteur fut entré chez lui (c'était un Épicurien), Épictète lui dit : « Il est juste que nous, profanes, nous vous interrogions vous, les philosophes — tout comme ceux qui, arrivés dans une ville étrangère, interrogent les citoyens et les gens qui la connaissent — et que nous vous demandions ce qu'il y a de meilleur au monde, afin que l'ayant appris, nous aussi, nous allions à sa recherche — comme font ceux dont je parlais pour les curiosités que renferment les cités — et que nous le contemplions. Or, que trois 2 sortes de choses concernent l'homme : l'âme, le corps et les biens extérieurs, il n'est, je crois, personne pour le nier. A vous, il reste maintenant à répondre quelle est 3 la meilleure. Que dirons-nous aux hommes? Que c'est la chair? Est-ce pour elle que Maxime fit voile jusqu'à Cassiopé en plein hiver en compagnie de son fils qu'il conduisait? Était-ce pour le plaisir de sa chair?

4 Son interlocuteur l'ayant nié et répondant : « A Dieu ne plaise! », Épictète reprit :

— Ne convient-il pas de s'attacher à ce qui est le meilleur?

— C'est certainement ce qui convient le mieux.

— Qu'avons-nous donc de meilleur que la chair?

— L'âme, dit-il.

5 — Et sont-ce les biens de la partie la meilleure qui l'emportent ou ceux de la partie inférieure?

— Ceux de la partie la meilleure.

— Et les biens de l'âme, dépendent-ils de nous ou en sont-ils indépendants?

ζ'.

Πρὸς τὸν διορθωτὴν τῶν ἐλευθέρων
πόλεων Ἐπικούρειον ὄντα.

Τοῦ δὲ διορθωτοῦ εἰσελθόντος πρὸς αὐτὸν (ἦν δ' οὗτος 1
Ἐπικούρειος), «Ἄξιον, ἔφη, τοὺς ἰδιώτας ἡμᾶς παρ' ὑμῶν
τῶν φιλοσόφων πυνθάνεσθαι, καθάπερ τοὺς εἰς ξένην
πόλιν ἐλθόντας παρὰ τῶν πολιτῶν καὶ εἰδότων, τί κράτιστόν ἐστιν ἐν κόσμῳ, ἵνα καὶ αὐτοὶ ἱστορήσαντες
μετίωμεν, ὡς ἐκεῖνοι τὰ ἐν ταῖς πόλεσι, καὶ θεώμεθα· Ὅτι 2
μὲν γὰρ τρία ἐστὶ περὶ τὸν ἄνθρωπον, ψυχὴ καὶ σῶμα καὶ
τὰ ἐκτός, σχεδὸν οὐδεὶς ἀντιλέγει· λοιπὸν ὑμέτερόν
ἐστιν ἀποκρίνασθαι τί ἐστι τὸ κράτιστον. Τί ἐροῦμεν 3
τοῖς ἀνθρώποις; τὴν σάρκα; καὶ διὰ ταύτην Μάξιμος
ἔπλευσεν μέχρι Κασσιόπης χειμῶνος μετὰ τοῦ υἱοῦ προπέμπων, ἵν' ἡσθῇ τῇ σαρκί;»

Ἀρνησαμένου δ' ἐκείνου καὶ εἰπόντος·« Μὴ γένοιτο», 4

— Οὐ προσήκει περὶ τὸ κράτιστον ἐσπουδακέναι;

— Πάντων μάλιστα προσήκει.

— Τί οὖν κρεῖσσον ἔχομεν τῆς σαρκός;

— Τὴν ψυχήν, ἔφη.

— Ἀγαθὰ δὲ τὰ τοῦ κρατίστου κρείττονά ἐστιν ἢ τὰ 5
τοῦ φαυλοτέρου;

— Τὰ τοῦ κρατίστου.

— Ψυχῆς δὲ ἀγαθὰ πότερον προαιρετικά ἐστιν ἢ ἀπροαίρετα;

8 κόσμῳ: τῷ κόσμῳ Reiske || 9 ἐκεῖνοι S ex corr. et PVJ:
ἐκεῖνα SBF || 10 περὶ: τὰ περὶ Elter || 14 χειμῶνος μετὰ τοῦ υἱοῦ:
μετὰ χειμῶνος τὸν υἱόν Kron. || 17 post προσήκει add. οὖν, ἔφη J.

— Ils en dépendent.
— C'est donc de nous que dépend le plaisir de l'âme?
— Il l'avoua.

6 — Or, ce plaisir, d'où provient-il? Est-il spontané? Mais cela n'a pas de sens. Il faut, en effet, qu'il soit précédé par un bien dont la possession éveillera la sensation de plaisir dans notre âme.
— Il en convint également.

7 — D'où provient donc en nous ce plaisir de l'âme? S'il provient, en effet, des biens de l'âme, voilà trouvée la nature du bien, car il est impossible qu'autre soit le bien, autre l'objet dont on puisse à juste titre se réjouir; et de même, si l'antécédent n'est pas bon, le conséquent ne peut l'être : pour qu'on puisse justifier le conséquent, il
8 faut que l'antécédent soit bon. Mais vous vous garderez bien de parler ainsi, si vous avez de l'esprit, car ceci, direz-vous, est inconséquent avec Épicure et toutes vos
9 doctrines[1]. Vous ne pouvez dire qu'une chose : dans les plaisirs corporels se trouve le plaisir de l'âme; ils deviennent, dès lors, le principal et le bien essentiel.

10 *Agir de façon conséquente avec ses doctrines.* Aussi Maxime a-t-il agi sottement s'il a navigué pour un autre motif que pour la chair, c'est-à-dire pour ce
11 qu'il y a de meilleur. Et il agit encore sottement, celui qui s'abstient de prendre le bien d'autrui, alors qu'il est juge et peut s'en emparer. Mais, si tu veux, ayons soin seulement que le vol s'accomplisse en cachette,
12 en toute sûreté, à l'insu de tous. Car ce n'est pas le fait de voler qu'Épicure lui-même déclare être un mal, mais celui d'être pris, et c'est parce qu'on ne peut se donner l'assurance de rester inaperçu qu'il dit : « Ne volez pas. »

---

1. Épictète aime montrer que la vie des Épicuriens est en contradiction avec leurs principes. C'est ainsi qu'Épicure, « quand il veut supprimer le sens social qui nous unit naturellement entre nous, se sert précisément de cela même qu'il supprime » (II, 20, 6-20). Sénèque est loin de partager cette intransigeance. Le plaisir que prône Épicure « est quelque chose de bien ténu, de bien maigre » (*De vita beata*, XIII, 4; comparer *Lettres à Lucilius*, 21, 10; 33, 2).

— Προαιρετικά.

— Προαιρετικὸν οὖν ἐστιν ἡ ἡδονὴ ἡ ψυχική;

— Ἔφη.

— Αὕτη δ᾽ ἐπὶ τίσιν γίνεται; πότερον ἐφ᾽ αὑτῇ; Ἀλλ᾽ ἀδιανόητόν ἐστιν· || προηγουμένην γάρ τινα ὑφεστάναι δεῖ οὐσίαν τοῦ ἀγαθοῦ, ἧς τυγχάνοντες ἡσθησόμεθα κατὰ ψυχήν.

— Ὡμολόγει καὶ τοῦτο.

— Ἐπὶ τίνι οὖν ἡσθησόμεθα ταύτην τὴν ψυχικὴν ἡδονήν; εἰ γὰρ ἐπὶ τοῖς ⟨ψυχικοῖς⟩ ἀγαθοῖς, εὕρηται ἡ οὐσία τοῦ ἀγαθοῦ. Οὐ γὰρ δύναται ἄλλο μὲν εἶναι ἀγαθόν, ἄλλο δ᾽ ἐφ᾽ ᾧ εὐλόγως ἐπαιρόμεθα, οὐδὲ τοῦ προηγουμένου μὴ ὄντος ἀγαθοῦ τὸ ἐπιγέννημα ἀγαθὸν εἶναι. Ἵνα γὰρ εὔλογον ᾖ τὸ ἐπιγέννημα, τὸ προηγούμενον δεῖ ἀγαθὸν εἶναι. Ἀλλ᾽ οὐ μὴ εἴπητε φρένας ἔχοντες· ἀνακόλουθα γὰρ ἐρεῖτε καὶ Ἐπικούρῳ καὶ τοῖς ἄλλοις ὑμῶν δόγμασιν. Ὑπολείπεται λοιπὸν ἐπὶ τοῖς σωματικοῖς ἥδεσθαι τὴν κατὰ ψυχὴν ἡδονήν· πάλιν ἐκεῖνα γίνεται προηγούμενα καὶ οὐσία τοῦ ἀγαθοῦ.

Διὰ τοῦτο ἀφρόνως ἐποίησε Μάξιμος, εἰ δι᾽ ἄλλο τι ἔπλευσεν ἢ διὰ τὴν σάρκα, τοῦτ᾽ ἔστι διὰ τὸ κράτιστον. Ἀφρόνως δὲ ποιεῖ καὶ εἰ ἀπέχεται τῶν ἀλλοτρίων δικαστὴς ὢν καὶ δυνάμενος λαμβάνειν. Ἀλλ᾽ ἄν σοι δόξῃ, ἐκεῖνο μόνον σκεπτώμεθα, ἵνα κεκρυμμένως, ἵν᾽ ἀσφαλῶς, ἵνα μή τις γνῷ. Τὸ γὰρ κλέψαι οὐδ᾽ αὐτὸς Ἐπίκουρος ἀποφαίνει κακόν, ἀλλὰ τὸ ἐμπεσεῖν· καὶ ὅτι πίστιν περὶ τοῦ λαθεῖν λαβεῖν ἀδύνατον, διὰ τοῦτο λέγει· « Μὴ

4 αὕτη PVFJ et ex corr. B : αὔτη SB || αὑτῇ : αὐτῇ SF.|| 10 εἰ: ἢ (corr. S_b) S || ψυχικοῖς ἀγαθοῖς Schenkl ex schol. : ἀγαθοῖς codd. ψυχικοῖς Shaftesbury ψυχικοῖς, ἐν τοῖς ψυχικοῖς Schw. || 15 εἴπητε : εἴποιτε Par. 1959 || 17 Ὑπολείπεται : ἀπολείπεται S (corr. m. pr.) et F || 18 ἐκεῖνα : ἵν᾽ ἐκεῖνα Upt. cod. J || γίνεται : γένηται Upt. cod. PVJ γεγένηται ex corr. J || 21 ἔπλευσεν PVJ : ἔπλευεν SBF || 25 αὐτός : αὐτὸ ὁ P Upt. cod. J.

13 Mais moi, je t'affirme que, si cela se fait avec habileté et en cachette, nous échapperons aux poursuites. De plus, nous avons à Rome des amis et des amies puissants, et les Grecs sont faibles. Aucun d'entre eux n'osera monter à **14** Rome pour cela devant les tribunaux. Pourquoi t'abstenir de ton propre bien? C'est sot, c'est insensé. Non, même si tu me dis que tu t'en abstiens, je ne te croirai pas.
15 Car, de même qu'il est impossible de donner son assentiment à ce qui apparaît faux et de le refuser à la vérité, de même il est impossible de s'abstenir de ce qui apparaît comme un bien. Or la richesse est un bien et, en vérité, pourrais-je dire, le plus efficace pour procurer les plaisirs. **16** Pourquoi ne tâches-tu pas de l'acquérir? Et pourquoi n'essayons-nous pas de séduire la femme de notre voisin si nous pouvons le faire sans être découverts, et si le mari dit des bêtises, pourquoi ne pas, en outre, lui couper le **17** cou? Si tu veux être un philosophe tel que tu dois l'être, un philosophe parfait, un philosophe conséquent avec tes principes! Sinon, tu ne différeras en rien de nous, les dénommés Stoïciens. Nous aussi, nous parlons, en effet, d'une **18** manière et nous agissons d'une autre; nous parlons de choses honnêtes et nous faisons des choses basses. Toi, ta perversion sera inverse: tes principes sont bas et tu agis honnêtement.

19 *Abandonner les principes d'Épicure.*

— Au nom de Dieu! T'imagines-tu une cité d'Épicuriens?
— Moi, je ne me marie pas.
— Ni moi non plus, car il ne faut pas se marier.
— Et il ne faut pas non plus avoir des enfants, ni remplir la fonction de citoyens. Alors, que s'ensuivra-t-il? D'où proviendront les citoyens? Qui les élèvera? Qui surveillera les éphèbes? Qui sera gymnasiarque? Et encore, quelle sera leur éducation? Celle des Lacédémoniens ou celle des **20** Athéniens? Prends-moi un jeune homme, élève-le suivant tes principes. Tes principes sont mauvais, subversifs de la cité, pernicieux pour les familles, et ils ne conviennent **21** même pas pour les femmes. Laisse cela, homme. Tu vis dans une cité d'empire: tu dois exercer une charge, juger

κλέπτετε.» Ἀλλ' ἐγώ σοι λέγω ὅτι ἐὰν κομψῶς καὶ περιεσταλμένως γίνηται, λησόμεθα· εἶτα καὶ φίλους ἐν τῇ Ῥώμῃ ἔχομεν δυνατοὺς καὶ φίλας καὶ οἱ Ἕλληνες ἀδρανεῖς εἰσιν· οὐδεὶς τολμήσει ἀναβῆναι τούτου ἕνεκα. Τί ἀπέχῃ τοῦ ἰδίου ἀγαθοῦ; ἄφρον ἐστὶ τοῦτο, ἠλίθιόν ἐστιν. Ἀλλ' οὐδ' ἂν λέγῃς μοι ὅτι ἀπέχῃ, πιστεύσω σοι. Ὡς γὰρ ἀδύνατόν ἐστι τῷ ψευδεῖ φαινομένῳ συγκαταθέσθαι καὶ ἀπὸ τοῦ ἀληθοῦς ἀπονεῦσαι, οὕτως ἀδύνατόν ἐστι τοῦ φαινομένου ἀγαθοῦ ἀποστῆναι. Ὁ πλοῦτος δ' ἀγαθὸν καὶ οἱονανεὶ || τὸ ποιητικώτατόν γε τῶν ἡδονῶν. Διὰ τί μὴ περιποιήσῃ αὐτόν; διὰ τί δὲ μὴ τὴν τοῦ γείτονος γυναῖκα διαφθείρωμεν, ἂν δυνώμεθα λαθεῖν, ἂν δὲ φλυαρῇ ὁ ἀνήρ, καὶ αὐτὸν προσεκτραχηλίσωμεν; εἰ θέλεις εἶναι φιλόσοφος οἷος δεῖ, εἴ γε τέλειος, εἰ ἀκολουθῶν σου τοῖς δόγμασιν· εἰ δὲ μή, οὐδὲν διοίσεις ἡμῶν τῶν λεγομένων Στωικῶν· καὶ αὐτοὶ γὰρ ἄλλα λέγομεν, ἄλλα δὲ ποιοῦμεν. Ἡμεῖς λέγομεν τὰ καλά, ποιοῦμεν τὰ αἰσχρά· σὺ τὴν ἐναντίαν διαστροφὴν ἔσῃ διεστραμμένος δογματίζων τὰ αἰσχρά, ποιῶν τὰ καλά.

— Τὸν θεόν σοι, ἐπινοεῖς Ἐπικουρείων πόλιν;
— Ἐγὼ οὐ γαμῶ.
— Οὐδ' ἐγώ· οὐ γὰρ γαμητέον.
— Ἀλλ' οὐδὲ παιδοποιητέον, ἀλλ' οὐδὲ πολιτευτέον. Τί οὖν γένηται; πόθεν οἱ πολῖται; τίς αὐτοὺς παιδεύσει; τίς ἐφήβαρχος, τίς γυμνασίαρχος; τί δὲ καὶ παιδεύσει αὐτούς; ἃ Λακεδαιμόνιοι ἐπαιδεύοντο ἢ Ἀθηναῖοι; Λάβε μοι νέον, ἄγαγε κατὰ τὰ δόγματά σου. Πονηρά ἐστι τὰ δόγματα, ἀνατρεπτικὰ πόλεως, λυμαντικὰ οἴκων, οὐδὲ γυναιξὶ πρέποντα. Ἄφες ταῦτ', ἄνθρωπε. Ζῇς ἐν ἡγεμονούσῃ πόλει·

2 γίνηται (ex γίνε-) S || 3 φίλας Wolf : φιλίας codd. || 10 οἱονανεὶ Schenkl : οἷον ἂν ᾖς i. m. SF οἷον i. m. V om. PBJ || 17 καλά Upt. cod. : αἰσχρά SVBFJ || αἰσχρά Upt. cod. : καλὰ SPVBFJ. || 25 τί δὲ : τίς Reiske || 26 ἢ : ἢ ἃ J || 29 ἡγεμονούσῃ : ἡγεμονευούσῃ BJ.

suivant la justice, t'abstenir du bien d'autrui, aucune autre femme que la tienne ne doit te paraître belle, aucun garçon te paraître beau, ni aucun vase d'argent ou d'or.
22 Recherche des principes en accord avec ces manières d'agir et, grâce à eux, tu t'abstiendras sans peine d'objets si
23 propres à nous séduire et à nous vaincre. Si, au contraire, en plus de leur séduction, nous avons découvert aussi une philosophie comme la vôtre, qui contribue à nous pousser vers ces objets et à leur donner de la force, qu'arrivera-t-il?

24 *Nos devoirs.* Dans un vase ciselé, qu'y a-t-il de meilleur, l'argent ou l'art? La matière de la main, c'est la chair, mais le plus important, ce sont
25 les œuvres que produit la main. Donc aussi les devoirs sont de trois sortes: les uns concernent l'existence, les autres, les qualités, les troisièmes, les choses les plus importantes. De même également chez l'homme, ce n'est pas la matière qu'il faut estimer, la misérable chair, mais les
26 choses les plus importantes. Quelles sont-elles? Remplir son rôle de citoyen, se marier, avoir des enfants, honorer Dieu, prendre soin de ses parents, en un mot avoir des désirs, des aversions, des propensions, des répulsions tels qu'il convient pour chacun de ces actes et que le comporte
27 notre nature. Or, que sommes-nous par nature? Des hommes libres, nobles, dignes. Quel autre animal, en effet, peut rougir, quel autre peut avoir l'impression de honte?
28 Que le plaisir soit subordonné à ces devoirs comme un ministre, une servante, afin de provoquer notre ardeur, afin de nous contenir dans des actes conformes à la nature.

29 *Le véritable magistrat.* — Mais je suis riche et je n'ai besoin de rien.
— Pourquoi donc veux-tu encore avoir l'air de philosopher? Tes vases d'or et d'argent te suffisent. Qu'as-tu besoin de principes?
30 — Mais je remplis aussi la fonction de juge chez les Grecs.
— Sais-tu juger? Qui t'a donné cette connaissance?

ἄρχειν σε δεῖ, κρίνειν δικαίως, ἀπέχεσθαι τῶν ἀλλοτρίων, σοὶ καλὴν γυναῖκα φαίνεσθαι μηδεμίαν ἢ τὴν σήν, καλὸν παῖδα μηδένα, καλὸν ἀργύρωμα μηδέν, χρύσωμα μηδέν. Τούτοις σύμφωνα δόγματα ζήτησον, ἀφ' ὧν ὁρμώμενος 22 ἡδέως ἀφέξῃ πραγμάτων οὕτως πιθανῶν πρὸς τὸ ἀγαγεῖν καὶ νικῆσαι. Ἂν δὲ πρὸς τῇ πιθανότητι τῇ ἐκείνων καὶ 23 φιλοσοφίαν τινά ποτε ταύτην ἐξευρηκότες ὦμεν συνεπωθοῦσαν ἡμᾶς ἐπ' αὐτὰ καὶ ἐπιρ || ρωννύουσαν, τί γένηται; 96ʳ

Ἐν τορεύματι τί κράτιστόν ἐστιν, ὁ ἄργυρος ἢ ἡ τέχνη; 24 χειρὸς οὐσία μὲν ἡ σάρξ, προηγούμενα δὲ τὰ χειρὸς ἔργα. Οὐκοῦν καὶ καθήκοντα τρισσά· τὰ μὲν πρὸς τὸ εἶναι, τὰ 25 δὲ πρὸς τὸ ποιά εἶναι, τὰ δ' αὐτὰ τὰ προηγούμενα. Οὕτως καὶ ἀνθρώπου οὐ τὴν ὕλην δεῖ τιμᾶν, τὰ σαρκίδια, ἀλλὰ τὰ προηγούμενα. Τίνα ἐστὶ ταῦτα; πολιτεύεσθαι, γαμεῖν, 26 παιδοποιεῖσθαι, θεὸν σέβειν, γονέων ἐπιμελεῖσθαι, καθόλου ὀρέγεσθαι, ἐκκλίνειν, ὁρμᾶν, ἀφορμᾶν, ὡς ἕκαστον τούτων δεῖ ποιεῖν, ὡς πεφύκαμεν. Πεφύκαμεν δὲ πῶς; ὡς ἐλεύ- 27 θεροι, ὡς γενναῖοι, ὡς αἰδήμονες. Ποῖον γὰρ ἄλλο ζῷον ἐρυθριᾷ, ποῖον αἰσχροῦ φαντασίαν λαμβάνει; Τὴν ἡδονὴν 28 δ' ὑπόταξαι τούτοις ὡς διάκονον, ὡς ὑπηρέτιν, ἵνα προθυμίας ἐκκαλέσηται, ἵν' ἐν τοῖς κατὰ φύσιν ἔργοις παρακρατῇ.

— Ἀλλ' ἐγὼ πλούσιός εἰμι καὶ οὐδενὸς χρεία μοί ἐστιν. 29
— Τί οὖν ἔτι προσποιῇ φιλοσοφεῖν; ἀρκεῖ τὰ χρυσώματα καὶ τὰ ἀργυρώματα· τί σοι χρεία δογμάτων;
— Ἀλλὰ καὶ κριτής εἰμι τῶν Ἑλλήνων. 30
— Οἶδας κρίνειν; τί σε ἐποίησεν εἰδέναι;

---

5 πιθανῶν Shaftesbury: πιθανῶς πιθανός ὢν Sᶜ (ut uid.) et PVBFJ || 6 νικῆσαι: κινῆσαι Wolf || 7 ταύτην: τοιαύτην Reiske || 8 τί: τί ἂν SₐPVBFJ || 9 τορεύματι Wolf: τῷ ῥεύματι SPVB τωρεύματι F. || 11 Οὐκοῦν — 12 προηγούμενα del. Kron. || 11 καθήκοντα: τὰ καθήκοντα Reiske || 12 δ' αὐτὰ: δὲ πρὸς αὐτὰ Meib. δ' αὖ τὰ Upt. || 24 ἀρχεῖ: ἀργεῖ SVB || 25 τί: τίς Cor. || 27 τί: τίς J.

— César a signé mes lettres de créance.

— Qu'il t'en signe pour que tu puisses juger en matière de musique ! Et à quoi cela te servira-t-il ? Du reste, comment as-tu obtenu cette charge de juge ? De qui as-tu baisé la main ? De Symphoros ou de Nouménios ? Dans l'antichambre de qui as-tu dormi ? A qui as-tu envoyé des cadeaux ? Et alors, ne comprends-tu pas que ta charge de juge a tout juste la valeur de Nouménios ?

— Mais je puis jeter en prison qui je veux.

— Comme tu peux jeter une pierre.

— Mais je puis faire bâtonner qui je veux.

— Comme tu peux bâtonner un âne. Ce n'est pas là gouverner des hommes. Gouverne-nous comme des êtres raisonnables en nous montrant ce qui est utile, et nous suivrons. Montre-nous ce qui est nuisible et nous nous en écarterons. Tâche de nous rendre imitateurs fervents de ta personne, comme Socrate de la sienne. Lui, véritablement, menait les hommes en hommes, car il les disposait à lui soumettre leurs désirs, leurs aversions, leurs propensions, leurs répulsions. « Fais ceci, ne fais pas cela, sans quoi je te jetterai en prison », ce n'est point ainsi qu'on gouverne des êtres raisonnables. Mais plutôt : « Fais ceci comme Zeus l'a ordonné, sans quoi tu en subiras une peine, un dommage. » Quel dommage ? Pas d'autre que celui de n'avoir pas fait ton devoir. Tu détruiras en toi l'homme fidèle, digne, modéré. Ne va pas chercher de dommages plus importants que ceux-là.

— Καῖσάρ μοι κωδίκελλον ἔγραψεν.

— Γραψάτω σοι, ἵνα κρίνῃς περὶ τῶν μουσικῶν· καὶ τί σοι ὄφελος; Ὅμως δὲ πῶς κριτὴς ἐγένου; τὴν τίνος χεῖρα καταφιλήσας, τὴν Συμφόρου ἢ τὴν Νουμηνίου; τίνος πρὸ τοῦ κοιτῶνος κοιμηθείς; τίνι πέμψας δῶρα; εἶτα οὐκ αἰσθάνῃ ὅτι τοσούτου ἄξιόν ἐστι κριτὴν εἶναι ὅσου Νουμήνιος;

— Ἀλλὰ δύναμαι ὃν θέλω εἰς φυλακὴν βαλεῖν.

— Ὡς λίθον.

— Ἀλλὰ δύναμαι ξυλοκοπῆσαι ὃν θέλω.

— Ὡς ὄνον. Οὐκ ἔστι τοῦτο ἀνθρώπων ἀρχή. Ὡς λογικῶν ἡμῶν ἄρξον δεικνὺς ἡμῖν τὰ συμφέροντα καὶ ἀκολουθήσομεν· δείκνυε τὰ ἀσύμφορα καὶ || ἀποστραφησόμεθα. Ζηλωτὰς ἡμᾶς κατασκεύασον σεαυτοῦ ὡς Σωκράτης ἑαυτοῦ. Ἐκεῖνος ἦν ὁ ὡς ἀνθρώπων ἄρχων, ὁ κατεσκευακὼς ὑποτεταχότας αὐτῷ τὴν ὄρεξιν τὴν αὐτῶν, τὴν ἔκκλισιν, τὴν ὁρμήν, τὴν ἀφορμήν. «Τοῦτο ποίησον, τοῦτο μὴ ποιήσῃς· εἰ δὲ μή, εἰς φυλακήν σε βαλῶ.» Οὐκέτι ὡς λογικῶν ἡ ἀρχὴ γίνεται. Ἀλλ' «Ὡς ὁ Ζεὺς διέταξεν, τοῦτο ποίησον· ἂν δὲ μὴ ποιήσῃς, ζημιωθήσῃ, βλαβήσῃ.» Ποίαν βλάβην; ἄλλην οὐδεμίαν, ἀλλὰ τὸ μὴ ποιῆσαι ἃ δεῖ· ἀπολέσεις τὸν πιστόν, τὸν αἰδήμονα, τὸν κόσμιον. Τούτων ἄλλας βλάβας μείζονας μὴ ζήτει.

8 βαλεῖν : ἐμβαλεῖν F. || 12 δεικνὺς : δείκνυε Upt. cod. || 16 αὐτῶν J : αὑτῶν SPVBF || 21 τὸ : τῷ S_c F || δεῖ· ἀπολέσεις : δεῖ, ἀπολέσεις (-λέσῃς F) S_c F.

Chapitre VIII

Comment il faut s'exercer pour faire face aux représentations.

1   Comme nous nous exerçons pour faire face aux interrogations sophistiques, nous devrions également nous exercer chaque jour pour faire face aux représentations, car elles aussi nous posent des interrogations.

2   — Le fils d'un tel est mort.
— Réponds : Cela ne dépend pas de nous, ce n'est pas un mal.
— Le père d'un tel l'a déshérité. Que t'en semble ?
— Cela ne dépend pas de nous, ce n'est pas un mal.
— César l'a condamné.
— Cela ne dépend pas de nous, ce n'est pas un mal.

3   — Il s'en est affligé.
— Cela dépend de nous, c'est un mal.
— Il l'a vaillamment supporté.
— Cela dépend de nous, c'est un bien.

4   Si nous prenons cette habitude, nous ferons des progrès, car nous ne donnerons jamais notre assentiment que dans le cas d'une représentation compréhensive [1].

5   — Son fils est mort.
— Qu'est-il arrivé ? Son fils est mort.
— Rien de plus ?
— Rien.
— Son navire a péri.

---

1. C'est la première apparition du terme technique par lequel les Stoïciens, depuis Zénon de Cittium, désignaient la représentation qui porte en elle-même la marque de sa vérité, « celle qui vient de la chose existant réellement et par soi, qui laisse une empreinte et une marque dans l'esprit » (Diogène Laërce, VII, 46). La sagesse consiste à ne donner son *assentiment* qu'à de telles représentations.

η'

Πῶς πρὸς τὰς φαντασίας γυμναστέον.

Ὡς πρὸς τὰ ἐρωτήματα τὰ σοφιστικὰ γυμναζόμεθα, 1
οὕτως καὶ πρὸς τὰς φαντασίας καθ' ἡμέραν ἔδει γυμνά-
ζεσθαι· προτείνουσι γὰρ ἡμῖν καὶ αὗται ἐρωτήματα.

— Ὁ υἱὸς ἀπέθανε τοῦ δεῖνος. 2

— Ἀπόκριναι· «Ἀπροαίρετον, οὐ κακόν.»

— Ὁ πατὴρ τὸν δεῖνα ἀποκληρονόμον ἀπέλιπεν. Τί σοι δοκεῖ;

— Ἀπροαίρετον, οὐ κακόν.

— Καῖσαρ αὐτὸν κατέκρινεν.

— Ἀπροαίρετον, οὐ κακόν.

— Ἐλυπήθη ἐπὶ τούτοις. 3

— Προαιρετικόν, κακόν.

— Γενναίως ὑπέμεινεν.

— Προαιρετικόν, ἀγαθόν.

Κἂν οὕτως ἐθιζώμεθα, προκόψομεν· οὐδέποτε γὰρ ἄλλῳ 4
συγκαταθησόμεθα ἢ οὗ φαντασία καταληπτικὴ γίνεται.

— Ὁ υἱὸς ἀπέθανε. 5

— Τί ἐγένετο; ὁ υἱὸς ἀπέθανεν.

— Ἄλλο οὐδέν;

— Οὐδέν.

— Τὸ πλοῖον ἀπώλετο.

6 post δεῖνος add. τί σοι δοκεῖ; Shaftesbury ‖ 8 ἀπέλιπεν P J Upt. cod. et ex corr. B: ἀπέλειπεν SBF — λειπε V κατέλιπε Par. 1959 ‖ 17 προκόψομεν: -κόψωμεν S ‖ ἄλλῳ (ῳ ex corr.) S ‖ 18 ἢ οὗ: ἢ οὖν PVJ ἢ οὗ ἡ Gataker ‖ 21 ἄλλο οὐδέν Trinc.: ἀλλ' οὐδὲ ἓν S ἄλλο οὐδὲ ἓν VBFJ.

— Qu'est-il arrivé? Son navire a péri.
— Il a été conduit en prison.
— Qu'est-il arrivé? Il a été conduit en prison. Mais la proposition : « il lui est arrivé malheur », chacun l'ajoute de lui-même.

6 — Mais Zeus a tort d'agir ainsi.

Pourquoi? Parce qu'il t'a fait capable d'endurance, de magnanimité, parce qu'il a enlevé à ces événements la propriété d'être des maux, parce que tu as le pouvoir, en les subissant, de conserver la félicité, parce qu'il t'a ouvert la porte dans le cas où il ne t'accorde pas ces dons? Homme, sors et ne récrimine pas.

7 Veux-tu savoir quel est le sentiment des Romains à l'égard des philosophes? Écoute. Italicus, qui avait chez eux une grande réputation de philosophe, se plaignait un jour en ma présence d'avoir à subir de la part des siens des choses intolérables : « Je ne puis le supporter, dit-il, vous me tuez, vous allez me rendre semblable à celui-là[1] » et il me montrait.

1. Pline, *Lettres*, III, 7,4.

— Τί ἐγένετο; τὸ πλοῖον ἀπώλετο.
— Εἰς φυλακὴν ἀπήχθη.
— Τί γέγονεν; εἰς φυλακὴν ἀπήχθη. Τὸ δ' ὅτι «κακῶς πέπραχεν» ἐξ αὐτοῦ ἕκαστος προστίθησιν.
— Ἀλλ' οὐκ ὀρθῶς ταῦτα ὁ Ζεὺς ποιεῖ.
Διὰ τί; ὅτι σε ὑπομενητικὸν ἐποίησεν, ὅτι μεγαλόψυχον, ὅτι ἀφεῖλεν αὐτῶν τὸ εἶναι κακά, ὅτι ἔξεστίν σοι πάσχοντι ταῦτα εὐδαιμονεῖν, ὅτι σοι τὴν θύραν ἤνοιξεν, ὅταν σοι μὴ ποιῇ; Ἄνθρωπε, ἔξελθε καὶ μὴ ἐγκάλει.
Πῶς ἔχουσι Ῥωμαῖοι πρὸς φιλοσόφους ἂν θέλῃς γνῶναι, ἄκουσον. Ἰταλικὸς ὁ μάλιστα δοκῶν αὐτῶν φιλόσοφος εἶναι παρόντος ποτέ μου χαλεπήνας τοῖς ἰδίοις ὡς ἀνήκεστα πάσχων, «Οὐ δύναμαι», ἔφη, «φέρειν· ἀπόλλυτέ με, ποιήσετέ με τοιοῦτον γενέσθαι», δείξας ἐμέ.

4 αὐτοῦ B ex corr. ut uid.: αὐτοῦ SVBFJ || 7 σοι om. Upt. cod. J || πάσχοντι: πάσχοντα Upt. cod. J || 9 ποιῇ (ῇ ex εῖ) S || 10 φιλοσόφους ἄν: φιλοσόφους; ἄν S_c || 14 ποιήσετέ: ποιήσατέ Barb. ἢ ποιήσετέ Reiske.

Chapitre IX

A un rhéteur qui allait à Rome pour un procès.

1 *Importance de nos jugements.* Quelqu'un se rendait à Rome pour un procès concernant une dignité qu'il revendiquait. Il entra chez Épictète. Celui-ci s'étant informé du motif de son départ, son interlocuteur lui demanda ce qu'il pensait de l'affaire.

2 — Si tu me demandes ce que tu feras à Rome, répondit-il, si tu réussiras ou échoueras, je n'ai aucune règle pour en décider; mais si tu me demandes comment tu agiras, je puis te dire que si tes jugements sont droits, tu agiras bien; s'ils sont défectueux, tu agiras mal. Car tout homme, quoi qu'il fasse, est amené à le faire par un jugement.

3 Qu'est-ce, en effet, qui t'a fait désirer être élu patron[1] des Cnossiens? Ton jugement. Qu'est-ce qui te pousse à partir à présent pour Rome? Ton jugement. Et cela en plein hiver, avec des risques, à grands frais?

— C'est qu'il le faut.

4 — Qui te le dit? Ton jugement. Donc, si les jugements sont la cause de tous nos actes, quand on aura des jugements défectueux, telle sera la cause, telle aussi sera la
5 conséquence. Or, avons-nous tous des jugements sains, et toi et ton adversaire? Si oui, comment se fait-il que vous soyez en désaccord? Mais les tiens le sont-ils plus que les siens à lui? Pourquoi? Il te le semble. Mais à lui aussi, et aussi aux insensés. C'est là un mauvais critère.

---

1. Chaque ville municipale, en Italie et dans les provinces, avait un ou plusieurs patrons qui étaient supposés les représenter et défendre leurs intérêts à Rome. En fait, il s'agissait souvent d'une charge purement honorifique.

θ'

Πρός τινα ῥήτορα ἀνιόντα εἰς Ῥώμην ἐπὶ δίκῃ.

Εἰσελθόντος δέ τινος πρὸς αὐτόν, ὃς εἰς Ῥώμην ἀνῄει 1
δίκην ἔχων περὶ τιμῆς τῆς αὐτοῦ, πυθόμενος τὴν αἰτίαν
δι' ἣν ἄνεισιν, ἐπερωτήσαντος ἐκείνου τίνα γνώμην ἔχει
περὶ τοῦ πράγματος,

Εἴ μου πυνθάνῃ τί πράξεις ἐν Ῥώμῃ, φησίν, πότερον 2
κατορθώσεις ἢ ἀποτεύξῃ, θεώρημα πρὸς τοῦτο οὐκ ἔχω·
εἰ δέ μου πυνθάνῃ πῶς πράξεις, τοῦτο εἰπεῖν ὅτι, εἰ μὲν
ὀρθὰ δόγματα ἔχεις, καλῶς, εἰ δὲ φαῦλα, κακῶς. Παντὶ
γὰρ αἴτιον τοῦ πράσσειν τι δόγμα. Τί γάρ ἐστιν, δι' ὃ 3
ἐπεθύμησας προστάτης χειροτονηθῆναι Κνωσίων; τὸ
δόγμα. Τί ἐστιν, δι' ὃ νῦν εἰς Ῥώμην ἀνέρχῃ; τὸ δόγμα.
Καὶ μετὰ χειμῶνος καὶ κινδύνου καὶ ἀναλωμάτων;

— Ἀνάγκη γάρ ἐστιν.

— Τίς σοι λέγει τοῦτο; τὸ δόγμα. Οὐκοῦν εἰ πάντων 4
αἴτια τὰ δόγματα, φαῦλα δέ τις ἔχει δόγματα, οἷον ἂν ᾖ
τὸ αἴτιον, τοιοῦτον καὶ τὸ ἀποτελούμενον. Ἆρ' οὖν πάντες 5
ἔχομεν ὑγιῆ δόγματα καὶ σὺ καὶ ὁ ἀντίδικός σου; καὶ πῶς
διαφέρεσθε; Ἀλλὰ σὺ μᾶλλον || ἢ ἐκεῖνος; διὰ τί; δοκεῖ σοι.
Κἀκείνῳ καὶ τοῖς μαινομένοις. Τοῦτο πονηρὸν κριτήριον.

---

5 αὐτοῦ J : αὑτοῦ SPVBF. || 10 εἰ δέ μου : εἶμε uel ἐμὲ S (corr. S_b) εἰ δὲ Schenkl || τοῦτο : ἔχω τοῦτο (uel τοσοῦτον) Reiske || 12 τι : τὸ Elter τι τὸ (uel τί; τὸ) susp. Schenkl πως τὸ Oldfather || δι' ὃ Shaftesbury : ὃ SPFJ ᾧ S_cVB || 15 μετὰ post alt. καὶ transp. Schw. || 17 τοῦτο; τὸ Wolf in vers. : τοῦτο τὸ codd.

6   *Examiner ses jugements.*   Mais montre-moi que tu as fait quelque examen de tes propres jugements et que tu leur as accordé quelque attention. Et de même que tu fais voile maintenant vers Rome pour obtenir d'être patron des Cnossiens et que tu ne te contentes pas de rester chez toi avec les honneurs que tu possédais, mais que tu en désires quelque autre plus important et plus éclatant, as-tu également jamais fait voile pour examiner tes propres jugements et, **7** s'il s'en trouve de défectueux, les rejeter? Qui es-tu allé trouver pour cela? Quel temps as-tu consacré à ta personne? Quelle période de ton existence? Parcours les années de ta vie, et si tu as honte de le faire devant moi, **8** fais-le seul en toi-même. Quand tu étais enfant, examinais-tu tes jugements? N'est-il pas vrai que tout ce que tu faisais alors, tu le faisais comme tu fais actuellement **9** toutes choses? Et quand, déjà adolescent, tu écoutais les rhéteurs et t'exerçais toi-même, que t'imaginais-tu qu'il pouvait te manquer? Puis, quand, jeune homme, tu commençais à prendre part aux affaires politiques, plaidais toi-même des procès et te faisais une réputation, qui désormais te paraissait être ton égal? Mais aurais-tu supporté que quelqu'un t'examinât et te prouvât que tes **10** jugements étaient défectueux? Que veux-tu donc que je te dise?

— Viens à mon secours dans cette affaire.

— Je n'ai aucune règle à te donner à ce sujet. Et toi-même, si tu es venu à moi dans ce dessein, ce n'est pas comme à un philosophe que tu es venu, mais comme à un marchand de légumes, comme à un cordonnier.

11   — En vue de quoi donc les philosophes ont-ils des règles?

— Pour ceci : quoi qu'il arrive, conserver et diriger la partie maîtresse de notre âme en conformité avec la nature. Cela te semble-t-il de peu d'importance?

— D'une importance souveraine, au contraire.

— Et alors? Cela demande-t-il peu de temps et peut-on l'acquérir dans un entretien, en passant? Si tu le peux, acquiers-le.

Ἀλλὰ δεῖξόν μοι ὅτι ἐπίσκεψίν τινα καὶ ἐπιμέλειαν 6
πεποίησαι τῶν σαυτοῦ δογμάτων. Καὶ ὡς νῦν εἰς Ῥώμην
πλεῖς ἐπὶ τῷ προστάτης εἶναι Κνωσίων καὶ οὐκ ἐξαρκεῖ
σοι μένειν ἐν οἴκῳ τὰς τιμὰς ἔχοντι ἃς εἶχες, ἀλλὰ μεί-
ζονός τινος ἐπιθυμεῖς καὶ ἐπιφανεστέρου, πότε οὕτως
ἔπλευσας ὑπὲρ τοῦ τὰ δόγματα ἐπισκέψασθαι τὰ σαυτοῦ
καὶ εἴ τι φαῦλον ἔχεις, ἐκβαλεῖν; Τίνι προσελήλυθας 7
τούτου ἕνεκα; ποῖον χρόνον ἐπέταξας σαυτῷ, ποίαν ἡλικίαν; ἔπελθέ σου τοὺς χρόνους, εἰ ἐμὲ αἰσχύνῃ, αὐτὸς
πρὸς σαυτόν. Ὅτε παῖς ἦς, ἐξήταζες τὰ σαυτοῦ δόγματα; 8
οὐχὶ δ᾽ ὡς πάντα ποιεῖς, ἐποίεις ἃ ἐποίεις; ὅτε δὲ μει-
ράκιον ἤδη καὶ τῶν ῥητόρων ἤκουες καὶ αὐτὸς ἐμελέτας,
τί σοι λείπειν ἐφαντάζου; ὅτε δὲ νεανίσκος καὶ ἤδη 9
ἐπολιτεύου καὶ δίκας αὐτὸς ἔλεγες καὶ εὐδοκίμεις, τίς
σοι ἔτι ἴσος ἐφαίνετο; ποῦ δ᾽ ἂν ἠνέσχου ὑπό τινος
ἐξεταζόμενος ὅτι πονηρὰ ἔχεις δόγματα; Τί οὖν σοι θέ- 10
λεις εἴπω;

— Βοήθησόν μοι εἰς τὸ πρᾶγμα.

— Οὐκ ἔχω πρὸς τοῦτο θεωρήματα· οὐδὲ σύ, εἰ τούτου
ἕνεκα ἐλήλυθας πρὸς ἐμέ, ὡς πρὸς φιλόσοφον ἐλήλυθας,
ἀλλ᾽ ὡς πρὸς λαχανοπώλην, ἀλλ᾽ ὡς πρὸς σκυτέα.

— Πρὸς τί οὖν ἔχουσιν οἱ φιλόσοφοι θεωρήματα; 11

— Πρὸς τοῦτο, ὅ τι ἂν ἀποβῇ, τὸ ἡγεμονικὸν ἡμῶν
κατὰ φύσιν ἔχειν καὶ διεξάγειν. Μικρόν σοι δοκεῖ
τοῦτο;

— Οὔ· ἀλλὰ τὸ μέγιστον.

— Τί οὖν; ὀλίγου χρόνου χρείαν ἔχει καὶ ἔστι παρερχόμενον αὐτὸ λαβεῖν; εἰ δύνασαι, λάμβανε.

5 ἐπιφανεστέρου: -τέρας Reiske || οὕτως: οὖν Reiske || 7 ἔχεις:
εἶχες Kron. || 8 ποῖον: πόσον Kron. || 11 ὡς: ὡς νῦν ed. Bas. ||
ποιεῖς: ἐπῄει Reiske παιδία (uel ποιεῖ uel ἐδόκει) Elter εἰδώς
Rich. || 12 ἤδη: ἤδη ἧς Reiske ὅν ἤδη susp. Schenkl || 16-17 θέ-
λεις εἴπω: θέλεις; εἰπέ Reiske || 20 ὡς: οὐχ ὡς PJ et s. l. B ||
27-28 παρερχόμενον Upt. cod. et ex corr. J: παρεχόμενον SPVBF.

12 *L'entretien philosophique.* Tu iras dire ensuite : « J'ai eu un entretien avec Épictète, mais comme si c'était avec une pierre, avec une statue. » Tu m'as vu, en effet, et rien de plus. Mais avoir un entretien avec un homme, comme avec un homme, c'est apprendre à connaître ses jugements et, à son tour, **13** lui montrer les siens propres. Apprends à connaître mes jugements, montre-moi les tiens, et dis alors que tu as eu un entretien avec moi. Examinons-nous mutuellement. Si j'ai quelque jugement défectueux, extirpe-le ; si c'est toi, étale-le. Voilà ce que c'est que de conférer avec un philo-**14** sophe. Ce n'est pas ce que tu fais, mais : « Nous sommes de passage et, en attendant de louer le bateau, nous pouvons aussi aller voir Épictète. Voyons ce qu'il peut bien raconter. » Puis, en partant : « Ce n'était rien, Épictète ; son langage était plein de solécismes et de barbarismes. » Sur quelle autre chose, en effet, porte votre jugement en entrant chez moi ?

15 *La richesse et les loisirs du philosophe.* « Mais, dit-on, si je me laisse absorber par cette tâche, je n'aurai, comme toi, pas de champ, comme toi, pas de coupes d'argent et, comme toi, pas **16** de beau bétail. » A quoi il suffit peut-être de répondre : « Mais je n'en ai pas besoin ; toi, au contraire, si tu fais de nombreuses acquisitions, tu as encore besoin d'autres choses et, que tu le veuilles ou non, tu es plus pauvre que moi. »

17 — De quoi donc ai-je besoin ?

— De ce que tu n'as pas : de constance, de conformité **18** d'esprit avec la nature, d'ataraxie. Etre ou non patron, que m'importe à moi ? A toi, oui, cela importe. Je suis plus riche que toi. Je ne suis pas anxieux de savoir ce que César pensera de moi ; je ne flatte personne à cette fin. Voilà ce qui remplace pour moi tes vases d'argent, tes vases d'or. Toi, tu possèdes de la vaisselle en or, mais ta raison, tes jugements, tes assentiments, tes propen-**19** sions, tes désirs sont de terre cuite. Mais quand tout cela est en pleine conformité avec la nature, pourquoi ne m'appliquerais-je pas aussi à l'étude du raisonnement ? J'ai du

ΙΙΙ 9, 12 ΔΙΑΤΡΙΒΑΙ

Εἶτ᾽ ἐρεῖς· «Συνέβαλον Ἐπικτήτῳ || ὡς λίθῳ, ὡς ἀνδριάντι.» Εἶδες γάρ με καὶ πλέον οὐδέν. Ἀνθρώπῳ δ᾽ ὡς ἀνθρώπῳ συμβάλλει ὁ τὰ δόγματα αὐτοῦ καταμανθάνων καὶ ἐν τῷ μέρει τὰ ἴδια δεικνύων. Κατάμαθέ μου τὰ δόγματα, δεῖξόν μοι τὰ σὰ καὶ οὕτως λέγε συμβεβληκέναι μοι. Ἐλέγξωμεν ἀλλήλους· εἴ τι ἔχω κακὸν δόγμα, ἄφελε αὐτό· εἴ τι ἔχεις, θὲς εἰς τὸ μέσον. Τοῦτό ἐστι φιλοσόφῳ συμβάλλειν. Οὔ· ἀλλά· «Πάροδός ἐστι καὶ ἕως τὸ πλοῖον μισθούμεθα, δυνάμεθα καὶ Ἐπίκτητον ἰδεῖν· ἴδωμεν, τί ποτε λέγει.» Εἶτ᾽ ἐξελθών· «Οὐδὲν ἦν ὁ Ἐπίκτητος, ἐσολοίκιζεν, ἐβαρβάριζεν.» Τίνος γὰρ ἄλλου κριταὶ εἰσέρχεσθε;

«Ἀλλ᾽ ἂν πρὸς τούτοις», φησίν, «ὦ, ἀγρὸν οὐχ ἔξω ὡς οὐδὲ σύ, ποτήρια ἀργυρᾶ οὐχ ἔξω ὡς οὐδὲ σύ, κτήνη καλὰ ὡς οὐδὲ σύ.» Πρὸς ταῦτα ἴσως ἀρκεῖ ἐκεῖνο εἰπεῖν ὅτι «ἀλλὰ χρείαν αὐτῶν οὐκ ἔχω· σὺ δ᾽ ἂν πολλὰ κτήσῃ, ἄλλων χρείαν ἔχεις, θέλεις οὐ θέλεις, πτωχότερός μου.»

— Τίνος οὖν ἔχω χρείαν;

— Τοῦ σοὶ μὴ παρόντος· τοῦ εὐσταθεῖν, τοῦ κατὰ φύσιν ἔχειν τὴν διάνοιαν, τοῦ μὴ ταράττεσθαι. Πάτρων, οὐ πάτρων, τί μοι μέλει; σοὶ μέλει. Πλουσιώτερός σού εἰμι· οὐκ ἀγωνιῶ τί φρονήσει περὶ ἐμοῦ ὁ Καῖσαρ· οὐδένα κολακεύω τούτου ἕνεκα. Ταῦτα ἔχω ἀντὶ τῶν ἀργυρωμάτων, ἀντὶ τῶν χρυσωμάτων. Σὺ χρυσᾶ σκεύη, ὀστράκινον τὸν λόγον, τὰ δόγματα, τὰς συγκαταθέσεις, τὰς ὁρμάς, τὰς ὀρέξεις. Ὅταν δὲ ταῦτα ἔχω κατὰ φύσιν, διὰ τί μὴ φιλο-

---

1 Συνέβαλον J : συνέβαλλον SVBF. || 12 εἰσέρχεσθε : — χεσθαι S (χεσθε ex corr.) et F εἰσήρχεσθε Kron. || 13 πρὸς : παρὰ Β Upt. cod. || ὦ : ὡς Upt. cod. || 14 κτήνη καλά : οὐ κτήνη καλὰ uel κτήνη καλὰ οὐχ ἔξω Kron. || 15 ἐκεῖνο : ἐκεῖνον J || 16 δ᾽ ἂν : κἂν Kron. || ἄλλων : ἄλλων πολλῶν uel πολλῶν Reiske || 17 ἔχεις : ἕξεις Cor. || μου : μου εἶ Par. 1959 edd. || 20 πάτρων (bis) : παρόν (bis) Reiske || 21 σοὶ μέλει del. Kron. || 24 σκεύη : τὰ σκεύη Kron.

loisir, en effet, mon esprit n'est pas distrait par des objets divers. Que ferai-je, tandis que rien ne vient me distraire? Puis-je trouver une tâche plus digne d'un homme que cette 20 étude? Vous, quand vous n'avez rien à faire, vous vous agitez, vous allez au théâtre pour tuer le temps. Pourquoi 21 le philosophe ne cultiverait-il pas sa propre raison? A toi les vases de cristal, à moi l'argument du « Menteur »; à toi les porcelaines, à moi l'argument du « Contradicteur ». A toi, tous tes biens te paraissent peu de chose, à moi, les miens me paraissent tous grands. Ton désir reste 22 inassouvi, le mien est pleinement satisfait. C'est ce qui arrive aux enfants qui enfoncent leur main dans un vase au col étroit et tâchent d'emporter figues et noix. S'ils remplissent leur main, ils ne peuvent plus l'enlever, et alors ils crient. Laisses-en un peu et tu l'enlèveras. Et toi aussi, laisse ton désir, souhaite peu et tu l'obtiendras.

III 9, 19 ΔΙΑΤΡΙΒΑΙ 37

τεχνήσω καὶ περὶ τὸν λόγον; εὐσχολῶ γάρ· οὐ περισπᾶ-
ταί μου ἡ διάνοια. Τί ποιήσω μὴ περισπώμενος; τούτου
τί ∥ ἀνθρωπικώτερον ἔχω; Ὑμεῖς ὅταν μηδὲν ἔχητε, τα- 20 98ᵛ
ράσσεσθε, εἰς θέατρον εἰσέρχεσθε ἵν' ἀλύητε· διὰ τί ὁ
5 φιλόσοφος μὴ ἐξεργάσηται τὸν αὑτοῦ λόγον; σὺ κρυ- 21
στάλλινα, ἐγὼ τὰ τοῦ Ψευδομένου· σὺ μούρρινα, ἐγὼ τὰ
τοῦ Ἀποφάσκοντος. Σοὶ πάντα μικρὰ φαίνεται ἃ ἔχεις,
ἐμοὶ τὰ ἐμὰ πάντα μεγάλα. Ἀπλήρωτός σού ἐστιν ἡ ἐπι-
θυμία, ἡ ἐμὴ πεπλήρωται. Τοῖς ⟨παιδίοις⟩ εἰς στενό- 22
10 βρογχον κεράμιον καθιεῖσιν τὴν χεῖρα καὶ ἐκφέρουσιν
ἰσχαδοκάρυα τοῦτο συμβαίνει· ἂν πληρώσῃ τὴν χεῖρα,
ἐξενεγκεῖν οὐ δύναται, εἶτα κλάει. Ἄφες ὀλίγα ἐξ αὐτῶν
καὶ ἐξοίσεις. Καὶ σὺ ἄφες τὴν ὄρεξιν· μὴ πολλῶν ἐπιθύμει
καὶ οἴσεις.

4 ἵν' ἀλύητε Kron.: ἢ ἀναλύητε SF ἢ ἀναλύετε PVBJ ἢ ἀλύετε
Salm. ∥ 5 αὑτοῦ J et forte B ex corr.: αὐτοῦ SPVBF ∥ 9 παιδίοις add. Wolf ∥ τοῖς < παιδίοις >: τοῖς < παιδίοις τοῖς >
susp. Schenkl παιδίοις Cor. ∥ στενόβρογχον: στενόστομον Upt.
cod. ∥ 11 τοῦτο: ταὐτὸ Capps. ∥ 14 οἴσεις: εὑροήσεις Wolf.

Chapitre X

Comment il faut supporter les maladies.

1 *Avoir des jugements adaptés aux circonstances.* Il faut toujours avoir sous la main le jugement dont le besoin se fait sentir : à table, celui qui concerne la table, au bain, celui qui concerne le bain, au lit, celui qui concerne le lit :

2 *Ne laisse le sommeil tomber sur tes yeux las*
   Avant d'avoir pesé tous tes actes du jour :
3 *« En quoi ai-je failli? Qu'ai-je fait, quel devoir ai-je omis? »*
   Commence par là et poursuis l'examen; après quoi
   Blâme ce qui est mal fait, du bien réjouis-toi [1].

4 Nous devons retenir ces vers pour nous en servir utilement, non pour en user en manière d'exclamation, comme
5 quand nous nous écrions : « Péan Apollon ! » De même, aux heures de fièvre, ayons sous la main des jugements propres à cette circonstance; n'allons pas, si nous sommes pris par la fièvre, tout lâcher et tout oublier (« Si je me remets jamais à philosopher, m'arrive ce que voudra ! ») pour aller quelque part soigner notre misérable corps. Et après? La fièvre ne peut-elle y aller?

---

1. Pythagore, *Vers dorés*, 40-44. Ce précepte de l'examen de conscience devint très cher aux Stoïciens. Sénèque demande d'appeler chaque jour notre âme à la reddition de comptes (*De ira*, III, 36, 1). Cette pratique fut familière à Marc-Aurèle. C'est ce qu'il appelait « se retirer en soi-même » : εἰς ἑαυτὸν ἀναχωρεῖν (*Pensées*, IV, 3,2). Épictète revient sur ce précepte en IV, 6, où il oppose l'examen de conscience du courtisan et celui du sage. Pour toute cette question, voir C. Martha, *Etudes morales sur l'Antiquité*, Paris, 1883, pp. 191-234.

ι'

Πῶς φέρειν δεῖ τὰς νόσους.

Ἑκάστου δόγματος ὅταν ἡ χρεία παρῇ, πρόχειρον αὐ- 1
τὸ ἔχειν δεῖ· ἐπ' ἀρίστῳ τὰ περὶ ἀρίστου, ἐν βαλανείῳ
τὰ περὶ βαλανείου, ἐν κοίτῃ τὰ περὶ κοίτης.

Μηδ' ὕπνον μαλακοῖσιν ἐπ' ὄμμασι προσδέξασθαι, 2
πρὶν τῶν ἡμερι⟨ν⟩ῶν ἔργων λογίσασθαι ἕκαστα·
« Πῇ παρέβην; τί δ' ἔρεξα; τί μοι δέον οὐκ ἐτελέσθη; » 3
Ἀρξάμενος δ' ἀπὸ τοῦδε ἐπέξιθι· καὶ μετέπειτα
δειλὰ μὲν ἐκπρήξας ἐπιπλήσσεο, χρηστὰ δὲ τέρπου

Καὶ τούτους τοὺς στίχους κατέχειν χρηστικῶς, οὐχ ἵνα 4
δι' αὐτῶν ἀναφωνῶμεν, ὡς διὰ τοῦ Παιὰν Ἄπολλον.
Πάλιν ἐν πυρετῷ τὰ πρὸς τοῦτο· μή, ἂν πυρέξωμεν, 5
ἀφιέναι πάντα καὶ ἐπιλανθάνεσθαι· « ἂν ἐγὼ ἔτι φιλοσο-
φήσω, ὃ θέλει γινέσθω »· πού ποτ' ἀπελθόντα τοῦ σωματίου ἐπιμελεῖσθαι εἶτ' ἐκεῖ πυρετὸς οὐκ ἔρχεται.

---

3 ἡ : ᾖ A. Nauck ǁ παρῇ del. A. Nauck ǁ 5 περὶ om. PVJ ǁ
βαλανείου : τοῦ βαλανείου PVJ ǁ κοίτῃ : τῇ κοίτῃ PVJ ǁ κοίτης : τῆς
κοίτης PVJ ǁ 7 ἡμερινῶν Ven. 251 ex corr. e Pyth. : ἡμεριῶν
SPVBFJ ǁ λογίσασθαι ἕκαστα : λογίσασθαι ἕκαστον Hierocles τρὶς
ἕκαστον ἐπελθεῖν Pyth. ǁ 8 οὐκ ἐτελέσθη Arr. IV, 6, 35 Pyth. Par.
1958 ed. Salmant. in m. : ἐκτετέλεσται SPVBFJ οὐκ τετέλεσται
C. Schenkl ǁ 9 τοῦδε : πρώτου Pyth. τούτου susp. Schenkl ǁ
10 δειλὰ : δεινὰ Pyth. B ǁ ἐκπρήξας Pyth. : ῥέξας codd. οὖν ῥέξας
C. Schenkl ǁ 13 τοῦτο : τοῦτον Reiske Cor. ǁ 15 πού : δεῖ τοῦ νοῦ
Wolf ǁ 16 post ἐπιμελεῖσθαι add.. δεῖ Upt. με (σε Elter) δεῖ Cor.
χρεῖττον Kron. lacun. suppon. Schenkl ǁ εἶτ' ἐκεῖ susp. Schenkl
ex IV, 1, 96 : εἴ τε καὶ codd. εἴ γε καὶ Schw. καὶ Cor. ǁ εἶτ'
— ἔρχεται : εἴτε πυρετὸς ἔρχεται εἴτε καὶ οὐκ ἔρχεται Wolf.

6 *Ce qu'est philosopher.* Mais philosopher, qu'est-ce ? N'est-ce pas s'être préparé à tous événements? Ne comprends-tu donc pas que c'est comme si tu disais : « Advienne que voudra, si je me prépare encore à supporter avec patience les événements »? Tout comme si quelqu'un, après avoir reçu des coups, se **7** retirait du pancrace. Mais, au pancrace, on peut cesser le combat et ainsi éviter les coups, tandis que, dans notre cas, si nous cessons de philosopher, quel bien nous en reviendra-t-il? Que doit donc dire le philosophe en face de chacune des aspérités de la vie? « C'est pour cela que je me **8** suis exercé; c'est à cela que je me suis préparé. » Dieu te dit : « Donne-moi une preuve que tu as lutté selon les règles, que tu as mangé ce qu'il fallait, que tu t'es exercé, que tu as écouté le maître de gymnase. » Et ensuite, dans l'action elle-même, te voilà sans vigueur? Voici le moment de supporter la fièvre, que cela se fasse décemment; de subir la soif, subis-la décemment; de subir la faim, subis-la **9** décemment. N'est-ce pas en ton pouvoir? Qui t'en empêchera? Oui, sans doute, le médecin peut t'empêcher de boire, mais non de subir la soif décemment; il pourra t'empêcher de manger, mais non de subir la faim décemment.

10 *Le but de l'éducation libérale.* « Mais ne suis-je pas un lettré? » Et à quelle fin t'adonnes-tu aux lettres? Esclave, n'est-ce pas pour être heureux? N'est-ce pas pour garder l'équilibre de ton âme? N'est-ce pas pour te conformer à la nature et **11** vivre en accord avec elle? Qu'est-ce qui t'empêche, quand tu as la fièvre, de maintenir la partie maîtresse de ton âme en accord avec la nature? Voilà l'épreuve de l'action, voilà la pierre de touche du vrai philosophe. Car ceci également est une partie de la vie, comme la promenade, la navigation, les voyages; de même aussi la fièvre. **12** Est-ce que tu lis en te promenant?

— Non.

— Pas davantage, non plus, quand tu souffres de la fièvre. Mais, si tu te promènes avec décence, tu remplis la fonction du promeneur; si tu souffres de la fièvre avec **13** décence, tu remplis la fonction du fiévreux. Qu'est-ce que

Τὸ δὲ φιλοσοφῆσαι τί ἐστιν; οὐχὶ παρασκευάσασθαι 6
πρὸς τὰ συμβαίνοντα; οὐ || παρακολουθεῖς οὖν ὅτι τοιοῦ-
τόν τι λέγεις· « Ἂν ἔτι ἐγὼ παρασκευάσωμαι πρὸς τὸ πρᾴως
φέρειν τὰ συμβαίνοντα, ὃ θέλει γινέσθω »; οἷον εἴ τις
πληγὰς λαβὼν ἀποσταίη τοῦ παγκρατιάζειν. Ἀλλ' ἐκεῖ μὲν 7
ἔξεστι καταλῦσαι καὶ μὴ δέρεσθαι, ἐνθάδε δ' ἂν καταλύ-
σωμεν φιλοσοφοῦντες, τί ὄφελος; Τί οὖν δεῖ λέγειν αὐτὸν
ἐφ' ἑκάστου τῶν τραχέων; ὅτι « ἕνεκα τούτου ἐγυμναζό-
μην, ἐπὶ τοῦτο ἤσκουν ». Ὁ θεός σοι λέγει· « Δός μοι ἀπόδει- 8
ξιν εἰ νομίμως ἤθλησας, εἰ ἔφαγες ὅσα δεῖ, εἰ ἐγυμνάσθης,
εἰ τοῦ ἀλείπτου ἤκουσας »· εἶτ' ἐπ' αὐτοῦ τοῦ ἔργου κατα-
μαλακίζῃ; Νῦν τοῦ πυρέττειν καιρός ἐστιν, τοῦτο καλῶς
γινέσθω· τοῦ διψῆν, δίψα καλῶς· τοῦ πεινῆν, πείνα
καλῶς. Οὐκ ἔστιν ἐπὶ σοί; τίς σε κωλύσει; ἀλλὰ πιεῖν μὲν 9
κωλύσει ὁ ἰατρός, καλῶς δὲ διψῆν οὐ δύναται· καὶ φαγεῖν
μὲν κωλύσει, πεινῆν δὲ καλῶς οὐ δύναται.

Ἀλλ' οὐ φιλολογῶ; — Τίνος δ' ἕνεκα φιλολογεῖς; ἀνδρά- 10
ποδον, οὐχ ἵνα εὐροῇς; οὐχ ἵνα εὐσταθῇς; οὐχ ἵνα κατὰ
φύσιν ἔχῃς καὶ διεξάγῃς; Τί κωλύει πυρέ⟨σ⟩σοντα κατὰ 11
φύσιν ἔχειν τὸ ἡγεμονικόν; ἐνθάδ' ὁ ἔλεγχος τοῦ πράγματος, ἡ δοκιμασία τοῦ φιλοσοφοῦντος. Μέρος γάρ ἐστι καὶ
τοῦτο τοῦ βίου, ὡς περίπατος, ὡς πλοῦς, ὡς ὁδοιπορία,
οὕτως καὶ πυρετός. Μή τι περιπατῶν ἀναγιγνώσκεις; 12
— Οὔ.
— Οὕτως οὐδὲ πυρέσσων. Ἀλλ' ἂν καλῶς περιπατῇς,
ἔχεις τὸ τοῦ περιπατοῦντος· ἂν καλῶς πυρέξῃς, ἔχεις
τὰ τοῦ πυρέσσοντος. Τί ἐστι καλῶς πυρέσσειν; μὴ θεὸν 13

---

7 φιλοσοφοῦντες del. Kron. || αὐτόν: αὐτόν πρός αὑτὸν Kron. ||
14 ἔστιν J: ἔξεστιν SPVBF ἔξεστιν; ἔστιν susp. Schenkl || 17 post
φιλολογῶ del. interrog. Upt. || 19 πυρέσσοντα : πυρέσσοντος susp.
Schenkl¹ || 25 περιπατῇς : περιπατήσῃς Kron. || 26 τὸ : τὰ
Kron. || πυρέξῃς : πυρέττῃς Rich. || 27 τὰ : τὸ J

souffrir de la fièvre avec décence? C'est ne s'en prendre ni à Dieu ni à l'homme, c'est ne pas se laisser accabler par ce qui arrive, attendre la mort bravement et décemment, faire ce qui est prescrit; quand le médecin vient, ne pas redouter ce qu'il pourra dire et ne pas se réjouir non plus à l'excès s'il déclare : « Tu te portes joliment bien. » Car quel bien t'a-t-il notifié? Lorsqu'en effet tu 14 étais en bonne santé, quel bien t'en revenait-il? Et, de même, c'est ne pas te laisser abattre s'il prononce : « Tu es en mauvais état. » Qu'est-ce, en effet, qu'être en mauvais état? C'est s'approcher du moment où l'âme sera séparée du corps. Qu'y a-t-il donc là de terrible? Si tu ne t'en approches pas à présent, plus tard ne t'en approcheras-tu pas? Mais le monde en sera-t-il bouleversé si tu 15 viens à mourir? Pourquoi donc flatter le médecin? Pourquoi lui dire : « Si tu veux, maître, je serai en bonne santé »? Pourquoi lui donner un motif de prendre de grands airs? Pourquoi ne pas lui attribuer exactement son dû, comme au cordonnier pour le pied, au charpentier pour la maison, de même aussi au médecin pour ce misérable corps, qui n'est pas vraiment mien, qui, de sa nature, est cadavre? Voilà ce dont s'offre l'occasion à qui souffre de la fièvre. S'il accomplit cela, il est ce qu'il doit être.

16 *La tâche du philosophe.* Ce n'est point, en effet, l'affaire du philosophe de sauvegarder tous ces objets extérieurs : sa petite provision de vin ou d'huile, son misérable corps... Mais quoi? La partie maîtresse de son âme à lui. Et les choses extérieures alors, comment s'en occuper? Uniquement de façon à ne pas se comporter à leur égard d'une manière déraisonnable. 17 Y a-t-il donc encore lieu de s'effrayer? Y a-t-il donc encore lieu de s'irriter? Y a-t-il lieu de craindre quand il s'agit 18 d'objets étrangers, d'objets sans valeur? Voici, en effet, deux principes qu'on doit avoir sous la main : « En dehors de la personne morale, il n'existe rien de bon ou de mauvais » et « Il ne faut pas guider les événements, mais les suivre [1] ».

1. Comparer *Manuel*, VIII : « Ne demande pas que les événements arrivent comme tu le veux, mais contente-toi de les vouloir comme ils arrivent, et tu couleras une vie heureuse. »

μέμψασθαι, μὴ ἄνθρωπον, μὴ θλιβῆναι ὑπὸ τῶν γινομένων,
εὖ καὶ καλῶς προσδέχεσθαι τὸν θάνατον, || ποιεῖν τὰ
προστασσόμενα· ὅταν ὁ ἰατρὸς εἰσέρχηται, μὴ φοβεῖσθαι
τί εἴπῃ, μηδ' ἂν εἴπῃ· «Κομψῶς ἔχεις», ὑπερχαίρειν· τί
γάρ σοι ἀγαθὸν εἶπεν; ὅτε γὰρ ὑγίαινες, τί σοι ἦν
ἀγαθόν; Μηδ' ἂν εἴπῃ· «Κακῶς ἔχεις», ἀθυμεῖν· τί γάρ ἐστι
τὸ κακῶς ἔχειν; ἐγγίζειν τῷ διαλυθῆναι τὴν ψυχὴν ἀπὸ
τοῦ σώματος. Τί οὖν δεινόν ἐστιν; ἐὰν νῦν μὴ ἐγγίσῃς,
ὕστερον οὐκ ἐγγιεῖς; ἀλλὰ ὁ κόσμος μέλλει ἀνατρέπεσθαι
σοῦ ἀποθανόντος; Τί οὖν κολακεύεις τὸν ἰατρόν; τί λέγεις·
«Ἐὰν σὺ θέλῃς, κύριε, καλῶς ἕξω»; τί παρέχεις αὐτῷ
ἀφορμὴν τοῦ ἐπᾶραι ὀφρῦν; οὐχὶ δὲ τὴν αὐτοῦ ἀξίαν
αὐτῷ ἀποδίδως, ὡς σκυτεῖ περὶ τὸν πόδα, ὡς τέκτονι
περὶ τὴν οἰκίαν, οὕτως καὶ τῷ ἰατρῷ περὶ τὸ σωμάτιον,
τὸ οὐκ ἐμόν, τὸ φύσει νεκρόν; Τούτων ὁ καιρός ἐστι τῷ
πυρέσσοντι· ἂν ταῦτα ἐκπληρώσῃ, ἔχει τὰ αὑτοῦ.

Οὐ γάρ ἐστιν ἔργον τοῦ φιλοσόφου ταῦτα ⟨τὰ⟩ ἐκτὸς
τηρεῖν, οὔτε τὸ οἰνάριον οὔτε ⟨τὸ⟩ ἐλάδιον οὔτε τὸ σωμάτιον, ἀλλὰ τί; τὸ ἴδιον ἡγεμονικόν. Τὰ δ' ἔξω πῶς; μέχρι
τοῦ μὴ ἀλογίστως κατὰ ταῦτα ἀναστρέφεσθαι. Ποῦ οὖν
ἔτι καιρὸς τοῦ φοβεῖσθαι; ποῦ οὖν ἔτι καιρὸς ὀργῆς; ποῦ
φόβου περὶ τῶν ἀλλοτρίων, περὶ τῶν μηδενὸς ἀξίων; Δύο
γὰρ ταῦτα πρόχειρα ἔχειν δεῖ· ὅτι ἔξω τῆς προαιρέσεως
οὐδέν ἐστιν οὔτε ἀγαθὸν οὔτε κακὸν καὶ ὅτι οὐ δεῖ προ-
ηγεῖσθαι τῶν πραγμάτων, ἀλλ' ἐπακολουθεῖν.

2 εὖ καὶ καλῶς : εὐκόλως Kron. || 3 προστασσόμενα : πρασσόμενα
PVJ || εἰσέρχηται : προσέρχηται B || 4 ἔχεις PBJ : ἔχῃς SVF. ||
11 σὺ om. PJ || 12 αὐτοῦ edd. : αὑτοῦ codd. || 13 τὸν πόδα : τὸ
ὑπόδημα Elter || 15 ὁ del. Cor. || 16 αὐτοῦ J : αὑτοῦ SPVB
αὐτῷ F || 17 ταῦτα τὰ : ταῦτα S (corr. S_b) τὸ τὰ susp. Schenkl. ||
18 τὸ ex add. S || 19 τί; τὸ : τὸ PJ || 20 Ποῦ — 21 φοβεῖσθαι del.
Reiske || φοβεῖσθαι ... φόβου : aut λυπεῖσθαι aut φθόνου (uel λύπης)
susp. Schenkl || 22 alt. τῶν J Upt. cod. : τοῦ SPVBF.

19 — Mon frère n'aurait pas dû me traiter ainsi.
— Non, mais ce sera à lui d'y aviser. Pour moi, quelle que soit la façon dont il me traite, je me conduirai envers
20 lui comme je le dois. Cela, en effet, c'est mon affaire, le reste m'est étranger. A cela personne ne peut faire obstacle; au reste, on le peut.

ΔΙΑΤΡΙΒΑΙ

— Οὐκ ἔδει οὕτως μοι προσενεχθῆναι τὸν ἀδελφόν. 19
— Οὔ· ἀλλὰ τοῦτο μὲν ἐκεῖνος ὄψεται. Ἐγὼ δ', ὡς ἂν προσενεχθῇ, αὐτὸς ὡς δεῖ χρήσομαι τοῖς πρὸς ἐκεῖνον. 20
Τοῦτο γὰρ ἐμόν ἐστιν, ἐκεῖνο ‖ δ' ἀλλότριον· τοῦτο οὐδεὶς κωλῦσαι δύναται, ἐκεῖνο κωλύεται.

1 ἀδελφόν : ἰατρόν Shaftesbury. ‖ 2 ὡς : ὅπως Cor.

Chapitre XI

Choses et autres.

1   Il y a certains châtiments qui sont déterminés comme par une loi contre ceux qui désobéissent au gouvernement
2   divin : « Quiconque jugera comme un bien autre chose que ce qui dépend de nous, qu'il subisse l'envie, les désirs, les flatteries, les troubles ; quiconque jugera comme un mal autre chose, qu'il subisse les chagrins, les douleurs,
3   les lamentations et le malheur. » Et pourtant, malgré ce châtiment sévère, nous ne pouvons nous abstenir de tels jugements.
4   Souviens-toi de ce que dit le poète au sujet de l'étranger :

Etranger, il ne m'est point permis, même s'il en vient
   [*de plus piteux que toi,*
De mépriser un étranger, car tous viennent de Zeus,
Etrangers et mendiants[1].

5   Aie donc aussi cette pensée sous la main quand il s'agit d'un père : « Il ne m'est point permis, même s'il en venait de plus piteux que toi, de mépriser un père, car
6   tous viennent de Zeus, le Dieu de la Paternité », et, dans le cas d'un frère : « Car tous viennent de Zeus, le Dieu de la Fraternité. » Ainsi, dans nos autres relations de société, nous trouverons, veillant sur elles, Zeus.

1. Homère, *Odyssée*, XIV, 56 sq.

ια'

Σποράδην τινά.

Εἰσί τινες ὡς ἐκ νόμου διατεταγμέναι κολάσεις τοῖς ἀπειθοῦσι τῇ θείᾳ διοικήσει· «Ὃς ἂν ἄλλο τι ἡγήσηται ἀγαθὸν παρὰ τὰ προαιρετικά, φθονείτω, ἐπιθυμείτω, κολακευέτω, ταρασσέσθω· ὃς ἂν ἄλλο κακόν, λυπείσθω, πενθείτω, θρηνείτω, δυστυχείτω.» Καὶ ὅμως οὕτως πικρῶς κολαζόμενοι ἀποστῆναι οὐ δυνάμεθα.

Μέμνησο τί λέγει ὁ ποιητὴς περὶ τοῦ ξένου·

Ξεῖν', οὔ μοι θέμις ἔστ', οὐδ' εἰ κακίων σέθεν ⟨ἔλθοι,
ξεῖνον ἀτιμῆσαι· πρὸς γὰρ Διός εἰσιν ἅπαν⟩τες
ξεῖνοί τε πτωχοί τε.

Τοῦτο οὖν καὶ ἐπὶ πατρὸς πρόχειρον ἔχειν· οὔ μοι θέμις ἔστ', οὐδ' εἰ κακίων σέθεν ἔλθοι, πατέρ' ἀτιμῆσαι· πρὸς γὰρ Διός εἰσιν ἅπαντες τοῦ Πατρῴου· καὶ ἐπ' ἀδελφῷ· πρὸς γὰρ Διός εἰσιν ἅπαντες τοῦ Ὁμογνίου. Καὶ οὕτως κατὰ τὰς ἄλλας σχέσεις εὑρήσομεν ἐπόπτην τὸν Δία.

10 ἔστ' Par. 1958 Par. 1959 : ἔστι καὶ SVBF ἐστίν PJ ‖ σέθεν ἔλθοι PJ : σεθέντες SVBF ‖ 11 ξεῖνον — ἅπαντες suppl. Schenkl ex Hom. ‖ 12 ξεῖνοί τε πτωχοί τε om. PJ ‖ 13 post ἔχειν susp. δεῖ Meib. ‖ 14 πατέρ' Par. 1958 Par. 1959 : πάτερ SVBFJ.

Chapitre XII

De l'exercice.

1 *Le genre d'exercice du philosophe.* Les exercices ne doivent consister ni dans des choses contraires à la nature, ni dans des choses bizarres, car, dans ce cas, nous, qui nous prétendons philosophes,
2 ne différerons en rien des faiseurs de tours. C'est, en effet, difficile aussi de se promener sur une corde et c'est, de plus, périlleux. Est-ce un motif pour nous exercer nous aussi à marcher sur une corde ou à dresser un palmier
3 ou à embrasser des statues[1]? Nullement. Ce n'est pas tout ce qui est difficile et périlleux qui est propre à l'exercice,
4 mais ce qui est adapté au but proposé à nos efforts. Et quel est le but proposé à nos efforts? Vivre sans entraves dans nos désirs et dans nos aversions. Qu'est-ce à dire? Ne pas se voir frustré dans ses désirs et ne pas se heurter à ce qui répugne. Voilà donc vers quel but doit tendre
5 aussi l'exercice. Puisqu'en effet on ne peut, sans un exercice intense et continu, manquer d'être frustré dans ses désirs, ni de se heurter à ce qui répugne, sache que si tu laisses cet exercice dévier et se porter vers les objets extérieurs, vers ceux qui ne dépendent pas de nous, tu ne pourras voir tes désirs satisfaits, et tu ne pourras
6 manquer de te heurter à ce qui te répugne. Et comme la force de l'habitude est souveraine et que nous sommes habitués à exercer nos désirs et nos aversions vis-à-vis de ces seuls objets extérieurs, il faut à cette habitude opposer une habitude contraire et, là où la pente de nos représentations est fort glissante, opposer la force de résistance que crée l'exercice.

1. Diogène Laërce, VI, 23.

ιβ'

Περὶ ἀσκήσεως.

Τὰς ἀσκήσεις οὐ δεῖ διὰ τῶν παρὰ φύσιν καὶ παραδόξων ποιεῖσθαι, ἐπεί τοι τῶν θαυματοποιῶν οὐδὲν διοίσομεν οἱ λέγοντες φιλοσοφεῖν. Δύσκολον γάρ ἐστι καὶ τὸ ἐπὶ σχοινίου περιπατεῖν καὶ οὐ μόνον δύσκολον, ἀλλὰ καὶ ἐπικίνδυνον. Τούτου ἕνεκα δεῖ καὶ ἡμᾶς μελετᾶν ἐπὶ σχοινίου περιπατεῖν ἢ φοίνικα ἱστάνειν ἢ ἀνδριάντας περιλαμβάνειν; οὐδαμῶς. Οὐκ ἔστι τὸ δύσκολον πᾶν καὶ ἐπικίνδυνον ἐπιτήδειον πρὸς ἄσκησιν, ἀλλὰ τὸ πρόσφορον τῷ προκειμένῳ ἐκπονηθῆναι. Τί δ' ἐστὶ τὸ προκείμενον ἐκπονηθῆναι; ὀρέξει καὶ ἐκκλίσει ἀκωλύτως ἀναστρέφεσθαι. Τοῦτο δὲ τί ἐστιν; μήτε ὀρεγόμενον ἀποτυγχάνειν μήτ' ἐκκλίνοντα περιπίπτειν. ǁ Πρὸς τοῦτο οὖν καὶ τὴν ἄσκησιν ῥέπειν δεῖ. Ἐπεὶ γὰρ οὐκ ἔστιν ἀναπότευκτον σχεῖν τὴν ὄρεξιν καὶ τὴν ἔκκλισιν ἀπερίπτωτον ἄνευ μεγάλης καὶ συνεχοῦς ἀσκήσεως, ἴσθι ὅτι, ἐὰν ἔξω ἐάσῃς ἀποστρέφεσθαι αὐτὴν ἐπὶ τὰ ἀπροαίρετα, οὔτε τὴν ὄρεξιν ἐπιτευκτικὴν ἕξεις οὔτε τὴν ἔκκλισιν ἀπερίπτωτον. Καὶ ἐπεὶ τὸ ἔθος ἰσχυρὸν προηγῆται, πρὸς μόνα ταῦτα εἰθισμένων ἡμῶν χρῆσθαι ὀρέξει καὶ ἐκκλίσει, δεῖ τῷ ἔθει τούτῳ ἐναντίον ἔθος ἀντιθεῖναι καὶ ὅπου ὁ πολὺς ὄλισθος τῶν φαντασιῶν, ἐκεῖ ἀντιτιθέναι τὸ ἀσκητικόν.

8 φοίνικα : χοίνικα Salm. ǁ 12 ὀρέξει : ἐν ὀρέξει ex corr. rec. S ǁ 18 ἀποστρέφεσθαι (έ ex corr.) S.

7   *L'ascèse des désirs.*   Je suis incliné au plaisir : je me précipiterai dans la direction opposée, et cela avec excès, pour m'exercer. Je suis porté à éviter le travail : j'entraînerai et j'exercerai mes représentations à cette fin que l'aversion pour toute **8** chose de ce genre vienne à cesser. Quel est, en effet, l'homme qui s'exerce ? C'est celui qui s'applique à ne rien désirer et à n'avoir d'aversion que pour des choses qui dépendent de nous, et s'y applique principalement dans des matières difficiles à maîtriser. D'où il résulte aussi que les matières où l'on doit principalement s'exercer varient avec chacun. **9** A quoi sert donc pour cela de dresser un palmier, de porter ostensiblement une tente de cuir, un mortier et un **10** pilon ? Homme, si tu es irritable, exerce-toi à supporter les injures, à ne pas te laisser affecter par les mépris. Alors, tu feras de tels progrès que, si l'on vient à te frapper, tu te diras à toi-même : « Imagine-toi que tu embrasses **11** une statue. » Et puis encore exerce-toi à user de vin avec discrétion, non pas pour pouvoir boire beaucoup (il y a aussi des maladroits qui s'y exercent), mais d'abord pour pouvoir t'abstenir, et exerce-toi aussi à t'abstenir d'une jolie fille ou d'un gâteau. Ensuite, quelque jour, en manière d'épreuve, si l'occasion se présente, tu descendras de toi-même dans la lice au moment opportun pour voir si tes représentations triomphent toujours de toi comme aupa- **12** ravant. Mais, pour commencer, fuis bien loin de celles qui sont trop violentes. Le combat est inégal entre une jolie fille et un jeune débutant en philosophie : « Cruche et pierre, dit-on, ne peuvent aller ensemble. »

13   *L'ascèse des propensions.*   Après le désir et l'aversion, le second thème philosophique concerne la propension et la répulsion. Il s'agit d'obéir à la raison, de ne rien faire en temps ou lieu

---

1. Diogène Laërce (VI, 23) rapporte que Diogène, pour s'endurcir, embrassait, en plein hiver, des statues couvertes de neige. L'expression τὸ φοίνικα στῆσαι que nous avons rendue par « dresser un palmier », fait sans doute allusion à un exercice acrobatique. M. J. Meunier (*L'Antiquité classique*, XXI, 1952, p. 166) rapproche de notre locution : « faire le poirier ».

ΙΙΙ 12, 7 ΔΙΑΤΡΙΒΑΙ 44

Ἑτεροκλινῶς ἔχω πρὸς ἡδονήν· ἀνατοιχήσω ἐπὶ τὸ 7 ἐναντίον ὑπὲρ τὸ μέτρον τῆς ἀσκήσεως ἕνεκα. Ἐκκλιτικῶς ἔχω πόνου· τρίψω μου καὶ γυμνάσω πρὸς τοῦτο τὰς φαντασίας ὑπὲρ τοῦ ἀποστῆναι τὴν ἔκκλισιν ἀπὸ παντὸς τοῦ τοιούτου. Τίς γάρ ἐστιν ἀσκητής; ὁ μελετῶν ὀρέξει 8 μὲν μὴ χρῆσθαι, ἐκκλίσει δὲ πρὸς μόνα τὰ προαιρετικὰ χρῆσθαι καὶ μελετῶν μᾶλλον ἐν τοῖς δυσκαταπονήτοις. Καθ᾽ ὃ καὶ ἄλλῳ πρὸς ἄλλα μᾶλλον ἀσκητέον. Τί οὖν ὧδε 9 ποιεῖ τὸ φοίνικα στῆσαι ἢ τὸ στέγην δερματίνην καὶ ὅλμον καὶ ὕπερον περιφέρειν; Ἄνθρωπε, ἄσκησον, εἰ 10 γοργὸς εἶ, λοιδορούμενος ἀνέχεσθαι, ἀτιμασθεὶς μὴ ἀχθεσθῆναι. Εἶθ᾽ οὕτως προβήσῃ, ἵνα, κἂν πλήξῃ σέ τις, εἴπῃς αὐτὸς πρὸς αὑτὸν ὅτι «δόξον ἀνδριάντα περιειληφέναι». Εἶτα καὶ οἰναρίῳ κομψῶς χρῆσθαι, μὴ εἰς τὸ πολὺ πίνειν 11 (καὶ γὰρ περὶ τοῦτο ἐπαρίστεροι ἀσκηταί εἰσιν), ἀλλὰ πρῶτον εἰς τὸ ἀποσχέσθαι, καὶ κορασιδίου ἀπέχεσθαι καὶ πλα∥κουνταρίου. Εἶτά ποτε ὑπὲρ δοκιμασίας, εἰ ἄρα, καθή- 101ʳ σεις εὐκαίρως αὐτὸς σαυτὸν ὑπὲρ τοῦ γνῶναι, εἰ ὁμοίως ἡττῶσίν σε αἱ φαντασίαι. Τὰ πρῶτα δὲ φεῦγε μακρὰν ἀπὸ 12 τῶν ἰσχυροτέρων. Ἄνισος ἡ μάχη κορασιδίῳ κομψῷ πρὸς νέον ἀρχόμενον φιλοσοφεῖν· χύτρα, φασί, καὶ πέτρα οὐ συμφωνεῖ.

Μετὰ τὴν ὄρεξιν καὶ τὴν ἔκκλισιν δεύτερος τόπος ὁ 13 περὶ τὴν ὁρμὴν καὶ ἀφορμήν· ⟨ἵν᾽⟩ εὐπειθὴς τῷ λόγῳ, ἵνα

1 ἔχω: ἔχει (corr. S_c) S ‖ ἀνατοιχήσω Bentley Schw.: ἂν ἀ ... ήσω (ἀναχωρήσω ex corr.) S ἂν ἀτυχήσω PVBFJ ἀνισοτοιχήσω uel ἀνατειχίσω Wolf ἀνακυκλήσω Salm. ἀναστοιχήσω Reiske. ‖ 4 τὴν ἔκκλισιν om. J ‖ 6 μὲν om. S Upt. cod. J ‖ μὴ (ἢ in ras. ex corr. rec.) S: om. PVBF Upt. cod. J ‖ χρῆσθαι om. Upt. cod. J ‖ ἐκκλίσει: καὶ ἐκκλίσει Upt. cod. J ‖ δὲ om. Upt. cod. J ‖ 9 στέγην: σκευὴν Cor. ‖ 12 προβήσῃ Upt. cod. J: προσβήσῃ SPVBF ‖ 13 αὐτὸν J et ex corr. B: αὑτὸν SVBF σαυτὸν Elter ‖ 16 πρῶτον: τὸ πρῶτον uel πρότερον Elter ‖ εἰς τὸ: ὥστε Cor. ‖ 23 τόπος (ὅπος in ras. ex corr. rec.) S: τρόπος PVBFJ ‖ 24 ἵν᾽ edd. Shaftesbury.

inopportuns, ni rien qui pèche contre une convenance de ce genre.

14 *L'ascèse des représentations.* Le troisième thème concerne les assentiments, les objets qui sont plausibles et qui attirent. De même que

15 Socrate disait qu'on ne doit pas vivre sans soumettre sa vie à l'examen[1], de même ne faut-il point accepter une représentation sans examen, mais on doit lui dire : « Attends, laisse-moi voir qui tu es et d'où tu viens », tout comme les gardes de nuit disent : « Montre-moi tes papiers. » « Tiens-tu de la nature la marque que doit posséder la représentation pour être approuvée ? »

16 Et, pour conclure, tous les procédés dont usent à l'égard de leur corps ceux qui l'exercent peuvent être, eux aussi, matière à exercice, s'ils tendent en quelque façon à exercer le désir ou l'aversion. Mais s'ils tendent à l'ostentation, c'est l'affaire d'un homme qui se penche au dehors et cherche quelque gibier, d'un homme en quête de specta-

17 teurs qui s'écrient : « Oh ! le grand homme ! » Aussi Apollonios avait raison de dire : « Quand tu veux t'exercer pour toi-même, si tu es altéré un jour de chaleur, aspire une gorgée d'eau fraîche, puis crache-la et n'en dis rien à personne. »

1. Platon, *Apologie*, 38 a.

μὴ παρὰ καιρόν, μὴ παρὰ τόπον, μὴ παρὰ ἄλλην τινὰ τοιαύτην συμμετρίαν.

Τρίτος ὁ περὶ τὰς συγκαταθέσεις, ὁ πρὸς τὰ πιθανὰ καὶ ἑλκυστικά. Ὡς γὰρ ὁ Σωκράτης ἔλεγεν ἀνεξέταστον βίον μὴ ζῆν, οὕτως ἀνεξέταστον φαντασίαν μὴ παραδέχεσθαι· ἀλλὰ λέγειν· «Ἔκδεξαι, ἄφες ἴδω τίς εἶ καὶ πόθεν ἔρχῃ», ὡς οἱ νυκτοφύλακες. «Δεῖξόν μοι τὰ συνθήματα.» «Ἔχεις τὸ παρὰ τῆς φύσεως σύμβολον, ὃ δεῖ τὴν παραδεχθησομένην ἔχειν φαντασίαν;»

Καὶ λοιπὸν ὅσα τῷ σώματι προσάγεται ὑπὸ τῶν γυμναζόντων αὐτό, ἂν μὲν ὧδέ που ῥέπῃ πρὸς ὄρεξιν καὶ ἔκκλισιν, εἴη ἂν καὶ αὐτὰ ἀσκητικά· ἂν δὲ πρὸς ἐπίδειξιν, ἔξω νενευκότος ἐστὶ καὶ ἄλλο τι θηρωμένου καὶ θεατὰς ζητοῦντος τοὺς ἐροῦντας· «Ὢ μεγάλου ἀνθρώπου.» Διὰ τοῦτο καλῶς ὁ Ἀπολλώνιος ἔλεγεν ὅτι «ὅταν θέλῃς σαυτῷ ἀσκῆσαι, διψῶν ποτε καύματος ἐφέλκυσαι βρόγχον ψυχροῦ καὶ ἔκπτυσον καὶ μηδενὶ εἴπῃς».

2 συμμετρίαν Reiske: ἀσυμμετρίαν codd. ‖ 13 νενευκότος Upt. cod. J: νενευκός SPVF et ex corr. B νενευκώς B ‖ 14 ἐροῦντας J: ἐρῶντας SPVBF ‖ ὦ Wolf: ὡς codd.

Chapitre XIII

Qu'est-ce que l'isolement et quelle sorte d'homme est isolé.

1 **L'isolement ne consiste pas dans le fait d'être seul.** L'isolement est un état où l'on est privé de secours. Un homme, en effet, par le fait qu'il est seul, n'est pas pour cela isolé, pas plus, du reste, qu'il n'est délivré de l'isolement par le fait
2 qu'il se trouve au milieu d'une foule. Donc, quand nous perdons un frère, un fils, un ami sur qui nous nous reposons, nous nous prétendons laissés à l'isolement, alors que souvent nous sommes à Rome, que nous rencontrons tant de gens, que nous habitons avec tant d'autres, parfois
3 même que nous avons une quantité d'esclaves. C'est que le concept même d'isolé signifie l'état d'un homme privé de secours, exposé à qui veut lui nuire. Aussi, en voyage, c'est surtout quand nous venons à tomber entre les mains de brigands que nous nous disons isolés, car ce n'est pas la vue d'un homme qui nous délivre de l'isolement, mais
4 celle d'un homme fidèle, honnête, secourable. Si, en effet, le fait d'être seul suffit à produire l'isolement, dis que Zeus, lui aussi, est isolé au moment de la conflagration de l'univers[1] et qu'il déplore son sort : « Malheureux que je suis ! Je n'ai ni Hèra, ni Athèna, ni Apollon, je n'ai plus, en un mot, ni frère, ni fils, ni petit-fils, ni parent. » Voilà
5 bien ce qu'il fait, d'après certains, quand il se trouve seul après la conflagration de l'univers. Ils ne conçoivent pas, en effet, comment on peut vivre seul, parce qu'ils partent précisément d'un fait naturel, la sociabilité naturelle, l'affection mutuelle et le plaisir des relations humaines.

---

1. L'ἐκπύρωσις est un des dogmes de la physique stoïcienne. Le monde est périssable, parce que formé de choses sensibles.

ιγ'

Τί ἐρημία καὶ ποῖος ἔρημος.

Ἐρημία ἐστὶ κατάστασίς τις ἀβοηθήτου. Οὐ γὰρ ὁ 1
μόνος ὢν εὐθὺς καὶ ἔρημος, ὥσπερ οὐδ' ὁ ἐν πολλοῖς
ὢν οὐκ ἔρημος. || Ὅταν γοῦν ἀπολέσωμεν ἢ ἀδελφὸν ἢ 2
υἱὸν ἢ φίλον, ᾧ προσαναπαυόμεθα, λέγομεν ἀπολελεῖφθαι
ἔρημοι, πολλάκις ἐν Ῥώμῃ ὄντες, τοσούτου ὄχλου ἡμῖν
ἀπαντῶντος καὶ τοσούτων συνοικούντων, ἔσθ' ὅτε πλῆθος δούλων ἔχοντες. Θέλει γὰρ ὁ ἔρημος κατὰ τὴν ἔν- 3
νοιαν ἀβοήθητός τις εἶναι καὶ ἐκκείμενος τοῖς βλάπτειν
βουλομένοις. Διὰ τοῦτο, ὅταν ὁδεύωμεν, τότε μάλιστα
ἐρήμους λέγομεν ἑαυτούς, ὅταν εἰς λῃστὰς ἐμπέσωμεν. Οὐ
γὰρ ἀνθρώπου ὄψις ἐξαιρεῖται ἐρημίας, ἀλλὰ πιστοῦ καὶ
αἰδήμονος καὶ ὠφελίμου. Ἐπεὶ εἰ τὸ μόνον εἶναι ἀρκεῖ 4
πρὸς τὸ ἔρημον εἶναι, λέγε ὅτι καὶ ὁ Ζεὺς ἐν τῇ ἐκπυρώσει ἔρημός ἐστι καὶ κατακλαίει αὐτὸς ἑαυτοῦ· « Τάλας
ἐγώ, οὔτε τὴν Ἥραν ἔχω οὔτε τὴν Ἀθηνᾶν οὔτε τὸν
Ἀπόλλωνα οὔτε ὅλως ἢ ἀδελφὸν ἢ υἱὸν ἢ ἔγγονον ἢ
συγγενῆ.» Ταῦτα καὶ λέγουσί τινες ὅτι ποιεῖ μόνος ἐν τῇ 5
ἐκπυρώσει. Οὐ γὰρ ἐπινοοῦσι διεξαγωγὴν μόνου καὶ ἀπό
τινος φυσικοῦ ὁρμώμενοι, ἀπὸ τοῦ φύσει κοινωνικοῦ εἶναι
καὶ φιλαλλήλου καὶ ἡδέως συναναστρέφεσθαι ἀνθρώποις.

2 Τί : τί ἐστιν Upt. cod. J || 6 προσαναπαυόμεθα : προσανε — J. ||
8 ὅτε : ὅτε καί Cor. || 12 λέγομενJ : λέγωμεν SVBF || 14 Ἐπεί — 22
ἀνθρώποις totum erasum S om. F || 16 ἑαυτοῦ : ἑαυτὸν Cor. ||
19 ὅτι : ὅταν B || 20 καί : καί τοι Wolf del. Reiske[2] || 21-22 κοινωνικοῦ — φιλαλλήλου : aut εἶναι del. aut κοινωνικοὶ et φιλάλληλοι
(uel κοινωνικοὺς et φιλαλλήλους) scrib. Wolf.

6 Et, pourtant, il n'en faut pas moins se préparer à pouvoir se suffire à soi-même, à pouvoir vivre uniquement avec
7 soi-même. Comme Zeus vit pour lui-même, se repose en lui-même, réfléchit à la nature de son propre gouvernement et s'entretient de pensées dignes de lui, de même, nous aussi, devons-nous pouvoir converser avec nous-mêmes, savoir nous passer des autres, ne pas nous trouver
8 embarrassés sur la manière d'occuper notre vie; nous devons réfléchir sur le gouvernement divin, sur nos rapports avec le reste du monde, considérer quelle a été jusqu'ici notre attitude vis-à-vis des événements, quelle elle est maintenant, quelles sont les choses qui nous affligent encore, comment aussi on pourrait y remédier, comment on pourrait les extirper. Et si certaines ont besoin d'être perfectionnées, perfectionnons-les suivant le principe qui régit leur nature.

9 *La raison suffit à peupler notre solitude.* Mais voyez la paix profonde que César semble nous procurer : il n'y a plus de guerres, plus de luttes, plus de brigandages de grand style, plus de pirateries; on peut à toute heure voyager sur terre ou sur mer de l'Orient à l'Occident.
10 Est-ce que par hasard César peut aussi nous procurer la paix avec la fièvre, avec le naufrage, avec l'incendie, avec les tremblements de terre, avec la foudre? Voyons, et avec l'amour? Il ne le peut. Avec la douleur? Il ne le peut. Avec l'envie? Il ne le peut. Non, avec absolument
11 rien de tout cela. Or la raison, celle des philosophes, s'engage à nous procurer la paix avec toutes ces choses. Que dit-elle? « Si vous m'écoutez, hommes, où que vous soyez, quoi que vous fassiez, vous n'éprouverez ni douleur, ni colère, ni contrainte, ni entrave, mais vous vivrez tran-
12 quilles et libres de tous ces troubles. » Qui possède cette

Il ne s'agit pourtant pas d'un anéantissement véritable, mais d'une absorption lente et progressive de l'eau, de la terre, de l'air par l'élément igné. Le tout une fois embrasé, la formation du monde recommence par une extinction, progressive elle aussi. Voir E. Bréhier, *Chrysippe*, P.U.F., 1951, p. 154-156.

Ἀλλ' οὐδὲν ἧττον δεῖ τινα καὶ πρὸς τοῦτο παρασκευὴν 6
ἔχειν τὸ δύνασθαι αὐτὸν ἑαυτῷ ἀρκεῖν, δύνασθαι αὐτὸν
ἑαυτῷ συνεῖναι· ὡς ὁ Ζεὺς αὐτὸς ἑαυτῷ σύνεστιν καὶ 7
ἡσυχάζει ἐφ' ἑαυτοῦ καὶ ἐννοεῖ τὴν διοίκησιν τὴν ἑαυτοῦ
οἵα ἐστὶ καὶ ἐν ἐπινοίαις γίνεται πρεπούσαις ἑαυτῷ,
οὕτως καὶ ἡμᾶς δύνασθαι αὐτοὺς ἑαυτοῖς λαλεῖν, μὴ
προσδεῖσθαι ἄλλων, διαγωγῆς μὴ ἀπορεῖν· ἐφιστάνειν τῇ 8
θείᾳ διοικήσει, τῇ αὑτῶν πρὸς τἆλλα σχέσει· ἐπιβλέπειν
πῶς πρότερον εἴχομεν πρὸς τὰ συμβαί∥νοντα, πῶς νῦν· 102ʳ
τίνα ἐστὶν ἔτι τὰ θλίβοντα· πῶς ἂν θεραπευθῇ καὶ ταῦτα,
πῶς ἐξαιρεθῇ· εἴ τινα ἐξεργασίας δεῖται ⟨τού⟩των, κατὰ
τὸν αὐτῶν λόγον ἐξεργάζεσθαι.

Ὁρᾶτε γὰρ ὅτι εἰρήνην μεγάλην ὁ Καῖσαρ ἡμῖν δοκεῖ 9
παρέχειν, ὅτι οὐκ εἰσὶν οὐκέτι πόλεμοι οὐδὲ μάχαι οὐδὲ
ληστήρια μεγάλα οὐδὲ πειρατικά, ἀλλ' ἔξεστιν πάσῃ ὥρᾳ
ὁδεύειν, πλεῖν ἀπ' ἀνατολῶν ἐπὶ δυσμάς.

Μή τι οὖν καὶ ἀπὸ πυρετοῦ δύναται ἡμῖν εἰρήνην πα- 10
ρασχεῖν, μή τι καὶ ἀπὸ ναυαγίου, μή τι καὶ ἀπὸ
ἐμπρησμοῦ ἢ ἀπὸ σεισμοῦ ἢ ἀπὸ κεραυνοῦ; Ἄγε ἀπ'
ἔρωτος; οὐ δύναται. Ἀπὸ πένθους; οὐ δύναται. Ἀπὸ φθό-
νου; οὐ δύναται. Ἀπ' οὐδενὸς ἁπλῶς τούτων· ὁ δὲ λόγος 11
ὁ τῶν φιλοσόφων ὑπισχνεῖται καὶ ἀπὸ τούτων εἰρήνην
παρέχειν. Καὶ τί λέγει; «Ἂν μοι προσέχητε, ὦ ἄνθρωποι,
ὅπου ἂν ἦτε, ὅ τι ἂν ποιῆτε, οὐ λυπηθήσεσθε, οὐκ ὀργισθή-
σεσθε, οὐκ ἀναγκασθήσεσθε, οὐ κωλυθήσεσθε, ἀπαθεῖς δὲ
καὶ ἐλεύθεροι διάξετε ἀπὸ πάντων.» Ταύτην τὴν εἰρήνην 12

---

4 ἐφ' S (ἐ in ras.) et F Upt. cod.: ἀφ' PVBJ ‖ ἐννοεῖ: ἐπινοεῖ
(ἐννοεῖ ex corr.) S ‖ 6 post δύνασθαι add. δεῖ S₂ (uel S₆)
PVBFJ. ‖ 8 αὑτῶν Upt.: αὐτῶν codd. ‖ 10 ἂν in ras. S ‖ 11 τούτων
Schenkl: τῶν SBF τὸν PV τὴν Marc. om. J ταύτην Upt. ‖ 12 αὑτῶν
Schegk Reiske: αὐτοῦ codd. αὐτὸν Cor. ‖ ἐξεργάζεσθαι: —
σασθαι PJ ‖ 23 λέγει: λέγῃ (ει ex corr.) S ‖ 24 ποιῆτε PJ:
ποιοῖτε SVB ποιεῖτε F.

paix proclamée non point par César (comment, en effet, pourrait-il la proclamer?), mais par Dieu, au moyen de
13 la raison, ne se suffit-il pas dans la solitude, quand il pense et réfléchit à ces choses? « A présent, aucun mal ne peut m'arriver; pas de brigand pour moi, pas de tremblement de terre, partout paix profonde, partout tranquillité : toute route, toute cité, tous mes compagnons de voyage, mes voisins, mes associés, tous me donnent sécurité. Un Autre, à qui revient ce soin, te fournit nourriture et vêtement, un Autre t'a donné tes sens et tes notions
14 premières. Quand il ne fournit plus le nécessaire, c'est qu'il sonne la retraite; il a ouvert la porte et te dit : « Va. » Où cela? Vers rien de terrible, mais vers ce dont tu es sorti, vers des êtres qui te sont amis et familiers, vers
15 les éléments. Tout ce qu'il y a en toi de feu retournera au feu, tout ce qu'il y a de terre retournera à la terre, tout ce qu'il y a d'air retournera à l'air, tout ce qu'il y a d'eau retournera à l'eau. Il n'y a ni Hadès, ni Achéron, ni Cocyte, ni Pyriphlégéthon, mais *tout est plein de dieux*
16 *et de démons*[1]. » Quiconque sait réfléchir à tout cela contemple le soleil, la lune, les astres, jouit de la terre et de la mer, n'est pas plus isolé qu'il n'est privé de secours.

17 — Mais quoi ! Si l'on vient à m'attaquer quand je serai seul et si l'on m'égorge?

— Insensé, ce n'est pas toi qu'on égorgera, mais ton
18 pauvre corps. Quelle sorte d'isolement subsiste donc encore, quel abandon? Pourquoi nous rendre inférieurs aux petits enfants? Quand on les laisse seuls, que font-ils? Ils ramassent des coquilles et de la terre, font une construction quelconque, puis ils la renversent et de nouveau en font une autre. Ainsi ne sont-ils jamais embarrassés pour passer
19 leur temps. Et moi alors, si vous autres vous vous embarquez, vais-je rester assis à pleurer parce qu'on m'a laissé seul et que je me trouve isolé? Ainsi je n'aurai pas à ma disposition des coquilles, de la terre? Et tandis que leur

---

1. Thalès *apud* Diogène Laërce, I, 27. Ce passage prouve que la perspective d'une survie personnelle est absolument étrangère à Épictète. Nous avons là un rejet implicite de tous les mythes où Platon a essayé de traduire son expérience de l'au-delà.

τις έχων κεκηρυγμένην ούχ υπό του Καίσαρος (πόθεν γάρ αυτώ ταύτην κηρύξαι;), αλλ' υπό του θεού κεκηρυγμένην διά του λόγου ούκ άρκεΐται, όταν ⟨ᾖ⟩ μόνος, επιβλέπων και ενθυμούμενος· «Νυν εμοί κακόν ουδέν δύναται 13 συμβῆναι, εμοί ληστής ούκ έστιν, εμοί σεισμός ούκ έστιν, πάντα ειρήνης μεστά, πάντα αταραξίας· πάσα όδός, πάσα πόλις, πάς σύνοδος, γείτων, κοινωνός αβλαβής. Άλλος παρέχει τροφάς, ᾧ μέλει, άλλος εσθήτα, άλλος || αισθήσεις έδωκεν, άλλος προλήψεις. Όταν δε μη παρέχῃ 14 τάναγκαία, τό ανακλητικόν σημαίνει, τήν θύραν ήνοιξεν και λέγει σοι· «Έρχου.» Που; εις ουδέν δεινόν, αλλ' όθεν εγένου, εις τά φίλα και συγγενή, εις τά στοιχεία. Όσον 15 ἦν έν σοί πυρ⟨ός⟩, εις πυρ άπεισιν, όσον ἦν γηδίου, εις γῄδιον, όσον πνευματίου, εις πνευμάτιον, όσον υδατίου, εις υδάτιον. Ουδείς Άιδης ουδ' Άχέρων ουδέ Κωκυτός ουδέ Πυριφλεγέθων, αλλά πάντα θεών μεστά και δαιμόνων.» Ταύτά τις ενθυμείσθαι έχων και βλέπων 16 τον ήλιον και σελήνην και άστρα και γης απολαύων και θαλάσσης έρημός εστιν ου μάλλον ή και αβοήθητος.

— Τί ούν; άν τις επελθών μοι μόνῳ αποσφάξῃ με; 17
— Μωρέ, σέ ού, αλλά το σωμάτιον.

Ποία ούν έτι ερημία, ποία απορία; Τί χείρονας εαυ- 18 τούς ποιώμεν των παιδαρίων; ά τινα όταν απολειφθῇ μόνα, τί ποιεί; άραντα οστράκια και σποδόν οικοδομεί τί ποτε, είτα καταστρέφει και πάλιν άλλο οικοδομεί· και ούτως ουδέποτε απορεί διαγωγής. Εγώ ούν, άν πλεύσητε 19 υμείς, μέλλω καθήμενος κλαίειν ότι μόνος απελείφθην και έρημος; ούτως ούκ οστράκια έξω, ού σποδόν; Αλλ' εκείνα

---

1 ἔχων**** S: ἔχων οὐχὶ PVBFJ || οὐχ om. PJ || 3 ᾖ om. S (add. S_b). || 7 πᾶς Schw.: πᾶσα codd. || 8 ᾧ : ὧ S || 13 πυρός S_cJ: πῦρ SPVBF || 15-16 οὐδ' ... οὐδὲ (bis) : οὐδεὶς ... οὐδεὶς (bis) Elter || 19 ἐστιν οὐ : ἐστιν; οὐ Reiske οὐκ ἔστιν, οὐ Elter || 28 ἔρημος; οὕτως: ἔρημος οὕτως; Leopold || οὐκ : οὐχ SV οὐχὶ susp. Schenkl.

simplicité les fait agir, eux, de la sorte, notre sagesse à nous peut-elle nous rendre malheureux?

20

Ne point se considérer dans l'état de sagesse.

Tout grand pouvoir est périlleux pour celui qui débute. Il faut donc supporter les choses de ce genre suivant sa capacité : les unes conviennent
21 à la nature, d'autres ne sont pas pour un phtisique. Exerce-toi parfois à vivre comme un malade, afin de pouvoir vivre un jour comme un homme bien portant. Jeûne, bois de l'eau; refrène une fois complètement tes désirs pour pouvoir aussi un jour désirer raisonnablement. Et si tu le fais raisonnablement, quand tu auras en toi quelque bien, tes désirs aussi seront bons.
22 Mais non, nous voulons tout de suite vivre à la manière des sages, rendre service aux hommes. Quelle sorte de service? Que fais-tu? Et toi-même, quel service t'es-tu rendu? Mais tu veux les exhorter au bien! Et toi, t'es-tu exhorté?
23 Tu veux leur rendre service? Montre-leur par ton exemple quelle sorte d'hommes produit la philosophie et cesse tes bavardages. Par ta façon de manger, rends service à tes commensaux, par ta façon de boire, à ceux qui boivent, en cédant à tous, en t'effaçant devant les autres, en les supportant... Rends-leur service de cette façon, au lieu de déverser sur eux ton humeur.

ὑπ' ἀφροσύνης ταῦτα ποιεῖ, ἡμεῖς δ' ὑπὸ φρονήσεως
δυστυχοῦμεν;

Πᾶσα μεγάλη δύναμις ἐπισφαλὴς τῷ ἀρχομένῳ. Φέρειν 20
οὖν δεῖ τὰ τοιαῦτα κατὰ δύναμιν· ἄλλα κατὰ φύσιν ἀλλ'
οὐχὶ τῷ φθισικῷ. Μελέτησόν ποτε διαγωγὴν ὡς ἄρρωστος, 21
ἵνα πο‖θ' ὡς ὑγιαίνων διαγάγῃς. Ἀσίτησον, ὑδροπότησον·
ἀπόσχου ποτὲ παντάπασιν ὀρέξεως, ἵνα ποτὲ καὶ εὐλόγως
ὀρεχθῇς. Εἰ δ' εὐλόγως, ὅταν ἔχῃς τι ἐν σεαυτῷ ἀγαθόν,
εὖ ὀρεχθήσῃ.

Οὔ· ἀλλ' εὐθέως ὡς σοφοὶ διάγειν ἐθέλομεν καὶ ὠφελεῖν 22
ἀνθρώπους. Ποίαν ὠφέλειαν; τί ποιεῖς; σαυτὸν γὰρ ὠφέ-
λησας; Ἀλλὰ προτρέψαι αὐτοὺς θέλεις; σὺ γὰρ προτέτρεψαι; Θέλεις αὐτοὺς ὠφελῆσαι; δεῖξον αὐτοῖς ἐπὶ 23
σεαυτοῦ οἵους ποιεῖ φιλοσοφία, καὶ μὴ φλυάρει. Ἐσθίων
τοὺς συνεσθίοντας ὠφέλει, πίνων τοὺς πίνοντας, εἴκων
πᾶσι, παραχωρῶν, ἀνεχόμενος, οὕτως αὐτοὺς ὠφέλει καὶ
μὴ κατεξέρα αὐτῶν τὸ σαυτοῦ φλέγμα.

3 τῷ ἀρχομένῳ: τῶν ἀρχομένων PVJ ‖ post ἀρχομένῳ lacunam
susp. Schw. ‖ Φέρειν: ἀσκεῖν Schenkl[1] στρέφειν Elter ‖ 4 οὖν:
οὐ Plut. LX Reiske ‖ ἄλλα ... ἀλλ': ἀλλὰ ... ἀλλ' codd. ‖
4-5 ἀλλ' οὐχὶ τῷ φθισικῷ del. Wolf Salm. ‖ Μελέτησόν: ὡς φθισικὸς
μελέτησόν Salm. ‖ 8 post εὐλόγως transp. 9 εὖ ὀρεχθήσῃ
Wolf ‖ 8 ἔχῃς: γ' ἔχῃς Wolf ‖ 10 εὐθέως: εὐθὺς: εὐθὺς Kron. ‖
12 σὺ γὰρ: σὲ γὰρ (uel σὺ γὰρ σὲ) susp. Schw. ‖ προτέτρεψαι
(ἔτρεψαι in ras.) S: προτρέψαι PVBF προέτρεψαι J προέτρεψας
susp. Schw. ‖ 13 αὐτοῖς: αὐτὸς susp. Schenkl ‖ 15 πίνοντας:
συμπίνοντας (συμ ex add.) S.

Chapitre XIV

Choses et autres.

1   Comme les mauvais choristes de tragédies ne peuvent chanter de soli, mais chantent dans un chœur nombreux, il est de même certaines gens qui ne peuvent se pro-
2   mener seuls. Homme, si tu es quelqu'un, va te promener seul, converse avec toi-même et ne te cache pas dans un
3   chœur. Souffre d'être parfois raillé, regarde autour de toi, secoue-toi à fond pour apprendre à connaître qui tu es.
4   Quand on boit de l'eau ou que l'on pratique quelque exercice, on va à tout propos le dire à tout le monde :
5   « Je bois de l'eau. » Eh quoi ! bois-tu de l'eau à seule fin de boire de l'eau ? Homme, si tu te trouves bien d'en
6   boire, bois-en, sinon tu agis d'une façon ridicule. Mais, si cela t'est utile et que tu en boives, n'en parle pas à ceux qui détestent ces buveurs d'eau. Mais quoi ! Est-ce à eux précisément que tu veux plaire ?
7   Il y a des actions que l'on accomplit parce qu'elles ont une valeur en soi[1], d'autres selon ses relations, d'autres pour son entretien, d'autres par suite des circonstances, d'autres, enfin, conformément à la direction de sa vie.
8   Voici deux choses dont il faut libérer les hommes : la suffisance et la défiance. La suffisance consiste à s'imaginer qu'on n'a besoin de rien ; la défiance, à croire qu'on est incapable de trouver le bonheur parmi tant de circons-

---

1. A. Bonhöffer (*Epictet und die Stoa*. Stuttgart, 1980, p. 38-39 ; *Die Ethik des stoikers Epictet*, Stuttgart, 1894, p. 210) remarque que le terme προηγούμενον joue un grand rôle dans le stoïcisme et particulièrement chez Épictète, qui l'emploie souvent pour désigner l'essence propre, la fin véritable ou la valeur d'une chose (par exemple en III, 7, 25). Il le définit lui-même « ce qu'il y a en nous de substantiel et d'essentiel » (I, 20, 17). Ce terme

ιδ'

Σποράδην τινά.

Ὡς οἱ κακοὶ τραγῳδοὶ μόνοι ᾆσαι οὐ δύνανται, ἀλλὰ 1
μετὰ πολλῶν, οὕτως ἔνιοι μόνοι περιπατῆσαι οὐ δύνανται. Ἄνθρωπε, εἴ τις εἶ, καὶ μόνος περιπάτησον καὶ σαυ- 2
τῷ λάλησον καὶ μὴ ἐν τῷ χορῷ κρύπτου. Σκώφθητί ποτε, 3
περίβλεψαι, ἐνσείσθητι, ἵνα γνῷς τίς εἶ.

Ὅταν τις ὕδωρ πίνῃ ἢ ποιῇ τι ἀσκητικόν, ἐκ πάσης 4
ἀφορμῆς λέγει αὐτὸ πρὸς πάντας· «Ἐγὼ ὕδωρ πίνω.» Διὰ 5
γὰρ τοῦτο ὕδωρ πίνεις, διὰ γὰρ τὸ ὕδωρ πίνειν; ἄνθρωπε, εἴ σοι λυσιτελεῖ πίνειν, πῖνε· εἰ δὲ μή, γελοίως ποιεῖς.
Εἰ δὲ συμφέρει σοι καὶ πίνεις, σιώπα πρὸς τοὺς δυσα- 6
ρεστοῦντας τοιούτοις ἀνθρώποις. Τί οὖν; αὐτοῖς τούτοις
ἀρέσκειν θέλεις;

Τῶν πραττομένων τὰ μὲν προηγουμένως πράττεται, τὰ 7
δὲ κατὰ περίστασιν, τὰ δὲ κατ' οἰκονομίαν, ‖ τὰ δὲ κατὰ
συμπεριφοράν, τὰ δὲ κατ' ἔνστασιν.

Δύο ταῦτα ἐξελεῖν τῶν ἀνθρώπων, οἴησιν καὶ ἀπι- 8
στίαν. Οἴησις μὲν οὖν ἐστι τὸ δοκεῖν μηδενὸς προσδεῖσθαι,
ἀπιστία δὲ τὸ ὑπολαμβάνειν μὴ δυνατὸν εἶναι εὑροεῖν

---

3 κακοὶ Wolf : καλοὶ S ‖ 6 Σκώφθητί : σκόπτει τί Trinc. σκόπει τί Wolf σκέφθητι uel ἐπιστράφηθί Schw. ὄφθητί Elter ‖ 10 διὰ ... πίνειν del. Wolf ‖ γὰρ om. J ‖ 11 λυσιτελεῖ PJ : λυσιτελεῖν SVBF ‖ 13 τοιούτοις ἀνθρώποις Meib. : τοῖς ἀνθρώποις codd. τοῖς τοιούτοις ἀνθρώποις uel τοῖς ὑδροπόταις Wolf τοῖς ἄλλοις Cor. τῶν ἀνθρώπων Elter τοῖς ἀοίνοις Kron. τοῖς ἀνθρωπίνοις susp. Schenkl ‖ Τί οὖν; αὐτοῖς Salm. : τί οὖν αὐτοῖς codd. ‖ 20 ὑπολαμβάνειν (ειν s. l. in ras.) S ‖ μὴ (ἡ s. l. in ras.) S : καὶ PVJ κᾶν B om. F ‖ δυνατὸν (δ in ras.) S. ‖ εὑροεῖν Schenkl (post Wolf) : εὑρεῖν σε S (εῖν et σε ex corr. S_c in ras.) et PVBFJ εὑροεῖν σε Wolf.

9 tances fâcheuses. Or la suffisance, la réfutation en libère. Et c'est par là que commence Socrate. Quant à la possi-
10 bilité de la chose, examine et cherche. La recherche elle-même ne te fera pas de mal. Et l'on peut dire que la philosophie consiste à rechercher comment il est possible d'exercer sans entraves ses désirs et ses aversions.
11 « Je te suis supérieur, car mon père est un personnage consulaire. » Un autre dit : « Moi, j'ai été tribun, pas toi. »
12 Si nous étions des chevaux, dirais-tu : « Mon père était plus rapide » ? « Moi, j'ai abondance d'orge et de foin », ou bien : « J'ai de beaux harnais » ? Si donc, quand tu parle-
13 rais ainsi, je te répondais : « Soit, alors courons » ? Eh bien ! n'y a-t-il donc rien pour l'homme qui corresponde à ce qu'est la course pour le cheval, rien qui permette de distinguer celui qui vaut moins de celui qui vaut mieux ?
14 N'y a-t-il pas la réserve, la fidélité, la justice ? Montre-toi toi-même supérieur en cela, afin d'être supérieur en tant qu'homme. Que si tu me dis : « Je fais de belles ruades », je te répondrai à mon tour : « Tu es fier de faire l'âne. »

peut désigner aussi les devoirs qui s'imposent à tout homme sans égard à l'individualité ou aux relations de la vie. Les προηγούμενα sont, comme c'est le cas ici, les devoirs absolus qui s'opposent aux devoirs qui ne valent que par suite des circonstances.

ΔΙΑΤΡΙΒΑΙ

τοσούτων περιεστηκότων. Τὴν μὲν οὖν οἴησιν ἔλεγχος 9
ἐξαιρεῖ, καὶ τοῦτο πρῶτον ποιεῖ Σωκράτης. Ὅτι δ' οὐκ
ἀδύνατόν ἐστι τὸ πρᾶγμα, σκέψαι καὶ ζήτησον. Οὐδέν σε 10
βλάψει ἡ ζήτησις αὕτη· καὶ σχεδὸν τὸ φιλοσοφεῖν τοῦτ'
ἔστι, ζητεῖν πῶς ἐνδέχεται ἀπαραποδίστως ὀρέξει
χρῆσθαι καὶ ἐκκλίσει.
«Κρείσσων εἰμὶ σοῦ· ὁ γὰρ πατήρ μου ὑπατικός ἐστιν.» 11
Ἄλλος λέγει· «Ἐγὼ δεδημάρχηκα, σὺ δ' οὔ.» Εἰ δ' ἵπποι 12
ἦμεν, ἔλεγες ἂν ὅτι «ὁ πατήρ μου ὠκύτερος ἦν»; ὅτι
«ἐγὼ ἔχω πολλὰς κριθὰς καὶ χόρτον» ἢ ὅτι «κομψὰ περιτραχήλια»; Εἰ οὖν ταῦτά σου λέγοντος εἶπον ὅτι «ἔστω
ταῦτα, τρέχωμεν οὖν»; Ἄγε, ἐπ' ἀνθρώπου οὖν οὐδέν ἐστι 13
τοιοῦτον οἷον ἐφ' ἵππου δρόμος, ἐξ οὗ γνωσθήσεται ὁ
χείρων καὶ ὁ κρείττων; μήποτ' ἐστὶν αἰδώς, πίστις,
δικαιοσύνη; τούτοις δείκνυε κρείττονα σεαυτόν, ἵν' ὡς 14
ἄνθρωπος ᾖς κρείττων. Ἄν μοι λέγῃς ὅτι «μεγάλα λακτίζω», ἐρῶ σοι κἀγὼ ὅτι «ἐπὶ ὄνου ἔργῳ μέγα φρονεῖς.»

2 ποιεῖ: ποιῇι (corr. S_c) S ἐποίει susp. Wolf || post Σωκράτης
lacunam susp. Reiske. || 9 post ἦν add. ἢ Hense || 11 Εἰ οὖν:
εἶτ' οὖν (uel τί οὖν ... εἶπον;) Reiske τί οὖν εἰ Oldfather ||
12 τρέχωμεν PJ: τρέχομεν SVBF || 15 τούτοις: ἐν τούτοις Kron. ||
16 μεγάλα: μέγα Cor.

Chapitre XV

Qu'il faut tout entreprendre avec circonspection.

1   *De toute action considérer les antécédents et les conséquences.* De chacune de tes actions examine les antécédents et les conséquences, et alors seulement entreprends-la. Sinon, tu commenceras par t'y adonner avec ardeur pour n'avoir nullement réfléchi à ses conséquences, puis, dès que l'une ou l'autre se manifestera, tu lâcheras honteusement.

2 — Je veux vaincre aux jeux Olympiques.

— Eh bien ! examine les antécédents et les conséquences, et alors, si tu dois en retirer un avantage, mets la main à

3 l'œuvre. Tu dois accepter une discipline, te soumettre à un régime, t'abstenir de friandises, faire de l'exercice par nécessité, à une heure déterminée, sous la chaleur ou le froid, ne pas boire frais, ni de vin quand tu en as l'occasion ; tu dois t'être livré, en un mot, à ton entraîneur

4 comme à un médecin. De plus, dans le combat, tu devras ramasser de la poussière, parfois te démettre la main, te fouler le pied, avaler beaucoup de sable, recevoir le fouet ; et, avec tout cela, il pourra t'arriver parfois d'être vaincu [1].

5 Quand tu auras réfléchi à ces choses, si tu le veux encore, prends le métier d'athlète ; sinon, rends-toi compte que tu te comporteras à la manière des enfants : tantôt ils

---

1. Au moment de proclamer la loi qui règle les relations sexuelles et ordonne de s'en tenir à une conformité absolue avec la nature, l'Athénien, pour prouver que ce qu'il demande n'est pas au-dessus des forces humaines, fait appel, lui aussi, à l'exemple des athlètes qui, « pour vaincre à la palestre, à la course et aux autres concours, ont eu l'audace de se priver de ce qui est, pour le commun des hommes, la plénitude du bonheur » (*Lois*, VIII, 840 *b* ; trad. A. Diès).

ιε΄

"Οτι δεῖ περιεσκεμμένως ἔρχεσθαι
ἐφ' ἕκαστα.

Ἑκάστου ἔργου σκόπει τὰ καθηγούμενα καὶ τὰ ἀκόλουθα 1
καὶ οὕτως ἔρχου ἐπ' αὐτό. Εἰ δὲ μή, τὴν μὲν πρώτην
ἥξεις προθύμως ἅτε μηδὲν τῶν ἑξῆς ἐντεθυμημένος,
ὕστερον δ' ἀναφανέντων τινῶν αἰσχρῶς ἀποστήσῃ.
— Θέλω Ὀλύμπια νικῆσαι. 2
— Ἀλλὰ σκόπει τὰ καθηγούμενα αὐτοῦ καὶ τὰ ἀκόλουθα·
καὶ οὕτως ἄν σοι λυσιτελῇ, ἅπτου τοῦ ἔργου. Δεῖ σε εὐ- 3
τακτεῖν, ἀναγκοφαγεῖν, ἀπέχεσθαι πεμμάτων, γυμνά-
ζεσθαι πρὸς ἀνάγκην, ὥρᾳ τεταγμένῃ, ἐν καύματι, ἐν
ψύχει· μὴ ψυχρὸν πίνειν, μὴ οἶνον ὅτ' ἔτυχεν· ἁπλῶς ⟨ὡς⟩
ἰατρῷ παραδεδωκέναι σεαυτὸν τῷ ἐπιστάτῃ· εἶτα ἐν τῷ 4
ἀγῶνι παρορύσσεσθαι, ἔστιν ὅτε χεῖρα ἐκβαλεῖν, σφυρὸν
στρέψαι, πολλὴν ἁφὴν καταπιεῖν, μαστιγωθῆναι· καὶ μετὰ
τούτων πάντων ἔσθ' ὅτε νικηθῆναι. Ταῦτα λογισάμενος, ἂν 5
ἔτι θέλῃς, ἔρχου ἐπὶ τὸ ἀθλεῖν· εἰ δὲ μή, ὅρα ὅτι ὡς τὰ
παιδία ἀναστραφήσῃ, ἃ νῦν μὲν ἀθλητὰς παίζει, νῦν δὲ

---

5 ἔρχου ἐπ' αὐτό BFJ: ἔρχου ἐπ' αὐτό (ἔρ et π' in ras.) S
ἔρχου ἐφ' αὐτό PV et ut uid. Upt. cod. ‖ 8 Post νικῆσαι add.
κἀγώ, νὴ τοὺς θεούς· κομψὸν γάρ ἐστιν post Upt. Schw. ex Enchir.
C. 29. 2 ‖ 12 ὥρᾳ: ἐν ὥρᾳ Hense ex Enchir. ‖ 13 ὅτ': ὡς Wolf
ex Enchir. ‖ ἔτυχεν· ἁπλῶς Upt. ex Enchir.: ἔτυχεν ἁπλῶς
codd. ‖ ὡς ἰατρῷ Enchir. et in ras. S: ἰατρῷ γὰρ PVBFJ ὥστ'
ἰατρῷ Wolf ‖ 15 παρορύσσεσθαι: παρέρχεσθαι Enchir. παρασύρεσθαι
Elter ‖ ὅτε: δ' ὅτε Enchir. et in ras. ex corr. rec. S ‖ σφυρὸν
Upt. ex Enchir.: ὀσφὺν (σφ et acc. in ras. ex corr. rec.) S ὀφρὺν
PVBFJ.

jouent aux athlètes, tantôt aux gladiateurs, tantôt ils sonnent de la trompette, puis ils jouent toutes les scènes
6 qu'ils ont vues et admirées. Toi, de même, tu es de cette façon tantôt athlète, tantôt gladiateur, ensuite philosophe et rhéteur, mais, avec ton âme entière, rien du tout ; comme un singe, tout ce que tu vois, tu l'imites ; c'est toujours une chose après l'autre qui te plaît, mais l'accou-
7 tumance t'ennuie. Car tu n'as rien entrepris après examen, ni après avoir fait le tour de l'affaire tout entière et l'avoir éprouvée, mais au petit bonheur et d'un cœur froid.

8 *Étudier sa nature avant de s'adonner à la philosophie.* Ainsi certains, après avoir vu un philosophe et avoir entendu quelqu'un parler comme Euphrate[1] (et pourtant, en est-il qui puisse parler comme lui?),
9 veulent à leur tour philosopher. Homme, examine d'abord ce qu'est la chose, puis également ta propre nature et ce que tu peux porter. Si tu veux être lutteur, regarde tes épaules, tes cuisses, tes reins. Car un homme a des dispositions naturelles pour une chose, un autre pour une autre.
10 Crois-tu qu'en agissant comme tu le fais tu peux philosopher? Crois-tu que tu peux manger, boire comme tu le fais, te mettre ainsi en colère, manifester ainsi ton humeur?
11 Il faut veiller, se donner de la peine, vaincre certains désirs, s'éloigner de ses proches, supporter les mépris d'un petit esclave, les railleries de ceux qu'on trouve sur son chemin, être moins bien partagé en tout, en fait de
12 pouvoir, d'honneur, au tribunal. Quand tu auras bien pesé ces choses, si tu le juges à propos, accède à la philosophie, si tu veux, à ce prix, acquérir en échange la tranquillité, la liberté, le calme. Sans quoi, ne t'approche pas, n'imite pas les enfants, aujourd'hui philosophe, demain percepteur d'impôts, puis rhéteur, puis procurateur de
13 César. Tout cela ne va pas ensemble. Il faut que tu sois un homme *un*, tout bon ou tout mauvais, tu dois cultiver

---

1. Philosophe stoïcien contemporain d'Épictète. Pline le Jeune en trace un long et très élogieux portrait. Il compare son style à celui de Platon pour son élévation et son ampleur (*Lettres*, I, 10).

μονομάχους, νῦν δὲ σαλπίζει, εἶτα τραγῳδεῖ ὅ τ⟨ι⟩ ἂν
ἴδῃ καὶ θαυμάσῃ. Οὕτως καὶ σὺ νῦν μὲν ἀθλητής, νῦν 6
δὲ μονομάχος, εἶτα φιλόσοφος, εἶτα ῥήτωρ, ὅλῃ δὲ τῇ
ψυχῇ οὐδέν. ἀλλ' ὡς ὁ πίθηκος πᾶν ὃ ἂν ἴδῃς μιμῇ καὶ
ἀεί σοι ἄλλο ἐξ ἄλλου ἀρέσκει, τὸ σύνηθες δ' ἀπαρέσκει.
Οὐ γὰρ μετὰ σκέψεως ἦλθες ἐπί τι οὐδὲ περιοδεύσας ὅλον 7
τὸ πρᾶγμα οὐδὲ βασανίσας, ἀλλ' εἰκῇ καὶ κατὰ ψυχρὰν
ἐπιθυμίαν.

Οὕτως τινὲς ἰδόντες φιλόσοφον καὶ ἀκούσαντές τινος 8
οὕτως λέγοντος ὡς Εὐφράτης λέγει (καίτοι τίς οὕτως
δύναται εἰπεῖν ὡς ἐκεῖνος;), θέλουσιν καὶ αὐτοὶ φιλοσοφεῖν. Ἄνθρωπε, σκέψαι πρῶτον τί ἐστι τὸ πρᾶγμα, εἶτα 9
καὶ τὴν σαυτοῦ φύσιν, τί δύνασαι βαστάσαι. Εἰ παλαιστής,
ἰδού σου τοὺς ὤμους, τοὺς μηρούς, τὴν ὀσφῦν. Ἄλλος γὰρ
πρὸς ἄλλο τι πέφυκεν. Δοκεῖς ὅτι ταῦτα ποιῶν δύνασαι 10
φιλοσοφεῖν; δοκεῖς ὅτι δύνασαι ὡσαύτως ἐσθίειν, ὡσαύτως
πίνειν, ‖ ὁμοίως ὀργίζεσθαι, ὁμοίως δυσαρεστεῖν; Ἀγρυπνῆ- 11 104ᵛ
σαι δεῖ, πονῆσαι, νικῆσαί τινας ἐπιθυμίας, ἀπελθεῖν ἀπὸ
τῶν οἰκείων, ὑπὸ παιδαρίου καταφρονηθῆναι, ὑπὸ τῶν
ἀπαντώντων καταγελασθῆναι, ἐν παντὶ ἔλασσον ἔχειν, ἐν
ἀρχῇ, ἐν τιμῇ, ἐν δίκῃ. Ταῦτα περισκεψάμενος, εἴ σοι 12
δοκεῖ, προσέρχου, εἰ θέλεις ἀντικαταλλάξασθαι τούτων
ἀπάθειαν, ἐλευθερίαν, ἀταραξίαν. Εἰ δὲ μή, μὴ πρόσαγε,
μὴ ὡς τὰ παιδία νῦν μὲν φιλόσοφος, ὕστερον δὲ τελώνης,
εἶτα ῥήτωρ, εἶτα ἐπίτροπος Καίσαρος. Ταῦτα οὐ συμφω- 13
νεῖ· ἕνα σε δεῖ ἄνθρωπον εἶναι ἢ ἀγαθὸν ἢ κακόν· ἢ τὸ

---

1 ὅ τι ἂν Reiske : ὅταν codd. ὃ ἂν Kron. ‖ 2 θαυμάσῃ : θαυμάζει
Reiske. ‖ 6 Οὐ γὰρ S (γὰρ in ras. ex corr. rec.) et J : οὕτως γὰρ
PVBF οὔτε γὰρ ex corr. B ‖ 7 οὐδὲ βασανίσας S ex corr. rec. :
οὐδ' ἐβασάνισας SPVBFJ ‖ 10 Εὐφράτης : εὖ Σωκράτης Enchir. ‖
καίτοι : καὶ (in ras.) S ‖ 13 εἰ (in ras.) S. ‖ 18 νικῆσαί τινας :
νικῆσαι τὰς Elter ‖ 20 ἀπαντώντων : ἀπάντων BJ ‖ 23 ἀπάθειαν (ά in
ras.) S.

ou la partie maîtresse de ton âme ou les choses extérieures, consacrer tes forces au soin ou de ton intérieur ou de ce qui est hors de toi, c'est-à-dire embrasser la vie d'un philosophe ou celle d'un profane.

14   Après le meurtre de Galba, quelqu'un disait à Rufus : « Et maintenant, c'est la Providence qui gouverne le monde ? » Et lui de répondre : « Me suis-je jamais, même accessoirement, appuyé sur l'exemple de Galba pour prouver que la Providence gouverne le monde ? »

ἡγεμονικόν σε δεῖ ἐξεργάζεσθαι τὸ σαυτοῦ ἢ τὰ ἐκτός· ἢ περὶ τὰ ἔσω φιλοπονεῖ⟨ν⟩ ἢ περὶ τὰ ἔξω· τοῦτ' ἔστι φιλοσόφου στάσιν ἔχειν ἢ ἰδιώτου.

Ῥούφῳ τις ἔλεγεν Γάλβα σφαγέντος ὅτι «Νῦν προ- 14
νοίᾳ ὁ κόσμος διοικεῖται;»· ὁ δὲ· «Μὴ παρέργως ποτ'»
ἔφη, «ἀπὸ Γάλβα κατεσκεύασα, ὅτι προνοίᾳ ὁ κόσμος διοικεῖται;»

2 φιλοπονεῖν Meib. : φιλοπονεῖ codd. φιλοτεχνεῖν Wolf ex Enchir. ||
3 στάσιν : τάξιν (i. m. στάσιν) B || 4 ὅτι «Νῦν : «Ἔτι νῦν Reiske. ||
5 Μὴ παρέργως : Μὴ γὰρ ἐγὼ σοί Cor. Μή τι ἆρ' ἐγώ Kron.

Chapitre XVI

Qu'il faut être prudent[1] pour condescendre à nouer des relations.

1 **Influence mutuelle qui s'exerce dans les relations.** Celui qui condescend à nouer des relations fréquentes avec certaines gens, soit dans des entretiens, soit dans des repas, soit d'une façon générale dans des rapports de camaraderie, est nécessairement amené soit à devenir semblable à eux, soit à les convertir, 2 eux, à son propre genre de vie. Mettez, en effet, un charbon éteint auprès d'un charbon embrasé, il arrivera ou bien que le premier éteigne le second, ou que le second enflamme 3 le premier. Puisque le risque est si considérable, il faut être prudent pour condescendre à de telles relations avec les profanes, se souvenant qu'on ne saurait se frotter à un homme barbouillé de suie sans attraper soi-même de 4 la suie. Que feras-tu, en effet, s'il parle de gladiateurs ou de chevaux ou d'athlètes ou, ce qui est pire encore, d'hommes : « Un tel est mauvais; un tel est bon. Ceci a été bien fait, cela a été mal fait »? De plus, s'il se moque, 5 s'il raille, s'il a mauvais caractère? Quelqu'un d'entre vous a-t-il ce talent que possède le bon citharisté de pouvoir, au simple contact des cordes, discerner celles qui sont discordantes et accorder l'instrument? A-t-il ce pouvoir qu'avait Socrate d'amener toujours à ses propres vues

---

1. Les Stoïciens ont tenté de corriger l'exigence de l'apathie absolue, qui était l'idéal de leur sage, par la théorie des *eupathies* (Cicéron les appelle *constantiae*). Elles étaient au nombre de trois : la joie qui s'oppose à la volupté, la prudence (εὐλάβεια) à la crainte, le souhait raisonné au désir (Diogène Laërce, VII, 115; Cicéron, *Tusculanes*, IV, 13-14). Parce que la prudence

ις'

Ὅτι εὐλαβῶς δεῖ συγκαθιέναι εἰς συμπεριφοράν.

Ἀνάγκη τὸν συγκαθιέντα τισὶν ἐπιπλέον ἢ εἰς λαλιὰν 1
ἢ εἰς συμπόσια ἢ ἁπλῶς εἰς συμβίωσιν ἢ αὐτὸν ἐκείνοις
ἐξομοιωθῆναι ἢ ἐκείνους μεταθεῖναι ἐπὶ τὰ αὑτοῦ. Καὶ 2
γὰρ ἄνθρακα ἀπεσβεσμένον ἂν θῇ παρὰ τὸν καιόμενον,
ἢ αὐτὸς ἐκεῖνον ἀποσβέσει ἢ ἐκεῖνος τοῦτον ἐκκαύσει.
Τηλικούτου οὖν τοῦ κινδύνου ὄντος εὐλαβῶς δεῖ τοῖς 3
ἰδιώταις συγκαθίεσθαι εἰς τὰς τοιαύτας συμπεριφορὰς
μεμνημένους ὅτι ἀμήχανον τὸν συνα‖νατριβόμενον τῷ 105ʳ
ἠσβολωμένῳ μὴ καὶ αὐτὸν ἀπολαῦσαι τῆς ἀσβόλης· τί γὰρ 4
ποιήσεις, ἂν περὶ μονομάχων λαλῇ, ἂν περὶ ἵππων, ἂν
περὶ ἀθλητῶν, ἂν τὸ ἔτι τούτων χεῖρον περὶ ἀνθρώπων·
«Ὁ δεῖνα κακός, ὁ δεῖνα ἀγαθός· τοῦτο καλῶς ἐγένετο,
τοῦτο κακῶς»· ἔτι ἂν σκώπτῃ, ἂν γελοιάζῃ, ἂν κακοηθίζηται; Ἔχει τις ὑμῶν παρασκευὴν οἵαν ὁ κιθαριστικὸς τὴν 5
λύραν λαβών, ὥστ' εὐθὺς ἁψάμενος τῶν χορδῶν γνῶναι
τὰς ἀσυμφώνους καὶ ἁρμόσασθαι τὸ ὄργανον; οἵαν εἶχεν
δύναμιν Σωκράτης, ὥστ' ἐν πάσῃ συμπεριφορᾷ ἄγειν ἐπὶ

---

6 αὑτοῦ B ex corr. : αὐτοῦ SPVBFJ ‖ 7 θῇ : θῆς susp. Wolf ‖
8 αὐτός : οὗτος C. Schenkl ‖ ἀποσβέσει Upt. cod. et ex add. s. l.
B : σβέσει J om. SPVF ‖ 10 συγκαθίεσθαι : συγκαθιέναι B Upt.
cod. ‖ 11 μεμνημένους S ex corr. et PVBJ : μεμνημένος S — μένον
F ‖ 13 λαλῇ S ex corr. et J : λαλῆς SPVBF λαλήσῃ susp. Schw. ‖
15 καλῶς : καλός S ‖ 16 σκώπτῃ S ex corr. et J : σκώπτης SVBF ‖
16-17 κακοηθίζηται : —ζεται S (corr. S_b) ‖ 20 συμπεριφορᾷ i. m.
Barb. : συμφορᾷ SPVBFJ.

6 ceux qui entraient en relations avec lui? Comment l'auriez-vous? Ce sont nécessairement les profanes qui vous amèneront aux leurs.

7 *Affermir ses principes avant de nouer des relations.* Pourquoi donc ces gens-là sont-ils plus forts que vous? Parce que toutes ces insanités qu'ils profèrent, eux, viennent de leurs jugements, tandis que, vous, les belles choses que vous dites viennent des lèvres. Aussi n'ont-elles ni force ni vie, et il y a de quoi dégoûter ceux qui écoutent vos exhortations et la misérable vertu que vous prônez à tort et à
8 travers. Ainsi les profanes vous battent. Car partout la force appartient au jugement; le jugement est invincible.
9 Donc, jusqu'à ce que vos belles opinions soient fermement établies en vous et que vous acquerriez un pouvoir capable de garantir votre sécurité, je vous conseille d'être prudents pour descendre parmi les profanes. Sans quoi, tout ce qu'à votre école vous enregistrez fondra au jour
10 le jour comme la cire au soleil. Allez-vous-en donc quelque part loin du soleil, tant que vos opinions sont comme
11 de la cire. C'est la raison pour laquelle les philosophes recommandent de s'éloigner même de sa propre patrie, parce que les vieilles habitudes nous tiraillent et ne permettent point de commencer à prendre un nouveau pli; parce que nous ne supportons pas non plus d'entendre dire par tous ceux qui nous approchent : « Vois, un tel est philo-
12 sophe, lui qui était ceci et cela. » Ainsi les médecins envoient-ils également les malades chroniques dans une
13 autre région et sous un autre climat, et ils font bien. Vous, de même, à vos anciennes habitudes, substituez-en de nouvelles; affermissez en vous vos opinions, mettez-les en pratique.
14 Mais non : d'ici vous courez au spectacle, aux combats de gladiateurs, au gymnase des athlètes, au cirque; puis, de là-bas vous revenez ici, et à nouveau d'ici vous retournez

---

est un mouvement de fuite, qui s'accompagne de raison (*declinatio cum ratione*, dit Cicéron), elle ne se trouve que chez le sage.

τὸ αὑτοῦ τοὺς συνόντας; πόθεν ὑμῖν; Ἀλλ' ἀνάγκη ὑπὸ 6
τῶν ἰδιωτῶν ὑμᾶς περιάγεσθαι.

Διὰ τί οὖν ἐκεῖνοι ὑμῶν ἰσχυρότεροι; ὅτι ἐκεῖνοι μὲν 7
τὰ σαπρὰ ταῦτα ἀπὸ δογμάτων λαλοῦσιν, ὑμεῖς δὲ τὰ
κομψὰ ἀπὸ τῶν χειλῶν· διὰ τοῦτο ἄτονά ἐστι καὶ νεκρά,
καὶ σικχᾶναι ἔστιν ἀκούοντα ὑμῶν τοὺς προτρεπτικοὺς
καὶ τὴν ἀρετὴν τὴν ταλαίπωρον, ἣ ἄνω κάτω θρυλεῖται.
Οὕτως ὑμᾶς οἱ ἰδιῶται νικῶσιν. Πανταχοῦ γὰρ ἰσχυρὸν 8
τὸ δόγμα, ἀνίκητον τὸ δόγμα. Μέχρις ἂν οὖν παγῶσιν 9
ἐν ὑμῖν αἱ κομψαὶ ὑπολήψεις καὶ δύναμίν τινα περιποιήσησθε πρὸς ἀσφάλειαν, συμβουλεύω ὑμῖν εὐλαβῶς
τοῖς ἰδιώταις συγκαταβαίνειν· εἰ δὲ μή, καθ' ἡμέραν
ὡς κηρὸς ἐν ἡλίῳ διατακήσεται, ὑμῶν εἴ τινα ἐν τῇ σχολῇ ἐγγράφετε. Μακρὰν οὖν ἀπὸ τοῦ ἡλίου πού ποτε ὑπά- 10
γετε, μέχρις ἂν κηρίνας τὰς ὑπολήψεις ἔχητε. Διὰ τοῦτο 11
καὶ τῶν πατρίδων συμβουλεύουσιν ἀποχωρεῖν οἱ
φιλόσοφοι, ‖ ὅτι τὰ παλαιὰ ἔθη περισπᾷ καὶ οὐκ 105ᵛ
ἐᾷ ἀρχὴν γενέσθαι τινὰ ἄλλου ἐθισμοῦ, οὐδὲ
φέρομεν τοὺς ἀπαντῶντας καὶ λέγοντας· «Ἴδ' ὁ
δεῖνα φιλοσοφεῖ, ὁ τοῖος καὶ ὁ τοῖος.» Οὕτως καὶ 12
οἱ ἰατροὶ τοὺς μακρονοσοῦντας ἐκπέμπουσιν εἰς ἄλλην
χώραν καὶ ἄλλον ἀέρα καλῶς ποιοῦντες. Καὶ ὑμεῖς ἀντει- 13
σαγάγετε ἄλλα ἔθη· πήξατε ὑμῶν τὰς ὑπολήψεις, ἐναθλεῖτε
αὐταῖς.
Οὔ· ἀλλ' ἔνθεν ἐπὶ θεωρίαν, εἰς μονομαχίαν, εἰς ξυστόν, 14
εἰς κίρκον· εἶτ' ἐκεῖθεν ὧδε καὶ πάλιν ἔνθεν ἐκεῖ οἱ αὐτοί.

---

1 τό : τὰ Kron. ‖ αὑτοῦ J et ex corr. B : αὐτοῦ SPVBF ‖
4 σαπρὰ : σαθρὰ Elter ‖ 7 ἣ : ἣν Reiske² ‖ ἄνω : ἄνω καὶ J ‖
θρυλεῖται : θρυλεῖτε Reiske² ‖ 9 οὖν : οὖν μὴ Elter ‖ 11 πρός :
εἰς J ‖ 14 ἐγγράφετε : ἐγράφετε J ἐνεγράφετε susp. Schw. ‖ 19 ᵛἴδ' S_b
uel S_c PVBJ : εἴδ' S εἴ δε F ‖ 20 τοῖος (bis) : τοιοῦτος (bis) J ‖
23 ἐναθλεῖτε : καὶ ἐναθλεῖτε Trinc.

15 là-bas, sans répit. Aucune bonne habitude en vous, aucune attention, aucun retour sur vous-mêmes et aucun soin à vous observer : « Comment usé-je des représentations qui s'offrent à moi ? Conformément à la nature ou en opposition avec elle ? Quelle réponse y apporter ? Celle que je dois ou celle que je ne dois pas y apporter ? Sais-je déclarer aux choses qui ne dépendent pas de moi qu'elles
16 ne sont rien pour moi ? » Car, si vous ne possédez pas encore ces dispositions, fuyez vos anciennes habitudes, fuyez les profanes si vous voulez jamais commencer à être quelqu'un.

Καὶ ἔθος κομψὸν οὐδέν, οὔτε προσοχὴ οὔτ' ἐπιστροφὴ ἐφ' 15
αὑτὸν καὶ παρατήρησις· «Πῶς χρῶμαι ταῖς προσπιπτούσαις
φαντασίαις; κατὰ φύσιν ἢ παρὰ φύσιν; πῶς ἀποκρίνωμαι
πρὸς αὐτάς; ὡς δεῖ ἢ ὡς οὐ δεῖ; ἐπιλέγω τοῖς ἀπροαιρέ-
τοις ὅτι οὐδὲν πρὸς ἐμέ;» εἰ γὰρ μήπω οὕτως ἔχητε, 16
φεύγετε ἔθη τὰ πρότερον, φεύγετε τοὺς ἰδιώτας, εἰ θέλετε
ἄρξασθαί ποτέ τινες εἶναι.

1-2 ἐφ' αὑτόν: ἐφ' αυτὸν S ἐφ' αὑτὸν (ὑ ex corr.) B ἐπ' αὑτὸν F || 3 ἀποκρίνωμαι: ἀποκρίνομαι PV ἀποκρινοῦμαι J || 4 ἐπιλέγω: πῶς ἐπιλέγω Upt. || 5 ἔχητε: ἔχετε J || 6 ἔθη: τὰ ἔθη susp. Schenkl.

CHAPITRE XVII

De la Providence.

1   Quand tu accuses la Providence, réfléchis et tu reconnaîtras que ce qui est arrivé est conforme à la raison.
2   — Oui, mais l'homme injuste a davantage.
— De quoi? D'argent: voilà en quoi il t'est supérieur, parce qu'il flatte, parce qu'il est sans pudeur, parce qu'il passe ses nuits dans les veilles. Quoi d'étonnant, alors?
3   Mais considère plutôt s'il a plus que toi en fait de fidélité, d'honnêteté. Car tu trouveras que non. Là, au contraire, où tu lui es supérieur, tu trouveras que c'est toi qui as davantage.
4   Je demandais aussi un jour à quelqu'un qui s'indignait de la prospérité de Philostorge : « Voudrais-tu, toi, coucher avec Sura[1]? »
— Que jamais ce jour-là n'arrive!
5   — Pourquoi donc t'indigner s'il reçoit le prix de ce qu'il vend? Ou comment peux-tu estimer heureux l'homme qui acquiert cette prospérité par les moyens mêmes que tu abhorres? Ou que fait de mal la Providence si, à ceux qui sont meilleurs, elle donne les meilleurs biens? Ou ne vaut-il pas mieux être honnête qu'être riche?
Il en convint.
— Pourquoi dès lors t'indigner, homme, puisque tu as
6   ce qui vaut mieux? Souvenez-vous donc toujours et tenez présent à l'esprit que c'est une loi de la nature que celui qui est meilleur ait plus que celui qui lui est inférieur de ce en quoi il est meilleur, et vous ne vous indignerez plus jamais.

1. Il s'agit probablement de Palfurius Sura, qui avait été exclu du Sénat sous les Flaviens : Suétone, *Domitien*, XIII, 3; Juvénal, IV, 53.

ιζ'

Περὶ προνοίας.

"Οταν τῇ προνοίᾳ ἐγκαλῇς, ἐπιστράφηθι καὶ γνώσῃ 1
ὅτι κατὰ λόγον γέγονεν.
— Ναί, ἀλλ' ὁ ἄδικος πλέον ἔχει. 2
— Ἐν τίνι; ἐν ἀργυρίῳ· πρὸς γὰρ τοῦτό σου κρείττων
ἐστίν, ὅτι κολακεύει, ἀναισχυντεῖ, ἀγρυπνεῖ. Τί θαυμαστόν; ἀλλ' ἐκεῖνο βλέπε, εἰ ἐν τῷ πιστὸς εἶναι πλέον 3
σου ἔχει, εἰ ἐν τῷ αἰδήμων. Οὐ γὰρ εὑρήσεις· ἀλλ' ὅπου
κρείττων, ἐκεῖ σαυτὸν εὑρήσεις πλέον ἔχοντα.

Κἀγώ ποτ' εἶπόν τινι ἀγανακτοῦντι ὅτι Φιλόστοργος 4
εὐτυχεῖ· «Ἤθελες ἂν σὺ μετὰ Σούρα κοιμᾶσθαι;»
— Μὴ γένοιτο, φησίν, ἐκείνη ἡ ἡμέρα.
— Τί οὖν ἀγανακτεῖς, εἰ λαμβάνει τι ἀνθ' οὗ πωλεῖ; 5
ἢ πῶς μακαρίζεις τὸν διὰ τούτων, ἃ σὺ ἀπεύχῃ, κτώμενον ἐκεῖνα; ἢ τί κακὸν ποιεῖ ἡ πρόνοια, εἰ τοῖς
κρείττοσι τὰ κρείττω δίδωσιν; ἢ οὐκ ἔστι κρεῖττον αἰδήμονα εἶναι ἢ πλούσιον;
Ὡμολόγει.
— Τί οὖν ἀγανακτεῖς, ἄνθρωπε, ἔχων τὸ κρεῖττον; μέμνη- 6
σθε οὖν ἀεὶ καὶ πρόχειρον ἔχετε ὅτι νόμος οὗτος φυσικὸς
τὸν κρείττονα τοῦ χείρονος πλέον ἔχειν, ἐν ᾧ κρείττων
ἐστίν, καὶ οὐδέποτ' ἀγανακτήσετε.

106ʳ

3 "Οταν: "Οταν τι S_ePBFJ ‖ 4 λόγον: τὸν λόγον J. ‖ 6 κρείττων
PJ: κρεῖττον SVBF ‖ 7 ὅτι Upt. cod.: ὃ SPVBFJ ᾧ Meib. ‖
10 κρείττων FJ: κρείττ* S κρεῖττον S_bPVB κρείττων' Kron. ‖
15 ἢ PJ: ἦ SVBF (et sic 16).

7   — Mais ma femme ne me traite pas bien.
— Bon. Si quelqu'un te demande de quoi il s'agit, réponds : « Ma femme ne me traite pas bien. » Et rien de plus ? Rien.
8   — Mon père ne me donne rien.
— De quoi s'agit-il ? « Mon père ne me donne rien. » Dois-tu ajouter de ton propre fonds que c'est un mal et
9 proférer en plus un mensonge ? C'est pourquoi, ce n'est pas la pauvreté que nous devons repousser, mais le jugement qu'on porte sur elle, et ainsi notre vie coulera heureuse.

— Ἀλλ' ἡ γυνή μοι κακῶς χρῆται. 7

— Καλῶς. Ἄν τίς σου πυνθάνηται τί ἐστι τοῦτο, λέγε· «Ἡ γυνή μοι κακῶς χρῆται.» — «Ἄλλο οὖν οὐδέν;» οὐδέν.

— Ὁ πατήρ μοι οὐδὲν δίδωσιν. 8

— ⟨Τί ἔστι τοῦτο; ὁ πατήρ μοι οὐδὲν δίδωσι.⟩ Ὅτι δὲ κακόν ἐστιν, τοῦτο ἔσωθεν αὐτόν σε δεῖ προσθεῖναι καὶ προσκαταψεύσασθαι; Διὰ τοῦτο οὐ δεῖ τὴν πενίαν 9 ἐκβάλλειν, ἀλλὰ τὸ δόγμα τὸ περὶ αὐτῆς, καὶ οὕτως εὑρήσομεν.

3 οὖν om. PJ ‖ 5 Τί — δίδωσι suppleui ex uers. Wolfii : τί ἔστι τοῦτο; ὁ πατήρ μοι οὐδὲν δίδωσι. Ἄλλο οὖν οὐδέν; οὐδέν suppl. Gataker ‖ 6 τοῦτο : τί τοῦτο Gataker ‖ ἔσωθεν S : ἔξωθεν S$_b$PVBFJ ‖ αὐτόν σε Schenkl : ***αὐτὸ*** S αὐτῷ S$_b$PVBFJ ‖ προσθεῖναι : προθεῖναι S (corr. S$_b$) ‖ 9 εὑρήσομεν : εὑρήσομεν S (corr. S$_b$).

Chapitre XVIII

Qu'il ne faut pas se laisser troubler par les nouvelles.

1 Quand on t'apporte quelque nouvelle troublante, aie cette pensée bien présente à l'esprit : une nouvelle ne
2 concerne jamais ce qui dépend de nous. Peut-on t'annoncer, en effet, que ton opinion était mauvaise, ou mauvais ton désir?
— Nullement.
— Mais on peut t'annoncer la mort de quelqu'un : quel rapport cela a-t-il avec toi? Que quelqu'un parle mal de
3 toi : quel rapport cela a-t-il avec toi? Que ton père machine telle et telle chose : contre qui? Contre ta personne morale peut-être? Comment le peut-il? Mais contre ton pauvre corps, contre ta misérable fortune. Tu es sauvé, ce n'est pas contre toi.
4 Mais le juge prononce que tu as commis le crime d'impiété. Au sujet de Socrate, les juges ne l'avaient-ils pas prononcé? Est-ce ton affaire à toi, si le juge a prononcé cette sentence?
— Non.
5 — Pourquoi alors t'en soucier? Il est un devoir[1] que ton père doit remplir, sans quoi il a détruit en lui le père, l'homme affectueux, l'homme civilisé. Ne demande pas si, à cause de cela, il a subi d'autres pertes. Car il n'arrive jamais qu'on pèche sur un point et que ce soit sur un autre qu'on éprouve un détriment.

---

1. Dans ce passage, ἔργον a le sens de « fonction propre » comme en II, 14, 7-8. C'est un héritage platonicien : comparer *Rép.*, I, 352 *d*-353 *d*. Manquer à cette fonction propre, c'est manquer à la justice (*Rép.*, I, 353 *e* et surtout IV, 432 *b*-433 *e*).

ιη'

Ὅτι οὐ δεῖ πρὸς τὰς ἀγγελίας
ταράσσεσθαι.

Ὅταν σοί τι προσαγγελθῇ ταρακτικόν, ἐκεῖνο ἔχε πρό- 1
χειρον, ὅτι ἀγγελία περὶ οὐδενὸς προαιρετικοῦ γίνεται. Μή 2
τι γὰρ δύναταί σοί τις ἀγγεῖλαι ὅτι κακῶς ὑπέλαβες ἢ
κακῶς ὠρέχθης;

— Οὐδαμῶς.

— Ἀλλ' ὅτι ἀπέθανέν τις· τί οὖν πρὸς σέ; ὅτι σε
κακῶς τις λέγει· τί οὖν πρὸς σέ; ὅτι ὁ πατὴρ τάδε τινὰ 3
ἑτοιμάζεται· ἐπὶ τίνα; μή τι ἐπὶ τὴν προαίρεσιν; πόθεν
δύναται; ἀλλ' ἐπὶ τὸ σωμάτιον, ἐπὶ τὸ κτησείδιον· ἐσώθης,
οὐκ ἐπὶ σέ.

Ἀλλ' ὁ κριτὴς ἀποφαίνεται ὅτι ἠσέβησας. Περὶ Σωκρά- 4
τους δ' οὐκ ἀπεφήναντο οἱ δικασταί; μή τι σὸν ἔργον ἐστὶ
τὸ ἐκεῖνον ἀποφήνασθαι;

— Οὔ.

— Τί οὖν ἔτι σοι μέλει; ἔστι τι τοῦ πατρός σου ἔργον, 5
ὃ ἂν μὴ ἐκπληρώσῃ, ἀπώλεσεν τὸν πατέρα, τὸν φιλόστορ-
γον, τὸν ἥμερον. Ἄλλο δὲ μηδὲν ζήτει τούτου ἕνεκα αὐτὸν
ἀπολέσαι. Οὐδέποτε γὰρ ἐν ἄλλῳ μέν τις ἁμαρτάνει, εἰς
ἄλλο δὲ βλάπτεται.

---

10 τάδε : τοιάδε Cor. || 11 ἑτοιμάζεται : ἑτοιμάζει Kron. || 13-14 σέ.
Ἀλλ' Upt. cod. J : σέ. Οὐκοῦν ἀλλ' SV σέ. Οὐκ οὖν PBF ||
16 ἐκεῖνον : ἐκείνων B || 18 ἔτι Upt. cod. et inter lin. J : ὅτι
SPVBF || 20 Ἄλλο : ἄλλα F ἀλλὰ Meib. || δὲ om. J Meib. || ζήτει :
οἴου uel ἡγοῦ Wolf || 21 ἀπολέσαι Wolf : ἀπολέσθαι codd.

6 En revanche, ton devoir à toi est de te défendre avec calme, avec dignité, sans emportement; sinon, toi aussi tu as détruit en toi le fils, l'homme digne, l'homme d'honneur.
7 Mais quoi? Le juge est-il exempt de risque? Non : lui aussi subit un risque égal. Pourquoi donc t'effrayer encore de la décision qu'il peut rendre? Quel rapport y a-t-il
8 entre toi et le mal d'un autre? Ton mal à toi est de faire une mauvaise défense. Voilà seulement contre quoi tu dois te garder. Quant à ta condamnation ou à ton acquittement, comme c'est le devoir d'un autre, c'est aussi le mal d'un autre.
9 — Un tel te menace.
— Moi? Non.
— Il te blâme.
— A lui de voir comment il accomplit son propre devoir.
— Il va te condamner injustement.
— Le malheureux!

ΔΙΑΤΡΙΒΑΙ

Πάλιν σὸν ἔργον τὸ ἀπολογηθῆναι εὐσταθῶς, αἰδημό- 6
νως, ἀοργήτως. Εἰ δὲ μή, ἀπώλεσας καὶ σὺ τὸν υἱόν, τὸν
αἰδήμονα, τὸν γενναῖον. Τί οὖν; ὁ κριτὴς ἀκίνδυνός 7
ἐστιν; οὔ· ἀλλὰ κἀκείνῳ τὰ ἴσα κινδυνεύεται. Τί οὖν ἔτι
φοβῇ τί ἐκεῖνος κρίνῃ; τί σοὶ καὶ τῷ ἀλλοτρίῳ κακῷ; σὸν 8
κακόν ἐστι τὸ κακῶς ἀπολογηθῆναι· τοῦτο φυλάσσου
μόνον· κριθῆναι δ᾽ ἢ μὴ κριθῆναι ὥσπερ ἄλλου ἐστὶν ἔργον,
οὕτως κακὸν ἄλλου ἐστίν.

— Ἀπειλεῖ σοι ὁ δεῖνα. 9
— Ἐμοί; οὔ.
— Ψέγει σε.
— Αὐτὸς ὄψεται πῶς ποιεῖ τὸ ἴδιον ἔργον.
— Μέλλει σε κατακρινεῖν ἀδίκως.
— Ἄθλιος.

3 οὖν; ὁ Wolf: οὖν ὁ codd. ‖ 5 ἐκεῖνος: ἐκείνοις uel — νους S (corr. S$_c$) ‖ κρίνῃ: κρίνει J κρινεῖ Cor. ‖ 14 Ἄθλιος: ἄθλιε, μᾶλλον ἂν ἐδούλου δικαίως; susp. Upt.

Chapitre XIX

Quelle est la position d'un profane et celle d'un philosophe.

1   Première différence entre un profane et un philosophe : le premier dit : « Malheur à moi ! à cause de mon enfant, de mon frère ; malheur à moi ! à cause de mon père », tandis que le second, s'il se voit jamais forcé de dire : « Malheur à moi ! », ajoute, après réflexion : « à cause de
2   moi-même ! » Rien, en effet, de ce qui est indépendant de nous ne peut contraindre notre personne morale ou lui
3   nuire : elle seule le peut. Si donc, nous aussi, nous sommes portés, quand nous cheminons péniblement, à nous accuser, à nous rappeler que rien n'est capable de nous causer du trouble ou de l'agitation, hormis un jugement, je vous jure bien par tous les dieux que nous avons fait du progrès.
4   Mais, en réalité, c'est une tout autre route que nous avons suivie dès le début. Déjà, dans notre petite enfance, si, béant aux corneilles, nous avions heurté quelque pierre, notre nourrice ne nous grondait pas, nous, mais frappait la pierre. Or, qu'avait fait la pierre ? Devait-elle se dépla-
5   cer à cause de la sottise de ton enfant ? Et encore, si nous ne trouvons pas à manger au sortir du bain, jamais notre gouverneur ne cherche à réprimer notre appétit, mais il bat le cuisinier. Homme, est-ce donc de ce dernier que nous t'avons établi gouverneur ? Non, mais de notre fils : corrige-le, sois-lui utile.
6   Ainsi, même quand nous avons grandi, nous avons tout l'air d'être des enfants. Car c'est bien être un enfant en fait de musique que de manquer de culture musicale ; en fait de littérature, que d'être illettré et, dans la vie, que de manquer d'éducation.

ιθ'

Τίς στάσις ἰδιώτου καὶ φιλοσόφου.

Ἡ πρώτη διαφορὰ ἰδιώτου καὶ φιλοσόφου· ὁ μὲν λέγει· 1
«Οὐαί μοι διὰ τὸ παιδάριον, διὰ τὸν ἀδελφόν, οὐαὶ διὰ
τὸν πατέρα», ὁ δ', ἄν ποτ' εἰπεῖν ἀναγκασθῇ· «Οὐαί μοι»
ἐπιστήσας λέγει «δι' ἐμέ.» Προαίρεσιν γὰρ οὐδὲν δύναται 2
κωλῦσαι ἢ βλάψαι ἀπροαίρετον εἰ μὴ αὐτὴ ἑαυτήν. Ἂν 3
οὖν ἐπὶ τοῦτο ῥέψομεν καὶ αὐτοί, ὥσθ' ὅταν δυσοδῶμεν,
αὑτοὺς αἰτιᾶσθαι καὶ μεμνῆσθαι ὅτι οὐδὲν ἄλλο ταραχῆς
ἢ ἀκαταστασίας αἴτιόν ἐστιν ἢ δόγμα, ὀμνύω ὑμῖν πάντας
θεοὺς ὅτι προεκόψ⟨αμ⟩εν.

Νῦν δ' ἄλλην ὁδὸν ἐξ ἀρχῆς ἐληλύθαμεν. Εὐθὺς ἔτι 4
παίδων ἡμῶν ὄντων ἡ τιτθή, εἴ ποτε προσεπταίσαμεν
χάσκοντες, || οὐχὶ ἡμῖν ἐπέπληξεν, ἀλλὰ τὸν λίθον 107ʳ
ἔτυπτεν. Τί γὰρ ἐποίησεν ὁ λίθος; διὰ τὴν τοῦ παιδίου
σου μωρίαν ἔδει μεταβῆναι αὐτόν; Πάλιν ἂν μὴ εὕρωμεν 5
φαγεῖν ἐκ βαλανείου, οὐδέποθ' ἡμῶν καταστέλλει τὴν
ἐπιθυμίαν ὁ παιδαγωγός, ἀλλὰ δέρει τὸν μάγειρον. Ἄνθρωπε,
μὴ γὰρ ἐκείνου σε παιδαγωγὸν κατεστήσαμεν; ἀλλὰ
τοῦ παιδίου ἡμῶν· τοῦτο ἐπανόρθου, τοῦτο ὠφέλει.

Οὕτως καὶ αὐξηθέντες φαινόμεθα παιδία. Παῖς γὰρ ἐν 6
μουσικοῖς ὁ ἄμουσος, ἐν γραμματικοῖς ὁ ἀγράμματος,
ἐν βίῳ ὁ ἀπαίδευτος.

6 οὐδὲν S ex corr. et BJ: οὐδεὶς SPVF || 7 ἢ in ras. S ||
8 ῥέψομεν S: ῥέψωμεν S₂PVBFJ || 9 αὑτοὺς P et B ex corr.: αὐτοὺς
SVBF ἑαυτοὺς J || 11 προεκόψαμεν Wolf: προέκοψε codd. προεκόψατε
Reiske ² προκόψομεν Elter || 18 ἐπιθυμίαν: ἀθυμίαν PVJ || 19 ἀλλὰ:
ἀλλ' οὐ Wolf οὐ· ἀλλὰ Upt. || 22 ἀγράμματος Par. 1959 Barb.:
ἀγραμμάτικος SPVBFJ μὴ γραμματικός Meib.

Chapitre XX

*Qu'il est possible de tirer profit
de toutes les choses extérieures.*

1 *Dans la vie pratique comme dans la vie spéculative, bien et mal dépendent de nous.*

Pour ce qui concerne les représentations purement théoriques, presque tout le monde a reconnu que le bien et le mal sont en nous, nullement dans les objets extérieurs. Personne n'appelle un bien la proposition : il fait jour, ou un mal la proposition : il fait nuit, et le plus grand des maux, la proposition : trois égalent quatre.

3 Mais quoi? La science est un bien; l'erreur, un mal, en sorte que, relativement à l'erreur elle-même, un bien peut se produire, à savoir, la connaissance de l'erreur comme
4 telle. Il devrait donc en être également ainsi pour ce qui concerne la vie. La santé est-elle un bien et la maladie un mal? Non, homme. Mais quoi? Le bon usage de la santé est un bien, le mauvais usage, un mal.

— En sorte que, de la maladie elle-même, il y a moyen de tirer avantage?

— Par Dieu, de la mort, n'y a-t-il donc pas moyen de tirer avantage? Et d'une infirmité, n'y a-t-il pas moyen?
5 Crois-tu que Ménécée ait tiré peu d'avantage de sa mort?

— Plaise au ciel que celui qui parle ainsi en retire le même avantage que lui en a retiré!

— Voyons, homme, n'a-t-il pas sauvegardé en lui le
6 patriotisme, la générosité, la fidélité, la noblesse? Et, s'il eût survécu, n'aurait-il pas perdu tout cela? N'eût-il pas acquis tout le contraire? N'eût-il point gagné l'âme d'un lâche, d'un homme vil, d'un antipatriote, d'un homme qui

κ'

Ὅτι ἀπὸ πάντων τῶν ἐκτὸς ἔστιν
ὠφελεῖσθαι.

Ἐπὶ τῶν θεωρητικῶν φαντασιῶν πάντες σχεδὸν τὸ 1
ἀγαθὸν καὶ τὸ κακὸν ἐν ἡμῖν ἀπέλιπον, οὐχὶ δ' ἐν τοῖς
ἐκτός. Οὐδεὶς λέγει ἀγαθὸν τὸ ἡμέραν εἶναι, κακὸν τὸ 2
νύκτα εἶναι, μέγιστον δὲ κακῶν τὸ τρία τέσσαρα εἶναι.
Ἀλλὰ τί; τὴν μὲν ἐπιστήμην ἀγαθόν, τὴν δ' ἀπάτην κα- 3
κόν, ὥστε καὶ περὶ αὐτὸ τὸ ψεῦδος ἀγαθὸν συνίστασθαι,
τὴν ἐπιστήμην τοῦ ψεύδους εἶναι αὐτό. Ἔδει οὖν οὕτως 4
καὶ ἐπὶ τοῦ βίου. Ὑγεία ἀγαθόν, νόσος δὲ κακόν; οὔ,
ἄνθρωπε. Ἀλλὰ τί; τὸ καλῶς ὑγιαίνειν ἀγαθόν, τὸ κακῶς
κακόν.

— Ὥστε καὶ ἀπὸ νόσου ἔστιν ὠφεληθῆναι;

— Τὸν θεόν σοι, ἀπὸ θανάτου γὰρ οὐκ ἔστιν; ἀπὸ
πηρώσεως γὰρ οὐκ ἔστιν; Μικρά σοι δοκεῖ ὁ Μενοικεὺς 5
ὠφεληθῆναι, ὅτ' ἀπέθνησκεν;

— Τοιαῦτά τις εἰπὼν ὠφεληθείη οἷα ἐκεῖνος ὠφελήθη.

— Ἔα, ἄνθρωπε, οὐκ ἐτήρησεν τὸν φιλόπατριν, τὸν
μεγαλόφρονα, τὸν πιστόν, τὸν γενναῖον; Ἐπιζήσας δὲ οὐκ 6
ἀπώλλυεν ταῦτα πάντα; οὐ περιεποιεῖτο τὰ ἐναντία; τὸν
δειλὸν οὐκ ἀνελάμβανεν, τὸν ἀγεννῆ, τὸν μισόπατριν, ‖

9 ἀγαθὸν Schw.: ἀπάτην codd. ἀπάτην οὖσαν susp. Wolf ἀγαθὴν
Reiske ‖ 12 ὑγιαίνειν: ὑγιαίνειν ἢ νοσεῖν Elter ‖ 15 σοι Bentley:
σου codd. ‖ 16 πηρώσεως S$_b$PVBJ: πληρώσεως SF ‖ 18 Τοιαῦτά:
τοιαῦτ' ἄν Cor. ‖ εἰπὼν: ποιῶν Wolf μήποτ' Kron. ἐκὼν Elter ‖
post ὠφεληθείη hab. ἢ SVBF ἄν Elter ‖ 20 οὐκ: οὐκ ἄν Schegk ‖
22 ἀνελάμβανεν VJ: ἄν ἐλάμβανεν SB et (— νε) PF.

tient à la vie avec excès? Crois-tu qu'en mourant il ait
7 retiré peu d'avantage? Non, mais le père d'Admète[1] a-t-il
retiré grand avantage de sa vie si lâche et si misérable?
8 Et, plus tard, n'a-t-il pas dû mourir? Cessez, je vous en
conjure par les dieux, cessez d'accorder votre admiration
à ce qui est pure matière, cessez de vous rendre vous-
mêmes les esclaves des choses, d'abord, puis, par elles,
également des hommes qui ont le pouvoir de vous les
procurer ou de vous les enlever.

9 — Est-il donc possible de tirer avantage de ces objets?

De toutes les choses extérieures on peut tirer avantage.

— Oui, de tous.
— Même de l'homme qui vous insulte?
— Et quels avantages l'athlète retire-t-il de son entraîneur? Les plus grands. Lui aussi, mon insulteur se fait
mon entraîneur: il exerce ma patience, mon calme, ma
10 douceur. Non, dis-tu. Mais celui qui me prend par le cou
et rectifie mes reins, mes épaules, me rend service, et
le maître de gymnastique fait bien de me dire: « Soulève
ce pilon des deux mains », et plus ce pilon est lourd, plus
cet exercice m'est avantageux; et voilà que, si quelqu'un
11 m'exerce au calme, il ne me rend pas service? C'est ne pas
savoir tirer parti des hommes. Mon voisin est méchant?
Pour lui-même. Mais, pour moi, il est bon, il exerce ma
douceur et mon indulgence. Mon père est méchant? Pour
12 lui-même, mais pour moi il est bon. C'est là la baguette
d'Hermès: « Touche ce que tu voudras, dit-il, et ce sera
de l'or. » Non, mais apporte-moi ce que tu veux, et je le
rendrai bon. Apporte la maladie, apporte la mort, apporte
l'indigence, apporte l'injure, la condamnation aux derniers supplices, tout cela, sous la baguette d'Hermès,
acquerra de l'utilité.
13 — De la mort, que feras-tu?

---

1. Le père d'Admète est Phérès. Dans l'*Alceste* d'Euripide,
Admète lui reproche de traîner une vie lâche et de n'avoir
eu ni la volonté ni le courage de mourir à sa place (vers 629-
672).

τὸν φιλόψυχον; Ἄγε δοκεῖ σοι μικρὰ ὠφεληθῆναι ἀποθανών; οὔ· ἀλλ' ὁ τοῦ Ἀδμήτου πατὴρ μεγάλα ὠφελήθη 7
ζήσας οὕτως ἀγεννῶς καὶ ἀθλίως; ὕστερον γὰρ οὐκ ἀπέθανεν; Παύσασθε, τοὺς θεοὺς ὑμῖν, τὰς ὕλας θαυμάζοντες, 8
παύσασθ' ἑαυτοὺς δούλους ποιοῦντες πρῶτον τῶν πραγμάτων, εἶτα δι' αὐτὰ καὶ τῶν ἀνθρώπων τῶν ταῦτα περιποιεῖν ἢ ἀφαιρεῖσθαι δυναμένων.

— Ἔστιν οὖν ἀπὸ τούτων ὠφεληθῆναι; 9
— Ἀπὸ πάντων.
— Καὶ ἀπὸ τοῦ λοιδοροῦντος;
— Τί δ' ὠφελεῖ τὸν ἀθλητὴν ὁ προσγυμναζόμενος; τὰ μέγιστα. Καὶ οὗτος ἐμοῦ προγυμναστὴς γίνεται· τὸ ἀνεκτικόν μου γυμνάζει, τὸ ἀόργητον, τὸ πρᾷον. Οὔ· ἀλλ' ὁ μὲν 10
τοῦ τραχήλου καθάπτων καὶ τὴν ὀσφῦν μου καὶ τοὺς ὤμους καταρτίζων ὠφελεῖ με καὶ ὁ ἀλείπτης καλῶς ποιῶν λέγει·
«Ἆρον ὕπερον ἀμφοτέραις» καὶ ὅσῳ βαρύτερός ἐστιν ἐκεῖνος, τοσούτῳ μᾶλλον ὠφελοῦμαι ἐγώ· εἰ δέ τις πρὸς ἀοργησίαν με γυμνάζει, οὐκ ὠφελεῖ με; Τοῦτ' ἔστι τὸ μὴ 11
εἰδέναι ἀπ' ἀνθρώπων ὠφελεῖσθαι. Κακὸς γείτων; αὑτῷ· ἀλλ' ἐμοὶ ἀγαθός· γυμνάζει μου τὸ εὔγνωμον, τὸ ἐπιεικές.
Κακὸς πατήρ; αὑτῷ· ἀλλ' ἐμοὶ ἀγαθός. Τοῦτ' ἔστι τὸ τοῦ 12
Ἑρμοῦ ῥαβδίον· «Οὗ θέλεις», φησίν, «ἅψαι καὶ χρυσοῦν ἔσται.» Οὔ· ἀλλ' ὃ θέλεις φέρε κἀγὼ αὐτὸ ἀγαθὸν ποιήσω. Φέρε νόσον, φέρε θάνατον, φέρε ἀπορίαν, φέρε λοιδορίαν, δίκην τὴν περὶ τῶν ἐσχάτων· πάντα ταῦτα τῷ ῥαβδίῳ τοῦ Ἑρμοῦ ὠφέλιμα ἔσται.

— Τὸν θάνατον τί ποιήσεις; 13

4 ὑμῖν Bentley Shaftesbury: ὑμῶν codd. || 8 τούτων: πάντων Kron. || 11 προσγυμναζόμενος S: προγυμναζόμενος PVBFJ et ex corr. (σ eras.) S || 12 οὗτος J: οὕτως SPVBF || 16 ὕπερον Schw.: ὕπερ codd. || ἀμφοτέραις Schw.: ἀμφοτέρας codd. || 18 ὠφελεῖ με: ὠφελοῦμαι PJ || 19 αὑτῷ ed. Lond.: αὐτῷ codd. || 22 Οὗ: οὐ S (corr. S_b) || φησίν: φασίν Upt.

— Que pourrais-je faire d'autre, sinon qu'elle te serve de parure, ou que, par elle, tu montres en action quelle sorte d'homme est celui qui accomplit la volonté de la nature?

14 — De la maladie, que feras-tu?

— Je montrerai sa nature, j'excellerai en elle, je demeurerai ferme, je garderai la sérénité, je ne flagornerai pas le médecin, je n'appellerai point la mort de mes vœux.

15 Que veux-tu de plus? Quoi que tu me présentes, j'en ferai un objet de bénédiction et de bonheur, un objet vénérable et enviable.

16 Non, mais: « Veille à ne pas être malade: c'est un mal. » C'est comme si on disait: « Veille à ne pas te représenter que trois égalent quatre: c'est un mal. » Homme, où est le mal? Si je viens à acquérir là-dessus une idée juste, quel dommage pourrai-je encore en éprouver? Bien

17 plutôt, n'en retirerai-je point avantage? Si je viens à acquérir de la pauvreté une idée juste, et de même de la maladie et de la privation de toute charge, cela ne me suffit-il pas? Toutes ces choses ne seront-elles pas utiles? Comment donc me faut-il encore chercher dans les objets extérieurs les maux et les biens?

18 Mais quoi! Ces belles pensées ne vont pas plus loin que l'école, et nul ne les emporte chez lui. Et c'est alors, sans plus tarder, la guerre avec son esclave, avec ses voisins,

19 avec ceux qui nous plaisantent, qui se rient de nous. Béni soit Lesbios pour me convaincre chaque jour que je ne sais rien!

— Τί γὰρ ἄλλο ἢ ἵνα σε κοσμήσῃ ἢ ἵνα δείξῃς ἔργῳ δι᾽ αὐτοῦ τί ἐστιν ἄνθρωπος τῷ βουλήματι τῆς φύσεως παρακολουθῶν;

— Τὴν νόσον τί ποιήσεις; 14

— Δείξω αὐτῆς τὴν φύσιν, διαπρέψω ἐν αὐτῇ, εὐσταθήσω, εὐροήσω, τὸν ἰατρὸν οὐ κο‖λακεύσω, οὐκ εὔξομαι ἀποθανεῖν. Τί ἔτι ἄλλο ζητεῖς; πᾶν ὃ ἂν δῷς, ἐγὼ αὐτὸ 15 ποιήσω μακάριον, εὐδαιμονικόν, σεμνόν, ζηλωτόν

Οὔ· ἀλλά· «Βλέπε μὴ νοσήσῃς· κακόν ἐστιν.» Οἷον εἴ 16 τις ἔλεγεν· «Βλέπε μὴ λάβῃς ποτὲ φαντασίαν τοῦ τὰ τρία τέσσαρα εἶναι· κακόν ἐστιν.» Ἄνθρωπε, πῶς κακόν; ἂν ὃ δεῖ περὶ αὐτοῦ ὑπολάβω, πῶς ἔτι με βλάψει; οὐχὶ δὲ μᾶλλον καὶ ὠφελήσει; Ἂν οὖν περὶ πενίας ὃ δεῖ ὑπολά- 17 βω, ἂν περὶ νόσου, ἂν περὶ ἀναρχίας, οὐκ ἀρκεῖ μοι; οὐκ ὠφέλιμα ἔσται; πῶς οὖν ἔτι ἐν τοῖς ἐκτὸς τὰ κακὰ καὶ τἀγαθὰ δεῖ με ζητεῖν;

Ἀλλὰ τί; ταῦτα μέχρι ὧδε, εἰς οἶκον δ᾽ οὐδεὶς ἀποφέ- 18 ρει· ἀλλ᾽ εὐθὺς πρὸς τὸ παιδάριον πόλεμος, πρὸς τοὺς γείτονας, πρὸς τοὺς σκώψαντας, πρὸς τοὺς καταγελάσαντας. Καλῶς γένοιτο Λεσβίῳ, ὅτι με καθ᾽ ἡμέραν ἐξε- 19 λέγχει μηδὲν εἰδότα.

1 δείξῃς Schw.: δείξῃ σε codd. δείξῃ Wolf ǁ 1-2 δι᾽ αὐτοῦ : δι᾽ αὑτοῦ Β διὰ σοῦ Wolf ǁ 5 αὐτῆς : δι᾽ αὐτῆς Kron. ǁ 6-7 ἀποθανεῖν : μὴ ἀποθανεῖν i. m. J. ǁ 15 ὠφέλιμα : ὠφέλημα VJ.

CHAPITRE XXI

*A ceux qui font aisément profession
de maîtres en philosophie.*

1 *La philosophie est une manière de vivre.* Ceux qui ont reçu les purs principes, sans rien de plus, veulent aussitôt les vomir, comme font pour la nourriture ceux qui souffrent de l'es-
2 tomac. Commence par les digérer, puis, ne les dégorge pas de cette façon. Sinon, une chose propre devient un vrai
3 vomissement, et ce n'est pas mangeable. Mais, après les avoir digérés, montre-nous quelque changement dans la partie maîtresse de ton âme, de même que les athlètes montrent leurs épaules, résultats de leurs exercices et de la nourriture qu'ils ont prise, de même que les artisans montrent les résultats de l'enseignement qu'ils ont reçu.
4 Le charpentier ne vient pas vous dire : « Écoutez-moi disserter sur l'art des charpentes », mais il fait son contrat pour une maison, la construit, et montre par là qu'il
5 possède cet art. Agis de même, toi aussi. Mange comme un homme, bois comme un homme, habille-toi, marie-toi aie des enfants, exerce tes droits et tes devoirs de citoyen, sache endurer les injures, supporte un frère déraisonnable, supporte un père, un fils, un voisin, un compagnon de
6 route. Montre-nous cela pour que nous constations que tu as réellement appris quelque notion de philosophie.

Au lieu de cela : « Venez m'entendre débiter mes commentaires. » Va te promener ! Cherche sur qui tu pourras dégorger ton vomissement.

7 « En vérité, je vous expliquerai comme pas un les doctrines de Chrysippe, j'analyserai son style avec la plus

κα'

Πρὸς τοὺς εὐκόλως ἐπὶ τὸ σοφιστεύειν
ἐρχομένους.

Οἱ τὰ θεωρήματα ἀναλαβόντες ψιλὰ εὐθὺς αὐτὰ ἐξεμέ- 1
σαι θέλουσιν ὡς οἱ στομαχικοὶ τὴν τροφήν. Πρῶτον αὐτὰ 2
πέψον, εἶθ' οὕτω μὴ ἐξεμέσῃς· εἰ δὲ μή, ἔμετος τῷ ὄντι
γίνεται πρᾶγμα καθαρὸν καὶ ἄβρωτον. Ἀλλ' ἀπ' αὐτῶν 3
ἀναδοθέντων δεῖξόν τινα ἡμῖν μεταβολὴν τοῦ ἡγεμονικοῦ
τοῦ σεαυτοῦ, ὡς οἱ ἀθληταὶ τοὺς ὤμους, ἀφ' ὧν ἐγυμνάσθη-
σαν καὶ ἔφαγον, ὡς οἱ τὰς τέχνας ἀναλαβόντες, ἀφ' ὧν
ἔμαθον. Οὐκ ἔρχεται ὁ τέκτων καὶ λέγει· «Ἀκούσατέ μου 4
διαλεγομένου περὶ τῶν τεκτονικῶν», ἀλλ' ἐκμισθωσάμενος
οἰκίαν ταύτην κατασκευάσας δείκνυσιν ὅτι ἔχει τὴν
τέχνην. Τοιοῦτόν τι καὶ σὺ ποίησον· φάγε ὡς ἄνθρωπος, 5
πίε ὡς ἄνθρωπος, κοσμήθητι, γάμησον, παιδοποίησον, πο-
λίτευσαι· ἀνάσχου λοιδορίας, ἔνεγκε ἀδελφὸν ἀγνώμονα,
ἔνεγκε ‖ πατέρα, ἔνεγκε υἱόν, γείτονα, σύνοδον. Ταῦτα 6
ἡμῖν δεῖξον, ἵν' ἴδωμεν ὅτι μεμάθηκας ταῖς ἀληθείαις τι
τῶν φιλοσόφων. Οὔ· ἀλλ'· «Ἐλθόντες ἀκούσατέ μου σχόλια
λέγοντος.» Ὕπαγε, ζήτει τίνων κατεξεράσεις. «Καὶ μὴν 7
ἐγὼ ὑμῖν ἐξηγήσομαι τὰ Χρυσίππεια ὡς οὐδείς, τὴν λέξιν

---

4 Οἱ Wolf: Ὅτι codd. Ὅτι οἱ susp. Schenkl ‖ 5 αὐτὰ Rich.:
αὐτὸ codd. ‖ 6 οὕτω: οὗτοι Cor. ‖ μὴ: οὐ μὴ Kron. ‖ 7 καθαρὸν:
ἀκάθαρτον Wolf σαπρὸν Reiske[2] βλαδαρὸν Schw. ‖ 9 ἀφ': τὰ
ἔργα, ἀφ' Elter ‖ 15 κοσμήθητι: κοιμήθητι Elter ‖ 18 ἴδωμεν:
εἴδωμεν F ‖ 19 τῶν: παρὰ τῶν Kron.

parfaite clarté, je pourrai même y joindre l'abondance d'Antipater et d'Archédèmos. »

8 *Le vrai but de la philosophie.* Et voilà donc pourquoi les jeunes gens doivent quitter leurs patries et leurs parents, pour venir t'entendre
9 expliquer de petits mots? Ne faut-il pas qu'ils rentrent chez eux armés de patience, disposés à rendre service, exempts de passions et de troubles, munis pour la traversée de la vie de provisions telles qu'ils puissent, grâce à elles, supporter vaillamment tout ce qui arrive et en
10 retirer de la gloire? Et d'où te viendrait le pouvoir de communiquer ce que tu n'as pas? Car, toi-même, as-tu fait autre chose depuis le début que de passer ton temps à examiner comment on peut résoudre les syllogismes, les arguments équivoques, ceux qui procèdent par voie d'interrogation [1]?

11 *La préparation de l'enseignement philosophique.* — Mais un tel tient une école; pourquoi n'en tiendrais-je pas une, moi aussi?
— Cela ne se fait pas au petit bonheur, vil esclave, ni n'importe comment; il y faut l'âge, et un certain genre de vie, et Dieu pour guide.
12 Faut-il dire le contraire et, alors que personne ne s'éloigne d'un port sans avoir sacrifié aux dieux ni imploré leur secours, que les hommes ne sèment jamais non plus sans avoir invoqué Déméter, quelqu'un pourra-t-il entreprendre une telle œuvre avec sécurité sans le secours des dieux? Et ceux qui viendront à lui y viendront-ils pour leur
13 bonheur? Que fais-tu, homme, sinon parodier les mystères et dire : « Tout comme il y a un temple à Éleusis, tu peux voir qu'il y en a un ici également. Il y a là-bas un hiérophante; moi aussi je ferai un hiérophante. Il y a là-bas un héraut; j'établirai, moi aussi, un héraut. Il y a là-bas un porte-torches, j'aurai aussi un porte-torches. Là-bas il y a des torches; ici également. Les paroles pro-

---

1. Épictète met en garde contre l'abus de la logique, mais le sage doit étudier les diverses sortes de raisonnements et s'y

III 21, 7   ΔΙΑΤΡΙΒΑΙ   67

διαλύσω καθαρώτατα, προσθήσω ἄν που καὶ Ἀντιπάτρου
καὶ Ἀρχεδήμου φοράν.»

Εἶτα τούτου ἕνεκα ἀπολίπωσιν οἱ νέοι τὰς πατρίδας 8
καὶ τοὺς γονεῖς τοὺς αὑτῶν, ἵν' ἐλθόντες λεξείδιά σου
ἐξηγουμένου ἀκούσωσιν; οὐ δεῖ αὐτοὺς ὑποστρέψαι ἀνε- 9
κτικούς, συνεργητικούς, ἀπαθεῖς, ἀταράχους, ἔχοντάς τι
ἐφόδιον τοιοῦτον εἰς τὸν βίον, ἀφ' οὗ ὁρμώμενοι φέρειν
δυνήσονται τὰ συμπίπτοντα καλῶς καὶ κοσμεῖσθαι ὑπ'
αὐτῶν; Καὶ πόθεν σοι μεταδιδόναι τούτων ὧν οὐκ ἔχεις; 10
αὐτὸς γὰρ ἄλλο τι ἐποίησας ἐξ ἀρχῆς ἢ περὶ ταῦτα κατε-
τρίβης, πῶς οἱ συλλογισμοὶ ἀναλυθήσονται, πῶς οἱ μετα-
πίπτοντες, πῶς οἱ τῷ ἠρωτῆσθαι περαίνοντες;

— Ἀλλ' ὁ δεῖνα σχολὴν ἔχει· διὰ τί μὴ κἀγὼ σχῶ; 11
Οὐκ εἰκῇ ταῦτα γίνεται, ἀνδράποδον, οὐδ' ὡς ἔτυχεν,
ἀλλὰ καὶ ἡλικίαν εἶναι δεῖ καὶ βίον καὶ θεὸν ἡγεμόνα. Οὔ· 12
ἀλλ' ἀπὸ λιμένος μὲν οὐδεὶς ἀνάγεται μὴ θύσας τοῖς
θεοῖς καὶ παρακαλέσας αὐτοὺς βοηθοὺς οὐδὲ σπείρουσιν
ἄλλως οἱ ἄνθρωποι εἰ μὴ τὴν Δήμητρα ἐπικαλεσάμενοι·
τηλικούτου δ' ἔργου ἁψάμενός τις ἄνευ θεῶν ἀσφαλῶς
ἄψεται καὶ οἱ τούτῳ προσιόντες εὐτυχῶς προσελεύσονται;
Τί ἄλλο ποιεῖς, ἄνθρωπε, ἢ τὰ μυστήρια ἐξορχῇ καὶ λέγεις· 13
«Οἴκημά ἐστι καὶ ἐν Ἐλευσῖνι, ἰδοὺ καὶ ἐνθάδε. Ἐκεῖ
ἱεροφάντης· καὶ ἐγὼ ποιήσω || ἱεροφάντην. Ἐκεῖ κήρυξ·
κἀγὼ κήρυκα καταστήσω. Ἐκεῖ δᾳδοῦχος· κἀγὼ δᾳδοῦχον.
Ἐκεῖ δᾷδες· καὶ ἐνθάδε. Αἱ φωναὶ αἱ αὐταί· τὰ γινόμενα

1 διαλύσω: ἀναλύσω Upt. ‖ ἄν: δέ Cor. ‖ 4 αὑτῶν ed. Lond.:
αὐτῶν codd. ‖ 5 οὐ: οὗ Reiske ‖ δεῖ: ἔδει Reiske ‖ 8 δυνήσονται
J et ex corr. V: δυνήσωνται SVBF. ‖ 16 ἀπὸ λιμένος Wolf:
ἀπολιπόμενος codd. ‖ 19 ἁψάμενός (ά ex corr.) S ‖ 20 τούτῳ:
οὕτως Kron. ‖ 22 ἐστι καί: ἐστιν Reiske ἔστηκεν Kron. ‖ 25 τὰ
γινόμενα τί Salm.: τὰ γινόμενα. τί codd. ταὐτὰ τὰ γινόμενα. τί
susp. Schw.

noncées sont les mêmes. Quelle différence y a-t-il entre
14 ce qui se passe là-bas et ce qui se passe ici? » O le plus
impie des hommes! Il n'y a aucune différence? Ces actes
procurent-ils des avantages quand ils sont faits hors du
lieu et du temps voulus? Ne doivent-ils pas être accompa-
gnés de sacrifices et de prières, ne réclament-ils pas la
pureté préalable et un esprit disposé à croire que l'on
s'approche de rites sacrés et de rites sacrés fort anciens?
15 Voilà comment les mystères deviennent profitables, voilà
comment on en vient à l'idée que toutes ces choses ont
été instituées par les anciens pour notre instruction et
16 pour l'amendement de notre vie. Et toi, tu vas les divul-
guer et les parodier hors du temps et du lieu qui conviennent, sans sacrifices, sans purification; tu ne portes pas
le costume que doit porter l'hiérophante, ni la chevelure
ou le bandeau qu'il doit avoir; tu n'as ni sa voix ni son
âge; tu n'es pas resté pur comme lui, mais tu t'es contenté
de t'approprier ses paroles, et tu les récites. Les paroles
sont-elles sacrées par elles-mêmes?

17 *L'enseignement philosophique suppose une vocation.* C'est d'une autre façon qu'il faut aborder ces matières. L'affaire est grave, pleine de mystères; elle n'est point permise au petit bonheur ni
18 à n'importe qui. Mais il ne suffit peut-
être même pas d'être sage pour s'occuper de la jeunesse.
Il faut de plus avoir une certaine préparation et des
qualités pour cela, oui, par Zeus, et un certain extérieur
et, avant toutes choses, une vocation de Dieu à remplir
19 cette fonction, comme Socrate à remplir celle de réfu-
tateur, comme Diogène à réprimander d'une manière
20 royale et Zénon à enseigner et dogmatiser. Et toi, tu
ouvres boutique de médecin, sans autres bagages que des
remèdes. Mais quand ou comment faut-il les appliquer?
Tu ne le sais ni ne t'en préoccupes.

exercer pour devenir capable d'établir la vérité et de détruire
l'erreur, pour suspendre son jugement dans le doute, pour ne
pas être la victime d'un sophisme, en un mot pour agir conformément au devoir et à la nature : I 7; I 17; I 27,6; II 25.

τί διαφέρει ταῦτα ἐκείνων;» Ἀσεβέστατε ἄνθρωπε, οὐδὲν **14**
διαφέρει; καὶ παρὰ τόπον ταῦτα ὠφελεῖ καὶ παρὰ καιρόν;
Μὴ μετὰ θυσίας δὲ καὶ μετ' εὐχῶν καὶ προηγνευκότα καὶ
προδιακείμενον τῇ γνώμῃ ὅτι ἱεροῖς προσελεύσεται καὶ
ἱεροῖς παλαιοῖς; οὕτως ὠφέλιμα γίνεται τὰ μυστήρια, **15**
οὕτως εἰς φαντασίαν ἐρχόμεθα ὅτι ἐπὶ παιδείᾳ καὶ ἐπανορθώσει
τοῦ βίου κατεστάθη πάντα ταῦτα ὑπὸ τῶν
παλαιῶν. Σὺ δ' ἐξαγγέλλεις αὐτὰ καὶ ἐξορχῇ παρὰ καιρόν, **16**
παρὰ τόπον, ἄνευ θυμάτων, ἄνευ ἁγνείας· οὐκ ἐσθῆτα
ἔχεις ἣν δεῖ τὸν ἱεροφάντην, οὐ κόμην, οὐ στρόφιον οἷον
δεῖ, οὐ φωνήν, οὐχ ἡλικίαν, οὐχ ἥγνευκας ὡς ἐκεῖνος,
ἀλλ' αὐτὰς μόνας τὰς φωνὰς ἀνειληφὼς λέγεις. Ἱεραί εἰσιν
αἱ φωναὶ αὐταὶ καθ' αὑτάς;

Ἄλλον τρόπον δεῖ ἐπὶ ταῦτα ἐλθεῖν· μέγα ἐστὶ τὸ **17**
πρᾶγμα, μυστικόν ἐστιν, οὐχ ὡς ἔτυχεν οὐδὲ τῷ τυχόντι
δεδομένον. Ἀλλ' οὐδὲ σοφὸν εἶναι τυχὸν ἐξαρκεῖ πρὸς **18**
τὸ ἐπιμεληθῆναι νέων· δεῖ δὲ καὶ προχειρότητά τινα
εἶναι καὶ ἐπιτηδειότητα πρὸς τοῦτο, νὴ τὸν Δία, καὶ
σῶμα ποιὸν καὶ πρὸ πάντων τὸν θεὸν συμβουλεύειν ταύτην
τὴν χώραν κατασχεῖν, ὡς Σωκράτει συνεβούλευεν τὴν **19**
ἐλεγκτικὴν χώραν ἔχειν, ὡς Διογένει τὴν βασιλικὴν καὶ
ἐπιπληκτικήν, ὡς Ζήνωνι τὴν διδασκαλικὴν καὶ δογματικήν.
Σὺ δ' ἰατρεῖον ἀνοίγεις ἄλλο οὐδὲν ἔχων ἢ φάρμακα, **20**
ποῦ δὲ ἢ πῶς ἐπιτίθεται ταῦτα, μήτε εἰδὼς μήτε
πολυπραγμονήσας.

---

2 τόπον: τόπον τινὰ Upt. ‖ ταῦτα: ταὐτὰ Oldfather ‖ post
καιρόν sign. interr. pos. Upt. ‖ 3 Μὴ scripsi: καὶ codd. καὶ μὴ
Upt. οὐ· ἀλλὰ καὶ Oldfather ‖ δὲ: δεῖ Kron. ‖ 5 παλαιοῖς; οὕτως
Upt.: παλαιοῖς. οὕτως codd. ‖ οὕτως: ὅταν susp. Schw. ‖
6 ἐρχόμεθα: ἐρχώμεθα susp. Schw. ‖ 9 ἁγνείας Upt. cod.: ὑγιείας
SPVBFJ ‖ 10 κόμην: κώμην S ‖ 13 post αὑτάς sign. interr. pos.
Schw.

21 — Vois les collyres qu'a cet individu. Moi aussi j'ai les mêmes.

— As-tu donc aussi le talent de t'en servir? Sais-tu
22 quand et comment et à qui ils feront du bien? Pourquoi donc s'en fier aux dés en des matières d'extrême importance? Pourquoi agir si légèrement? Pourquoi entreprendre une affaire qui ne te convient nullement? Laisse-la aux gens capables, à ceux qui savent la diriger. Ne va pas, toi aussi, déshonorer par ta faute la philosophie et te ranger parmi ceux qui décrient la profession.
23 Que si les doctrines philosophiques te séduisent, assieds-toi et médite-les en toi-même, mais ne t'appelle jamais philosophe et ne souffre pas qu'un autre te donne ce nom. Dis plutôt: « Il s'est trompé, car mes désirs ne diffèrent pas de ceux que j'avais auparavant, ni mes propensions ne sont différentes, ni mes assentiments; en un mot, dans l'usage que je fais de mes représentations, je n'ai point
24 changé du tout d'avec mon état précédent. » Pense et prononce ainsi sur toi-même, si tu veux penser juste. Sinon, joue aux dés et continue à agir comme tu le fais, car c'est bien digne de toi.

— Ἰδοὺ ἐκεῖνος κολλύρια. Ταὐτὰ κἀγὼ ἔχω.   21

— Μή τι οὖν καὶ τὴν δύναμιν τὴν χρηστικὴν αὐτοῖς; μή τι οἶδας καὶ πότε καὶ πῶς ὠφελήσει καὶ τίνα; Τί οὖν 22 κυβεύεις ἐν τοῖς μεγίστοις, τί ῥᾳδιουργεῖς, τί ἐπιχειρεῖς πράγματι μηδέν σοι προσήκοντι; ἄφες αὐτὸ τοῖς δυναμένοις, τοῖς κοσμοῦσι. Μὴ προστρίβου καὶ αὐτὸς αἶσχος φιλοσοφίᾳ διὰ σαυτοῦ, μηδὲ γίνου μέρος τῶν διαβαλλόντων τὸ ἔργον. Ἀλλὰ εἴ σε ψυχαγωγεῖ τὰ θεωρήματα, καθήμενος 23 αὐτὰ στρέφε αὐτὸς ἐπὶ σεαυτοῦ· φιλόσοφον δὲ μηδέποτ᾽ εἴπῃς σεαυτὸν μηδ᾽ ἄλλου ἀνάσχῃ λέγοντος, ἀλλὰ λέγε· « Πεπλάνηται· ἐγὼ γὰρ οὔτ᾽ ὀρέγομαι ἄλλως ἢ πρότερον οὐδ᾽ ὁρμῶ ἐπ᾽ ἄλλα οὐδὲ συγκατατίθεμαι ἄλλοις οὐδ᾽ ὅλως ἐν χρήσει φαντασιῶν παρήλλαχά τι ἀπὸ τῆς πρότερον καταστάσεως. » Ταῦτα φρόνει καὶ λέγε περὶ σεαυτοῦ, εἰ 24 θέλεις τὰ κατ᾽ ἀξίαν φρονεῖν· εἰ δὲ μή, κύβευε καὶ ποίει ἃ ποιεῖς. Ταῦτα γάρ σοι πρέπει.

1 κολλύρια. Ταὐτὰ κἀγὼ Upt.: ταῦτα. κολλύρια κἀγὼ codd. ταῦτα κολλύρια κἀγὼ Salm. ταὐτὰ κολλύρια κἀγὼ Schw. ταῦτα τὰ κολλύρια· κἀγὼ Cor. ταῦτα, κολλύρια· κἀγὼ uel susp. μαλάγματα. κολλύρια κἀγὼ Schenkl ǁ 11 οὔτ᾽: οὐκ susp. Schenkl ǁ 12 οὐδ᾽: οὔθ᾽ Cor.

Chapitre XXII

De la profession de Cynique.

1 **La profession de Cynique est une vocation.** Un de ses disciples, qui paraissait avoir du penchant pour la profession de Cynique, lui demandait : « Quelle sorte d'homme doit être le Cynique, et comment faut-il concevoir cette profession ? »

2 — Nous examinerons la chose à loisir [répondit Épictète], mais tout ce que je puis te dire, c'est que celui qui entreprend, sans l'aide de Dieu, une affaire aussi importante, encourt la colère divine et ne veut pas autre chose

3 que se couvrir de honte aux yeux de tous. Car personne n'entre dans une maison bien ordonnée en se disant : « Il faut que j'en sois l'intendant. » Sans quoi, quand le maître survient et le voit distribuer insolemment des ordres, il le

4 tire dehors et lui administre une sévère correction. Ainsi en arrive-t-il également dans cette grande cité. Car là aussi il y a un maître de maison qui distribue des ordres

5 à tous les êtres en particulier : « Toi, tu es le soleil : tu peux faire, dans ta révolution, l'année et ses saisons, donner aux fruits leur croissance et leur nourriture, soulever et calmer les vents, réchauffer, suivant une juste mesure, les corps humains ; va, accomplis ta révolution et mets ainsi en mouvement toutes choses, depuis les plus

6 grandes jusqu'aux plus petites. Toi, tu es un jeune veau : quand le lion paraît, joue ton rôle ; sinon, tu t'en repentiras. Toi, tu es un taureau, porte-toi en avant et combats, car

7 c'est ton affaire, cela te convient et tu en es capable. Toi, tu es capable de commander l'armée contre Ilion : sois Agamemnon. Toi, tu es capable de te battre contre Hector

κβ'

Περὶ Κυνισμοῦ.

Πυθομένου δὲ τῶν γνωρίμων τινὸς αὐτοῦ, ὃς ἐφαίνετο 1
ἐπιρρεπῶς ἔχων πρὸς τὸ κυνίσαι· «Ποῖόν τινα εἶναι δεῖ
τὸν κυνίζοντα καὶ τίς ἡ πρόληψις ἡ τοῦ πράγματος;»
— Σκεψόμεθα κατὰ σχολήν. Τοσοῦτον δ' ἔχω σοι εἰπεῖν, 2
ὅτι ὁ δίχα θεοῦ τηλικούτῳ πράγματι ἐπιβαλλόμενος θεοχό-
λωτός ἐστι καὶ οὐδὲν ἄλλο ἢ δημοσίᾳ θέλει ἀσχημονεῖν.
Οὐδὲ γὰρ ἐν οἰκίᾳ καλῶς οἰκουμένῃ παρελθών τις αὐτὸς 3
ἑαυτῷ λέγει· «Ἐμὲ δεῖ οἰκονόμον εἶναι»· εἰ δὲ μή, ἐπι-
στραφεὶς ὁ κύριος καὶ ἰδὼν αὐτὸν σοβαρῶς διατασσόμενον,
ἑλκύσας ἔτεμεν. Οὕτως γίνεται καὶ ἐν τῇ μεγάλῃ ταύτῃ 4
πόλει. Ἔστι γάρ τις καὶ ἐνθάδ' οἰκοδεσπότης ἕκαστα
διατάσσων. «Σὺ ἥλιος εἶ· δύνασαι ∥ περιερχόμενος ἐνιαυτὸν 5
ποιεῖν καὶ ὥρας καὶ τοὺς καρποὺς αὔξειν καὶ τρέφειν καὶ
ἀνέμους κινεῖν καὶ ἀνιέναι καὶ τὰ σώματα τῶν ἀνθρώπων
θερμαίνειν συμμέτρως· ὕπαγε, περιέρχου καὶ οὕτως διακίνει ἀπὸ τῶν μεγίστων ἐπὶ τὰ μικρότατα. Σὺ μοσχάριον εἶ· 6
ὅταν ἐπιφανῇ λέων, τὰ σαυτοῦ πρᾶσσε· εἰ δὲ μή, οἰμώξεις. Σὺ ταῦρος εἶ, προσελθὼν μάχου· σοὶ γὰρ τοῦτο ἐπι-
βάλλει καὶ πρέπει καὶ δύνασαι αὐτὸ ποιεῖν. Σὺ δύνασαι 7
ἡγεῖσθαι τοῦ στρατεύματος ἐπὶ Ἴλιον· ἴσθι Ἀγαμέμνων.

4 τινα : τι S (corr. S$_c$) ∥ 6 Σκεψόμεθα : σκεψώμεθα edd. ∥ κατά :
ἔφη κατὰ S$_c$PVBFJ ∥ σοι : σοι νῦν J ∥ 8 θέλει : μέλλει Elter ∥
10 ἑαυτῷ : αὑτῷ Upt. ∥ 12 ἔτεμεν : ἀτίμα (forte uoluit ἠτίμα)
Upt. ∥ 14 διατάσσων PJ : ὁ διατάσσων i. m. SVF om. B ∥
17-18 διακίνει : διακόνει Wolf διανέμει Reiske διαβαίνει Kron. ∥
18 τὰ : τὸ PJ ∥ 19-20 οἰμώξεις : οἰμώξῃς VBF ∥ 20 σοὶ J : σὺ SVBF.

8 en combat singulier : sois Achille. » Mais si Thersite[1] s'était présenté et avait revendiqué le commandement, ou il ne l'aurait pas obtenu, ou, s'il l'avait obtenu, il se serait couvert de honte devant une multitude de témoins.

9 *L'habit ne fait pas le Cynique.* Pour toi, examine l'affaire avec soin. Elle n'est pas ce que tu crois.
10 — Je porte déjà un manteau grossier, alors aussi j'en porterai un. Je couche déjà sur la dure, alors aussi j'y coucherai. Je prendrai, en outre, une misérable besace et un bâton, et j'entreprendrai mes courses, mendiant et injuriant les passants. Et si je vois quelqu'un s'épiler, je le réprimanderai, de même celui dont la chevelure serait trop bien soignée ou qui irait se pavanant dans des habits écarlates.
11 — Si c'est ainsi que tu te représentes l'affaire, éloigne-t'en ; ne t'en approche pas, elle n'a rien à faire avec toi.
12 Mais si tu te la représentes telle qu'elle est et ne te juges pas toi-même indigne d'elle, considère quelle en est la grandeur.

13 *Le Cynique ne doit rien cacher de sa vie.* Tout d'abord, pour ce qui te concerne personnellement, il te faut changer complètement ta manière actuelle d'agir, n'accuser ni Dieu, ni homme ; il te faut supprimer entièrement tes désirs, ne chercher à éviter que ce qui dépend de toi, n'avoir ni colère, ni ressentiment, ni envie, ni pitié ; ne trouver belle aucune jouvencelle ni aucune gloriole, ni beau aucun
14 garçonnet, ni bonne aucune friandise. Car il faut bien que tu saches ceci : les autres hommes se mettent à l'abri de leurs murs et de leurs maisons et des ténèbres pour accomplir les actions de ce genre, et ils ont mille moyens pour les cacher : on tient sa porte fermée, on a quelqu'un posté devant sa chambre à coucher : « Si quelqu'un vient, dis : il est dehors,
15 il n'est pas libre. » Mais le Cynique, au lieu de toutes ces

---

1. Sur Thersite, voir *Iliade*, II, 212-270. Il est présenté comme « l'homme le plus laid et le plus lâche qui soit venu sous Ilion » (216, 248). Il s'attaque à Achille, à Ulysse et à Agamemnon,

Σὺ δύνασαι τῷ Ἕκτορι μονομαχῆσαι· ἴσθι Ἀχιλλεύς.» Εἰ 8
δὲ Θερσίτης παρελθὼν ἀντεποιεῖτο τῆς ἀρχῆς, ἢ οὐκ ἂν
ἔτυχεν ἢ τυχὼν ἂν ἠσχημόνησεν ἐν πλείοσι μάρτυσι.

Καὶ σὺ βούλευσαι περὶ πράγματος ἐπιμελῶς· οὐκ ἔστιν 9
οἷον δοκεῖ σοι.

— Τριβώνιον καὶ νῦν φορῶ καὶ τόθ' ἕξω, κοιμῶμαι καὶ 10
νῦν σκληρῶς καὶ τότε κοιμήσομαι, πηρίδιον προσλήψομαι καὶ
ξύλον καὶ περιερχόμενος αἰτεῖν ἄρξομαι, τοὺς ἀπαντῶντας
λοιδορεῖν· κἂν ἴδω τινὰ δρωπακιζόμενον, ἐπιτιμήσω αὐτῷ,
κἂν τὸ κόμιον πεπλακότα ἢ ἐν κοκκίνοις περιπατοῦντα.

— Εἰ τοιοῦτόν τι φαντάζῃ τὸ πρᾶγμα, μακρὰν ἀπ' αὐτοῦ· 11
μὴ προσέλθῃς, οὐδέν ἐστι πρὸς σέ. Εἰ δ' οἷόν ἐστι φαντα- 12
ζόμενος οὐκ ἀπαξιοῖς σεαυτόν, σκέψαι ἡλίκῳ πράγματι
ἐπιχειρεῖς.

Πρῶτον ἐν τοῖς κατὰ σαυτὸν οὐκέτι δεῖ σε ὅμοιον ἐν 13
οὐδενὶ φαίνεσθαι οἷς νῦν ποιεῖς, οὐ θεῷ ἐγκαλοῦντα, οὐκ
ἀνθρώπῳ· ὄρεξιν ἆραί σε δεῖ παντελῶς, ἔκκλισιν ἐπὶ
μόνα μεταθεῖναι τὰ προαιρετικά· σοὶ μὴ ὀργὴν εἶναι, μὴ
μῆνιν, μὴ φθόνον, μὴ ἔλεον· μὴ κοράσιόν ‖ σοι φαίνεσθαι
καλόν, μὴ δοξάριον, μὴ παιδάριον, μὴ πλακουντάριον.
Ἐκεῖνο γὰρ εἰδέναι σε δεῖ, ὅτι οἱ ἄλλοι ἄνθρωποι τοὺς 14
τοίχους προβέβληνται καὶ τὰς οἰκίας καὶ τὸ σκότος,
ὅταν τι τῶν τοιούτων ποιῶσιν, καὶ τὰ κρύψοντα πολλὰ
ἔχουσιν. Κέκλεικε τὴν θύραν, ἔστακέν τινα πρὸ τοῦ κοιτῶ-
νος· «Ἄν τις ἔλθῃ, λέγε ὅτι ἔξω ἐστίν, οὐ σχολάζει.» Ὁ 15

3 μάρτυσι om. PVJ. ‖ 4 σὺ βούλευσαι Upt. cod. et γρ i. m. Est.:
συμβουλεῦσαι SPVBFJ ‖ περὶ: περὶ τοῦ Reiske ‖ 6 τόθ' Schenkl:
τότ' S τότε S_ePVBFJ ‖ ἕξω Salm.: ἔξω codd. ‖ 8-9 καὶ τοὺς
ἀπαντῶντας λοιδορεῖν uel τοὺς ἀπαντῶντας λοιδορῶν Upt. ‖ 17 ἆραί
σε: ἀρέσαι codd. ἐράσαι Meib. αἱρῆσαί σε Reiske² ‖ 21 σε om.
PJ. ‖ 24 Κέκλεικε PJ: κέκλικε SVB κέκληκε F ‖ ἔστακέν Wolf:
ἔσταχέν S ἐστακέναι S ex corr. et F ἐστακέναι PVB ἔστησέ Upt.
cod. J ‖ 25 λέγε: λέγει J ex corr.

protections, doit s'abriter derrière sa réserve; sinon, c'est dans sa nudité et au grand jour qu'il étalera son indécence. Voilà sa maison à lui, voilà sa porte, voilà les gardes
16 de sa chambre à coucher, voilà ses ténèbres. Non, il ne doit rien vouloir cacher de ce qui le concerne (sans quoi, il a disparu, il a détruit en lui le Cynique, l'homme qui vit au grand jour, l'homme libre, il a commencé à craindre quelque objet extérieur, il a commencé à avoir besoin qu'on le cache), et quand il le veut, il ne le peut. Où,
17 en effet, se cacher et comment? Or si, par hasard, il vient à être pris, lui, l'éducateur universel, le pédagogue,
18 ce qu'il doit souffrir ! Avec toutes ces craintes, est-il donc capable de mettre tout son courage et tout son cœur à diriger les autres? Il n'y a pas moyen, c'est impossible.

19 *Un programme de vie.* Tu dois, par conséquent, commencer par rendre pure la partie maîtresse de ton âme et réaliser le pro-
20 gramme de vie suivant : « Désormais, la matière sur laquelle je dois travailler, c'est ma pensée, tout comme celle du charpentier, c'est le bois; celle du cordonnier, le cuir; et mon travail consiste à user de mes représentations avec
21 rectitude. Le misérable corps n'est rien pour moi; ses membres non plus ne sont rien pour moi. La mort? Qu'elle vienne quand elle voudra, la mort de l'être tout entier ou
22 d'une de ses parties. L'exil? Et où peut-on m'expulser? Hors du monde, on ne le peut. Mais, partout où j'irai, il y aura le soleil, la lune, les astres, les songes, les présages, la conversation avec les dieux. »

23 *Le Cynique, messager des Dieux.* Puis, ainsi préparé, le véritable Cynique ne peut se contenter de cela, mais il doit savoir qu'il a été aussi envoyé aux hommes par Zeus en qualité de messager, pour leur montrer qu'au sujet des biens et des maux, ils sont entièrement dans l'erreur et

traite les autres de lâches et de poltrons, mais dès qu'Ulyssse le malmène, il prend peur et se met à pleurer. C'est le type même du fanfaron.

Κυνικὸς δ' ἀντὶ πάντων τούτων ὀφείλει τὴν αἰδῶ προβεβλῆσθαι· εἰ δὲ μή, γυμνὸς καὶ ἐν ὑπαίθρῳ ἀσχημονήσει. Τοῦτο οἰκία ἐστὶν αὐτῷ, τοῦτο θύρα, τοῦτο οἱ ἐπὶ τοῦ κοιτῶνος, τοῦτο σκότος. Οὔτε γὰρ θέλειν τι δεῖ ἀποκρύπτειν αὐτὸν τῶν ἑαυτοῦ (εἰ δὲ μή, ἀπῆλθεν, ἀπώλεσε τὸν Κυνικόν, τὸν ὕπαιθρον, τὸν ἐλεύθερον, ἦρκταί τι τῶν ἐκτὸς φοβεῖσθαι, ἦρκται χρείαν ἔχειν τοῦ ἀποκρύψοντος) οὔτε ὅταν θέλῃ δύναται. Ποῦ γὰρ αὐτὸν ἀποκρύψῃ ἢ πῶς; Ἂν δ' ἀπὸ τύχης ἐμπέσῃ ὁ παιδευτὴς ὁ κοινός, ὁ παιδαγωγός, οἷα πάσχειν ἀνάγκη; ταῦτ' οὖν δεδοικότα ἐπιθαρρεῖν οἷόν τ' ἔτι ἐξ ὅλης ψυχῆς ἐπιστατεῖν τοῖς ἄλλοις ἀνθρώποις; ἀμήχανον, ἀδύνατον.

Πρῶτον οὖν τὸ ἡγεμονικόν σε δεῖ τὸ σαυτοῦ καθαρὸν ποιῆσαι καὶ τὴν ἔνστασιν ταύτην· «Νῦν ἐμοὶ ὕλη ἐστὶν ἡ ἐμὴ διάνοια, ὡς τῷ τέκτονι τὰ ξύλα, ὡς τῷ σκυτεῖ τὰ δέρματα· ἔργον δ' ὀρθὴ χρῆσις τῶν φαντασιῶν. Τὸ σωμάτιον δὲ οὐδὲν πρὸς ἐμέ· τὰ τούτου μέρη οὐδὲν πρὸς ἐμέ. Θάνατος; ἐρχέσθω, ὅταν θέλῃ, εἴτε ὅλου εἴτε μέρους τινός. Φυγή; καὶ ποῦ δύναταί τις ἐκβαλεῖν; ἔξω τοῦ κόσμου οὐ δύναται. Ὅπου δ' ἂν ἀπέλθω, ἐκεῖ ἥλιος, ἐκεῖ σελήνη, ἐκεῖ ἄστρα, ἐνύπνια, οἰωνοί, ἡ πρὸς θεοὺς ὁμιλία.»

Εἶθ' οὕτως παρασκευασάμενον οὐκ ἔστι τούτοις ἀρκεῖσθαι τὸν ταῖς ἀληθείαις Κυνικόν, ἀλλ' εἰδέναι δεῖ ὅτι ἄγγελος ἀπὸ τοῦ Διὸς ἀπέσταλται πρὸς τοὺς ἀνθρώπους περὶ ἀγαθῶν καὶ κακῶν ὑποδείξων αὐτοῖς ὅτι πεπλά-

---

7 ἐκτός Wolf : ἐντός codd. ‖ 8 αὑτὸν edd. : αὐτὸν codd. ‖ 9 ἀπὸ τύχης ἐμπέσῃ : ἀπὸ τύχηις ἐμπέσηι S ἀποτυχῆι ἐμπέσῃ Upt. cod. ἀποτυχῇ ἐμπεσών (uel περι-) susp. Upt. ‖ 10-11 ἐπιθαρρεῖν : ἔτι θαρρεῖν Reiske ‖ ἔτι : ἐστὶν B Reiske ‖ 14 καὶ : κατὰ susp. Schw. ‖ 19 Φυγή Upt. : φεῦγε codd. ‖ ποῦ δύναταί Schenkl : ποῦ; δύναταί codd. ‖ ἐκβαλεῖν; ἔξω Kron. : ἐκβαλεῖν ἔξω codd. ‖ 20 κόσμου οὐ Kron. : κόσμου; οὐ codd. ‖ ἥλιος : ὁ ἥλιος B ‖ 21 σελήνη : ἡ σελήνη B ‖ 24 πρὸς J : καὶ πρὸς SVBF καὶ κήρυξ πρὸς susp. Schw. καὶ κατάσκοπος πρός Kron.

qu'ils cherchent ailleurs la nature du bien et du mal, là où elle ne se trouve pas, mais que, là où elle est, ils ne 24 songent pas à la chercher; il doit savoir qu'à l'exemple de Diogène, envoyé à Philippe après la bataille de Chéronée, il doit être un éclaireur[1]. En réalité, le Cynique est bien pour les hommes un éclaireur de ce qui leur est 25 favorable et de ce qui leur est hostile. Et il doit explorer d'abord avec exactitude, puis revenir annoncer la vérité, sans se laisser paralyser par la crainte au point de signaler comme ennemis ceux qui ne le sont pas et sans se laisser troubler ou brouiller l'esprit de quelque autre manière par les représentations.

26

Exhortation du Cynique.

Il doit donc être capable, si l'occasion se présente, d'élever la voix et de monter sur la scène tragique pour répéter le discours de Socrate : « Hélas ! hommes, où vous laissez-vous emporter[2] ? Que faites-vous, malheureux ? Comme des aveugles, vous roulez de côté et d'autre; vous suivez une route étrangère après avoir quitté la véritable, vous cherchez ailleurs la paix et le bonheur, là où ils ne sont pas, et, quand un autre vous les montre, vous n'y 27 croyez pas non plus. Pourquoi les chercher au dehors? Dans le corps? ils n'y sont pas. Que si vous en doutez, voyez Myron, voyez Ophellius. Dans la fortune? ils n'y sont pas. Que si vous en doutez, voyez Crésus[3], voyez les riches d'aujourd'hui, de combien de lamentations leur vie est remplie ! Dans le pouvoir? ils n'y sont pas. Sans quoi, assurément, ceux qui ont été deux et trois fois consuls 28 devraient être heureux. Or ils ne le sont pas. Qui croirons-nous là-dessus? Vous, qui considérez leur situation du dehors et qui êtes éblouis par l'apparence extérieure, ou 29 eux-mêmes? Que disent-ils? Écoutez-les se lamenter, gémir, estimer que ces mêmes consulats et leur réputation et

---

1. Diogène Laërce, VI, 43.
2. Platon, *Clitophon*, 407 a.
3. Les auteurs diatribiques aimaient prendre comme exemple de l'instabilité de la fortune la destinée de Crésus. Pour les textes, voir André Oltramare, *Les origines de la diatribe romaine*, 1926, p. 62, n. 2; p. 212, n. 7.

νηνται καὶ ἀλλαχοῦ ζητοῦσι τὴν οὐσίαν τοῦ ἀγαθοῦ καὶ
τοῦ κακοῦ, ὅπου οὐκ ἔστιν, ὅπου δ᾽ ἔστιν οὐκ ἐνθυ-
μοῦνται, καὶ ὡς ὁ Διογένης ἀπαχθεὶς πρὸς Φίλιππον μετὰ 24
τὴν ἐν Χαιρωνείᾳ μάχην κατάσκοπος εἶναι. Τῷ γὰρ
ὄντι κατάσκοπός ἐστιν ὁ Κυνικὸς τοῦ τίνα ἐστὶ τοῖς
ἀνθρώποις φίλα καὶ τίνα πολέμια. Καὶ δεῖ αὐτὸν ἀκριβῶς 25
κατασκεψάμενον ἐλθόντ᾽ ἀπαγγεῖλαι τἀληθῆ μήθ᾽ ὑπὸ
φόβου ἐκπλαγέντα, ὥστε τοὺς μὴ ὄντας πολεμίους δεῖξαι,
μήτε τινὰ ἄλλον τρόπον ὑπὸ τῶν φαντασιῶν παραταραχθέντα ἢ συγχυθέντα.

Δεῖ οὖν αὐτὸν δύνασθαι ἀνατεινάμενον, ἂν οὕτως τύχῃ, 26
καὶ ἐπὶ σκηνὴν τραγικὴν ἀνερχόμενον λέγειν τὸ τοῦ
Σωκράτους· «Ἰὼ ἄνθρωποι, ποῖ φέρεσθε; τί ποιεῖτε,
ὦ ταλαίπωροι; ὡς τυφλοὶ ἄνω καὶ κάτω κυλίεσθε· ἄλλην
ὁδὸν ἀπέρχεσθε τὴν οὖσαν ἀπολελοιπότες, ἀλλαχοῦ ζητεῖτε τὸ εὔρουν καὶ τὸ εὐδαιμονικόν, ὅπου οὐκ ἔστιν, οὐδ᾽
ἄλλου δεικνύοντος πιστεύετε. Τί αὐτὸ ἔξω ζητεῖτε; Ἐν 27
σώματι οὐκ ἔστιν. Εἰ ἀπιστεῖτε, ἴδετε Μύρωνα, ἴδετε
Ὀφέλλιον. Ἐν κτήσει οὐκ ἔστιν. Εἰ δ᾽ ἀπιστεῖτε, ἴδετε
Κροῖσον, ἴδετε τοὺς νῦν πλουσίους, ὅσης οἰμωγῆς ὁ βίος
αὐτῶν μεστός ἐστιν. Ἐν ἀρχῇ οὐκ ἔστιν. Εἰ δὲ μή γε, ἔδει
τοὺς δὶς καὶ τρὶς ὑπάτους || εὐδαίμονας εἶναι· οὐκ εἰσὶ δέ.
Τίσιν περὶ τούτου πιστεύσομεν; ὑμῖν τοῖς ἔξωθεν τὰ 28
ἐκείνων βλέπουσιν καὶ ὑπὸ τῆς φαντασίας περιλαμπομέ-
νοις ἢ αὐτοῖς ἐκείνοις; Τί λέγουσιν; ἀκούσατε αὐτῶν, ὅταν 29
οἰμώζωσιν, ὅταν στένωσιν, ὅταν δι᾽ αὐτὰς τὰς ὑπατείας

---

3 καὶ ὡς: ὡς Wolf ὧς uel ὡς καὶ Kron. ‖ 4 μάχην: μάχην
ἔφασκε Meib. ‖ κατάσκοπος εἶναι: κατάσκοπός ἐστιν uel κατάσκοπον
εἶναι δεῖ Upt. ‖ 8 πολεμίους: πολεμίος S ‖ 9-10 παραταραχθέντα:
παραχθέντα i. m. Par. 1958 ταραχθέντα Kron. ‖ 13 Ἰὼ ἄνθρωποι
Schw.: ἰώνθρωποι SB ἰώνθρωποι PVF ὦ ἄνθρωποι B ex corr.
ὤνθρωποι Ambr. Ven. 251 ex corr. ὤνθρωποι Leopold ἄνθρωποι
J. ‖ 16 εὐδαιμονικόν Shaftesbury: ἡγεμονικόν codd. ‖ 18 Μύρωνα:
Μίλωνα Reiske ‖ 26 ὑπατείας PJ: ὑπατίας SVBF.

leur splendeur leur procurent plus de misères et de périls.
30 Ils ne sont pas dans la royauté. Sans quoi, Néron eût été heureux, ainsi que Sardanapale. Mais Agamemnon lui-même n'était pas heureux, bien qu'il fût un homme meilleur que Sardanapale et que Néron. Or, tandis que les autres ronflent, lui, que fait-il?

Il arrache à poignées de sa tête ses cheveux plantés drus.
Et comment s'exprime-t-il?

Je vais et viens,

dit-il, et :

Mon esprit est troublé, et hors de ma poitrine,
Mon cœur bondit.[1] »

31 Malheureux! De tes affaires, laquelle est en mauvais état? Ta fortune? Elle ne l'est pas. Ton corps? Il ne l'est pas. Mais « tu es riche en or et en bronze[2] ». Qu'est-ce qui va donc mal chez toi? Cela précisément, quoi que ce puisse être, a été négligé en toi et s'est gâté, ce par quoi nous désirons quelque chose ou nous en détournons, par quoi nous éprouvons des propensions ou des répulsions.
32 Comment cette faculté a-t-elle été négligée? Elle ignore la nature du bien pour lequel elle est faite, ainsi que la nature du mal, et ce qui proprement la concerne et ce qui lui est étranger. Et quand quelqu'une de ces choses qui lui sont étrangères se trouve en mauvais état, elle dit :

33 — Malheur à moi! car les Grecs sont en danger.
— Misérable faculté maîtresse, seule négligée, privée de tout soin!
— Ils vont périr sous les coups des Troyens!
— Mais si les Troyens ne les font point périr, ne mourront-ils point, peut-être?
— Si, mais pas tous à la fois.
— Où donc est la différence? Car si mourir est un mal,

---

1. Homère, *Iliade* X, 15, 91, 94-95.
2. Homère, *Iliade*, XVIII, 289.

καὶ τὴν δόξαν καὶ τὴν ἐπιφάνειαν ἀθλιώτερον οἴωνται καὶ ἐπικινδυνότερον ἔχειν. Ἐν βασιλείᾳ οὐκ ἔστιν. Εἰ δὲ μή, Νέρων ἂν εὐδαίμων ἐγένετο καὶ Σαρδανάπαλλος. Ἀλλ᾽ οὐδ᾽ Ἀγαμέμνων εὐδαίμων ἦν καίτοι κομψότερος ὢν Σαρδαναπάλλου καὶ Νέρωνος, ἀλλὰ τῶν ἄλλων ῥεγχόντων ἐκεῖνος τί ποιεῖ;

πολλὰς ἐκ κεφαλῆς προθελύμνους ἕλκετο χαίτας.

Καὶ αὐτὸς τί λέγει;

πλάζομαι ὧδε,

φησίν, καὶ

ἀλαλύκτημαι· κραδίη δέ μοι ἔξω στηθέων ἐκθρῴσκει.

Τάλας, τί τῶν σῶν ἔχει κακῶς; Ἡ κτῆσις; οὐκ ἔχει. Τὸ σῶμα; οὐκ ἔχει. Ἀλλὰ πολύχρυσος εἶ καὶ πολύχαλκος· τί οὖν σοι κακόν ἐστιν; Ἐκεῖνο, ὅ τι ποτέ, ἠμέληταί σου καὶ κατέφθαρται, ᾧ ὀρεγόμεθα, ᾧ ἐκκλίνομεν, ᾧ ὁρμῶμεν καὶ ἀφορμῶμεν. Πῶς ἠμέληται; ἀγνοεῖ τὴν οὐσίαν τοῦ ἀγαθοῦ πρὸς ἣν πέφυκε καὶ τὴν τοῦ κακοῦ καὶ τί ἴδιον ἔχει καὶ τί ἀλλότριον. Καὶ ὅταν τι τῶν ἀλλοτρίων κακῶς ἔχῃ, λέγει·

— Οὐαί μοι, οἱ γὰρ Ἕλληνες κινδυνεύουσι.

— Ταλαίπωρον ἡγεμονικὸν καὶ μόνον ἀτημέλητον καὶ ἀθεράπευτον.

— Μέλλουσιν ἀποθνῄσκειν ὑπὸ τῶν Τρώων ἀναιρεθέντες.

— Ἂν δ᾽ αὐτοὺς οἱ Τρῶες μὴ ἀποκτείνωσιν, οὐ μὴ ἀποθάνωσιν;

— Ναί, ἀλλ᾽ οὐχ᾽ ὑφ᾽ ἓν πάντες.

— Τί οὖν διαφέρει; εἰ γὰρ κακόν ἐστι τὸ ἀποθανεῖν, ἄν τε

---

2 ἐπικινδυνότερον J : — νώτερον SPVBF || 5 ῥεγχόντων : ῥεγχόντων S ex corr. rec. || 13 τί (ι in ras.) S || 13-14 Τὸ — ἔχει post 14 πολύχαλκος transp. Capps || 15 ὅ τι ποτέ : τὸ τί ποτε Blass.

que ce soit tous à la fois ou l'un après l'autre, c'est également un mal. Doit-il se produire autre chose que la séparation du misérable corps et de l'âme?

— Rien.

34 — Mais pour toi, si les Grecs périssent, la porte reste-t-elle fermée [1]? N'est-il point possible de mourir?

— C'est possible.

— Pourquoi donc te lamenter? « Oh! un roi et qui tient le sceptre de Zeus! » Un roi ne tombe pas dans le 35 malheur, pas plus que n'y tombe un dieu. Qu'es-tu donc? Un berger, en vérité, car tu te lamentes comme les bergers quand un loup leur enlève un de leurs moutons, et ce 36 sont bien là des moutons, ceux que tu gouvernes. Mais pourquoi es-tu venu? Serait-ce que chez vous la faculté de désir était en péril, ou celle d'aversion, ou vos propensions, ou vos répulsions?

— Non, dit-il, mais la femmelette de mon frère a été enlevée.

37 — N'est-ce donc pas un grand gain d'être délivré d'une femmelette adultère?

— Devrons-nous donc subir les mépris des Troyens?

— Qui sont-ils? Des hommes sages ou des insensés? Si ce sont des hommes sages, pourquoi les combattez-vous? Si ce sont des insensés, pourquoi vous en préoccuper?

38 — Où donc est le bien, puisqu'il ne se trouve pas dans ces objets? Dis-le-nous, seigneur messager et éclaireur.

— Là où vous ne l'attendez pas et ne voulez pas le chercher. Car si vous le vouliez, vous l'auriez trouvé en vous; vous ne vous égareriez pas au dehors et ne rechercheriez pas tout ce qui vous est étranger 39 comme autant de biens propres. Revenez en vous-mêmes, comprenez les prénotions que vous portez en vous. Quelle sorte de réalité vous représentez-vous comme le bien? La sérénité, le bonheur, l'absence de contrainte. Eh bien! ne vous le représentez-vous pas comme une réalité naturellement grande? Ne vous le représentez-vous pas comme une réalité précieuse? Ne vous le représentez-vous pas

---

1. Epictète veut dire qu'Agamemnon peut se donner la mort

ΙΙΙ 22, 33   ΔΙΑΤΡΙΒΑΙ   75

ὁμοῦ ἄν τε καθ᾽ ἕνα ὁμοίως κακόν ἐστιν. Μή τι ‖ ἄλλο τι
μέλλει γίνεσθαι ἢ τὸ σωμάτιον χωρίζεσθαι καὶ ἡ ψυχή;
— Οὐδέν.
— Σοὶ δὲ ἀπολλυμένων τῶν Ἑλλήνων ἡ θύρα κέκλεισται; 34
οὐκ ἔξεστιν ἀποθανεῖν;
— Ἔξεστιν.
— Τί οὖν πενθεῖς; «Οὐᾶ, βασιλεὺς καὶ τὸ τοῦ Διὸς
σκῆπτρον ἔχων.» Ἀτυχὴς βασιλεὺς οὐ γίνεται· οὐ μᾶλλον
ἢ ἀτυχὴς θεός. Τί οὖν εἶ; ποιμὴν ταῖς ἀληθείαις· οὕτως 35
γὰρ κλάεις ὡς οἱ ποιμένες, ὅταν λύκος ἁρπάσῃ τι τῶν
προβάτων αὐτῶν· καὶ οὗτοι δὲ πρόβατά εἰσιν οἱ ὑπὸ
σοῦ ἀρχόμενοι. Τί δὲ καὶ ἦρχου; μή τι ὄρεξις ὑμῖν ἐκιν- 36
δυνεύετο, μή τι ἔκκλισις, μή τι ὁρμή, μή τι ἀφορμή;
— Οὔ, φησίν, ἀλλὰ τοῦ ἀδελφοῦ μου τὸ γυναικάριον
ἡρπάγη.
— Οὐκ οὖν κέρδος μέγα στερηθῆναι μοιχικοῦ γυναικαρίου; 37
— Καταφρονηθῶμεν οὖν ὑπὸ τῶν Τρώων;
— Τίνων ὄντων; φρονίμων ἢ ἀφρόνων; εἰ φρονίμων, τί
αὐτοῖς πολεμεῖτε; εἰ ἀφρόνων, τί ὑμῖν μέλει;
— Ἐν τίνι οὖν ἔστι τὸ ἀγαθόν, ἐπειδὴ ἐν τούτοις 38
οὐκ ἔστιν; εἰπὲ ἡμῖν, κύριε ἄγγελε καὶ κατάσκοπε.
— Ὅπου οὐ δοκεῖτε οὐδὲ θέλετε ζητῆσαι αὐτό. Εἰ γὰρ
ἠθέλετε, εὕρετε ἂν αὐτὸ ἐν ὑμῖν ὂν οὐδ᾽ ἂν ἔξω ἐπλάζεσθε
οὐδ᾽ ἂν ἐζητεῖτε τὰ ἀλλότρια ὡς ἴδια. Ἐπιστρέψατε αὐτοὶ 39
ἐφ᾽ ἑαυτούς, καταμάθετε τὰς προλήψεις ἃς ἔχετε. Ποῖόν
τι φαντάζεσθε τὸ ἀγαθόν; τὸ εὔρουν, τὸ εὐδαιμονικόν, τὸ
ἀπαραπόδιστον. Ἄγε, μέγα δ᾽ αὐτὸ φυσικῶς οὐ φαντάζεσθε; ἀξιόλογον οὐ φαντάζεσθε; ἀβλαβὲς οὐ φαντάζεσθε;

1 prius τι: τοι Upt. cod. ‖ 7 Οὐᾶ: οὐαί ed. Bas. ‖ καὶ del.
Eitrem. ‖ 16 Οὐκ οὖν Schw.: οὐκοῦν codd. ‖ 18 ὄντων del. Upt. ‖
φρονίμων: φρονίμων ὄντων PJ ‖ 19 εἰ: εἰ δὲ PJ ‖ 24 Ἐπιστρέψατε:
— ψαται (— τε ex corr.) S ‖ 27 post ἀπαραπόδιστον sign. interr.
pos. Kron. ‖ μέγα Wolf: μετὰ codd. ‖ 27-28 φαντάζεσθε: — ζεσθαι
(— θε ex corr.) S.

40 comme une réalité à l'abri de toute atteinte? En quelle matière faut-il donc chercher la sérénité et l'absence de contrainte? Dans la matière serve ou dans la matière libre?

— Dans la matière libre.

— Eh bien! votre misérable corps, le possédez-vous libre ou serf?

— Nous ne le savons pas.

— Vous ne savez pas qu'il est esclave de la fièvre, de la goutte, de l'ophtalmie, de la dysenterie, d'un tyran, du feu, du fer, de tout ce qui est plus fort que lui?

— Oui, il en est esclave.

41 — Comment donc peut encore être libre de contrainte quoi que ce soit qui appartienne au corps? Comment peut être grand ou précieux ce qui n'est par nature que cadavre, que de la terre, que de l'argile? Et alors? Ne possédez-vous rien qui soit libre?

— Peut-être rien.

42 — Mais qui peut vous forcer à donner votre assentiment à ce qui vous apparaît faux?

— Personne.

— Et à ne pas le donner à ce qui vous apparaît vrai?

— Personne.

— Vous voyez donc là qu'il y a en vous quelque chose
43 de naturellement libre. Mais qui d'entre vous peut désirer un objet ou s'en détourner, éprouver des propensions ou des répulsions, préparer ou se proposer quoi que ce soit sans se représenter ce qui est utile ou ce qui ne convient pas?

— Personne.

— Vous avez donc encore là quelque chose d'indépen-
44 dant et de libre. Malheureux, cultivez cela, prenez-en soin, cherchez là votre bien.

---

s'il juge indigne de vivre en de telles circonstances. En effet, Épictète permet le suicide comme moyen de sauvegarder sa dignité personnelle. « La porte est ouverte », a-t-il coutume de dire: I 9,20; I 24,20; I 25,18; II 1,19-20; II 8,6; II 13,14. Sur la question du suicide, voir Bonhöffer, *Die Ethik des stoikers Epictet*, pp. 29-39. Comparer Sénèque, *Lettres à Lucilius*, 26,10: *Liberum ostium habet*.

Ἐν ποίᾳ οὖν ὕλῃ δεῖ ζητεῖν τὸ εὔρουν καὶ ἀπαραπόδιστον;
ἐν τῇ δούλῃ ἢ ἐν τῇ ἐλευθέρᾳ;
— Ἐν τῇ ἐλευθέρᾳ.
— Τὸ σωμάτιον οὖν ἐλεύθερον ἔχετε ἢ δοῦλον;
— Οὐκ ἴσμεν.
— Οὐκ ἴστε ὅτι πυρετοῦ δοῦλόν ἐστιν, ποδάγρας, ὀφθαλμίας, δυσεντερίας, τυράννου, πυρός, σιδήρου, παντὸς τοῦ ἰσχυροτέρου;
— Ναὶ δοῦλον.
— Πῶς οὖν ἔτι ἀνεμπόδιστον εἶναί τι δύναται τῶν τοῦ σώματος; πῶς δὲ μέγα ἢ ἀξιόλογον τὸ φύσει νεκρόν, ἡ γῆ, ὁ πηλός; Τί οὖν; οὐδὲν ἔχετε ἐλεύθερον;
— Μήποτε οὐδέν.
— Καὶ τίς ὑμᾶς ἀναγκάσαι δύναται συγκαταθέσθαι τῷ ψευδεῖ φαινομένῳ;
— Οὐδείς.
— Τίς δὲ μὴ συγκαταθέσθαι τῷ φαινομένῳ ἀληθεῖ;
— Οὐδείς.
— Ἐνθάδ' οὖν ὁρᾶτε ὅτι ἔστι τι ἐν ὑμῖν ἐλεύθερον φύσει. Ὀρέγεσθαι δ' ἢ ἐκκλίνειν ἢ ὁρμᾶν ἢ ἀφορμᾶν ἢ παρασκευάζεσθαι ἢ προτίθεσθαι τίς ὑμῶν δύναται μὴ λαβὼν φαντασίαν λυσιτελοῦς ἢ μὴ καθήκοντος;
— Οὐδείς.
— Ἔχετε οὖν καὶ ἐν τούτοις ἀκώλυτόν τι καὶ ἐλεύθερον. Ταλαίπωροι, τοῦτο ἐξεργάζεσθε, τούτου ἐπιμέλεσθε, ἐνταῦθα ζητεῖτε τὸ ἀγαθόν.

9-10 Ναὶ δοῦλον. Πῶς οὖν Par. 1959 : ναί. δοῦλον πῶς οὖν SVBF ναί. δοῦλον οὖν πῶς J || 10 τῶν : τὸ Meib. || 12-13 ἐλεύθερον; Μήποτε οὐδέν : ἐλεύθερον, μὴ ἐμπόδιστον οὐδέν; Reiske || 15 ψευδεῖ φαινομένῳ : φαινομένῳ (i. m. ἀψευδεῖ) V φαινομένῳ ἀληθεῖ F || 17 Τίς — ἀληθεῖ om. F || 22 ἢ μὴ : ἢ Wolf ἢ μὴ λαβὼν φαντασίαν Upt. || 24 οὖν : οὖν τι Kron. || καὶ om. B || ἀκώλυτόν τι (uel τι ἀκώλυτον) Schw. : ἀκώλυτον codd.

45 *Le Cynique, modèle de l'homme heureux.* Et comment est-il possible à un homme qui n'a rien, ni vêtements, ni abri, ni foyer, qui vit dans la saleté, qui ne possède ni esclave ni
46 patrie, de passer ses jours avec sérénité? Voici que Dieu vous a envoyé quelqu'un pour vous montrer par l'exemple
47 que c'est possible. « Voyez-moi, je suis sans abri, sans patrie, sans ressources, sans esclaves[1]. Je dors sur la dure. Je n'ai ni femme, ni enfants, ni palais de gouverneur,
48 mais la terre seule et le ciel et un seul vieux manteau. Et qu'est-ce qui me manque? Ne suis-je pas sans chagrin et sans crainte, ne suis-je pas libre? Quand l'un de vous m'a-t-il vu frustré dans mes désirs ou rencontrant ce que je voulais éviter? Quand ai-je adressé des reproches à Dieu ou à un homme? Quand ai-je accusé quelqu'un? L'un de
49 vous m'a-t-il vu le visage triste? Comment est-ce que j'aborde ceux que vous redoutez et qui vous en imposent? N'est-ce pas comme s'ils étaient des esclaves? Qui, en me voyant, ne croit voir son roi et son maître? »
50 Voilà des paroles de Cynique, voilà son caractère, voilà son genre de vie. Non [dis-tu, ce qui fait le Cynique] c'est une misérable besace, un bâton, de fortes mâchoires, c'est le fait de dévorer tout ce qu'on lui donne, ou de le mettre en réserve, ou d'insulter à tort et à travers tous ceux qu'il rencontre, ou de montrer ses belles épaules.
51 Vois-tu comment tu dois entreprendre une affaire si importante? Commence par prendre un miroir, regarde tes épaules, examine tes reins, tes cuisses. Homme, tu vas te faire inscrire à Olympie, non pour quelque lutte insi-
52 gnifiante et misérable. Il est impossible aux jeux Olympiques de simplement subir une défaite et se retirer, mais d'abord, c'est en face du monde civilisé tout entier qu'il faut étaler sa honte, et non seulement en face des Athéniens, des Lacédémoniens ou des gens de Nicopolis; ensuite, l'homme qui est entré sans réflexion devra se faire rosser mais, avant d'être rossé, il aura souffert la soif, la chaleur, avalé quantité de poussière.

---

1. Diogène Laërce, VI, 38.

Καὶ πῶς ἐνδέχεται μηδὲν ἔχοντα, γυμνόν, ἄοικον, ἀνέστιον, αὐχμῶντ', ἄδουλον, ἄπολιν διεξάγειν εὐρόως; Ἰδοὺ ἀπέσταλκεν ὑμῖν ὁ θεὸς τὸν δείξοντα ἔργῳ ὅτι ἐνδέχεται. «Ἴδετέ με, ἄοικός εἰμι, ἄπολις, ἀκτήμων, ἄδουλος· χαμαὶ κοιμῶμαι· οὐ γυνή, οὐ παιδία, οὐ πραιτωρίδιον, ἀλλὰ γῆ μόνον καὶ οὐρανὸς καὶ ἓν τριβωνάριον. Καὶ τί μοι λείπει; οὐκ εἰμὶ ἄλυπος, οὐκ εἰμὶ ἄφοβος, οὐκ εἰμὶ ἐλεύθερος; Πότε ὑμῶν εἶδέν μέ τις ἐν ὀρέξει ἀποτυγχάνοντα, πότ' ἐν ἐκκλίσει περιπίπτοντα; πότ' ἐμεμψάμην ἢ θεὸν ἢ ἄνθρωπον, πότ' ἐνεκάλεσά τινι; Μή τις ὑμῶν ‖ ἐσκυθρωπακότα με εἶδεν; Πῶς δ' ἐντυγχάνω τούτοις, οὓς ὑμεῖς φοβεῖσθε καὶ θαυμάζετε; οὐχ ὡς ἀνδραπόδοις; Τίς με ἰδὼν οὐχὶ τὸν βασιλέα τὸν ἑαυτοῦ ὁρᾶν οἴεται καὶ δεσπότην; »

Ἴδε κυνικαὶ φωναί, ἴδε χαρακτήρ, ἴδ' ἐπιβολή. Οὔ· ἀλλὰ πηρίδιον καὶ ξύλον καὶ γνάθοι μεγάλαι· καταφαγεῖν πᾶν ὃ ἐὰν δῷς ἢ ἀποθησαυρίσαι ἢ τοῖς ἀπαντῶσι λοιδορεῖσθαι ἀκαίρως ἢ καλὸν τὸν ὦμον δεικνύειν. Τηλικούτῳ πράγματι ὁρᾷς πῶς μέλλεις ἐγχειρεῖν; ἔσοπτρον πρῶτον λάβε, ἴδε σου τοὺς ὤμους, κατάμαθε τὴν ὀσφῦν, τοὺς μηρούς. Ὀλύμπια μέλλεις ἀπογράφεσθαι, ἄνθρωπε, οὐχί τινά ποτε ἀγῶνα ψυχρὸν καὶ ταλαίπωρον. Οὐκ ἔστιν ἐν Ὀλυμπίοις νικηθῆναι μόνον καὶ ἐξελθεῖν, ἀλλὰ πρῶτον μὲν ὅλης τῆς οἰκουμένης βλεπούσης δεῖ ἀσχημονῆσαι, οὐχὶ Ἀθηναίων μόνον ἢ Λακεδαιμονίων ἢ Νικοπολιτῶν, εἶτα καὶ δέρεσθαι δεῖ τὸν εἰκῇ εἰσελθόντα, πρὸ δὲ τοῦ δαρῆναι διψῆσαι, καυματισθῆναι, πολλὴν ἀφὴν καταπιεῖν.

---

2 ἄδουλον Upt.: δοῦλον codd. ‖ 4 με: με ὅτι P ‖ 5–6 πραιτωρίδιον: πιλίδιον susp. Wolf χιτωνάριον susp. Upt. πραιδίον uel παιτωρίδιον Reiske πατρῴδιον Kron. ‖ 7 λείπει: λείπειν (corr. S_c) S ‖ οὐκ: ἀλλ' οὐκ J ‖ 8 post ὀρέξει hab. με SVBF ‖ 11 ἐσκυθρο— (—θρω ex corr.) S. ‖ 15 κυνικαὶ (υ ex corr.) S ‖ 16–17 ὃ ἐάν: ὃ ἂν Schenkl ‖ 17 δῷς: δῶσιν Meib. ‖ 19 ὁρᾷς πῶς: ὁρᾷς ὡς (uel ὅρα πῶς) Cor. ‖ 22 ταλαίπωρον: ἀταλαίπωρον Schw. ‖ 23 μόνον: μόνων Cor. ‖ 26 εἰσελθόντα Meib.: ἐξελθόντα codd.

53 **Attitude du Cynique à l'égard des événements.** Examine la chose plus sérieusement, connais-toi toi-même, interroge la divinité, sans Dieu ne tente pas l'entreprise. Car, si Dieu t'y engage, c'est qu'il veut, sache-le, que tu deviennes grand, plutôt que de te voir recevoir beaucoup
54 de coups. C'est, en effet, un sort bien plaisant qui est tressé pour le Cynique : il doit être battu comme un âne et, ainsi battu, il doit aimer ceux qui le battent, comme s'il était le
55 père ou le frère de tous. Non, mais si on te bat, va crier devant tout le monde : « O César, dans cette pleine paix que tu as créée, que dois-je souffrir ! Allons devant le proconsul. »
56 Mais, pour un Cynique, qu'est César, ou un proconsul, ou tout autre, sinon Celui qui l'a envoyé et qu'il sert, Zeus ? En invoque-t-il un autre que lui ? N'est-il pas persuadé que, dans toutes ces souffrances qu'il doit endurer, c'est
57 lui qui l'exerce ? Mais voyons, Héraclès[1], quand Eurysthée l'exerçait, ne se jugeait pas malheureux ; il accomplissait, au contraire, avec diligence ce qui lui était commandé. Et celui que Zeus éprouve et exerce va se mettre à crier et à se fâcher ? Bien digne par là de porter le sceptre de Dio-
58 gène ! Écoute les paroles que cet homme, brûlé par la fièvre, adressait aux passants : « Mauvaises têtes, disait-il, ne vous arrêterez-vous pas ? Pour voir mourir ou se battre des athlètes, vous entreprenez un grand voyage jusqu'à Olympie, et vous ne voulez pas voir le combat de la fièvre
59 et d'un homme[2] ? » Et ce serait peut-être un tel homme qui aurait reproché au dieu qui l'a envoyé ici-bas de le traiter injustement, lui qui se glorifiait de ses épreuves et prétendait se donner en spectacle aux passants. Pourquoi, en effet, lui adressera-t-il des reproches ? Parce qu'il garde une attitude digne ? De quoi l'accuse-t-il ? De faire

---

1. Héraclès est le héros de la peine et de l'effort, du *ponos*, de la patience dans les épreuves. Les Cyniques (Diogène Laërce, VI, 2) et, après eux, les Stoïciens le prirent comme modèle de leur sage. Épictète cite souvent son nom et ses travaux : I 6,32-36 ; II 16,44 ; III 26, 31-32. Cf. A.-J. Festugière, *La sainteté*, P.U.F., 1949, pp. 27-68.
2. Saint Jérôme, *Aduersus Jouinianum*, II, 14.

Βούλευσαι ἐπιμελέστερον, γνῶθι σαυτόν, ἀνάκρινον τὸ 53
δαιμόνιον, δίχα θεοῦ μὴ ἐπιχειρήσης. Ἂν γὰρ συμβουλεύσῃ,
ἴσθι ὅτι μέγαν σε θέλει γενέσθαι ἢ πολλὰς πληγὰς λαβεῖν.
Καὶ γὰρ τοῦτο λίαν κομψὸν τῷ Κυνικῷ παραπέπλεκται· 54
δέρεσθαι αὐτὸν δεῖ ὡς ὄνον καὶ δερόμενον φιλεῖν αὐτοὺς
τοὺς δέροντας ὡς πατέρα πάντων, ὡς ἀδελφόν. Οὔ· ἀλλ' 55
ἄν τίς σε δέρῃ, κραύγαζε στὰς ἐν τῷ μέσῳ· «Ὦ Καῖσαρ, ἐν
τῇ σῇ εἰρήνῃ οἷα πάσχω; ἄγωμεν ἐπὶ τὸν ἀνθύπατον.»
Κυνικῷ δὲ Καῖσαρ τί ἐστιν ‖ ἢ ἀνθύπατος ἢ ἄλλος ἢ ὁ 56 113ʳ
καταπεπομφὼς αὐτὸν καὶ ᾧ λατρεύει, ὁ Ζεύς; Ἄλλον τινὰ
ἐπικαλεῖται ἢ ἐκεῖνον; οὐ πέπεισται δ', ὅ τι ἂν πάσχῃ
τούτων, ὅτι ἐκεῖνος αὐτὸν γυμνάζει; Ἀλλ' ὁ μὲν Ἡρακλῆς 57
ὑπὸ Εὐρυσθέως γυμναζόμενος οὐκ ἐνόμιζεν ἄθλιος εἶναι,
ἀλλ' ἀόκνως ἐπετέλει πάντα τὰ προσταττόμενα· οὗτος
δ' ὑπὸ τοῦ Διὸς ἀθλούμενος καὶ γυμναζόμενος μέλλει
κεκραγέναι καὶ ἀγανακτεῖν, ἄξιος φορεῖν τὸ σκῆπτρον τὸ
Διογένους; Ἄκουε τί λέγει ἐκεῖνος πυρέσσων πρὸς τοὺς 58
παριόντας· «κακαί», ἔφη, «κεφαλαί, οὐ μενεῖτε; ἀλλ'
ἀθλητῶν μὲν ὄλεθρον ἢ μάχην ὀψόμενοι ἄπιτε
ὁδὸν τοσαύτην εἰς Ὀλυμπίαν· πυρετοῦ δὲ καὶ
ἀνθρώπου μάχην ἰδεῖν οὐ βούλεσθε;» Ταχύ γ' ἂν ὁ 59
τοιοῦτος ἐνεκάλεσε τῷ θεῷ καταπεπομφότι αὐτὸν ὡς παρ'
ἀξίαν αὐτῷ χρωμένῳ, ὅς γε ἐνεκαλλωπίζετο ταῖς περι-
στάσεσι καὶ θέαμα εἶναι ἠξίου τῶν παριόντων. Ἐπὶ τίνι
γὰρ ἐγκαλέσει; ὅτι εὐσχημονεῖ; Τί κατηγορεῖ; ὅτι λαμπρο-

3 θέλει : θέληι (— λει ex corr.) S ‖ ἢ : καὶ Kron. ‖ 8 ἄγωμεν
PFJ : ἄγομεν SVB ‖ 9 τί : τίς Reiske ‖ alt. ἢ del. Reiske ‖
14 προσταττόμενα i. m. Barb. Meib.: πραττόμενα (uel πρασσό-
μενα) codd. ‖ 16 ἄξιος : ἀξιώσας Eitrem ‖ 16-17 τὸ Διογένους : τοῦ
Διογένους PJ ‖ 19 ὄλεθρον : ὀλέθρων Blass ‖ ἢ S (extra lin. add.
forte librarius) et PVFJ καὶ B del. Blass ‖ 22 καταπεπομφότι : τῷ
καταπεπομφότι Par. 1959. ‖ 23 γε : καὶ susp. Schw. ‖ 25 Τί
κατηγορεῖ Elter : ὅτι κατηγορεῖ codd. ἐπὶ τίνι κατηγορεῖ (uel
κατηγορήσει) Upt. ὅτι κατορθοῖ Wolf ὅτι καρτερεῖ Kron. ὅτι μεγαλη-
γορεῖ Reiske ὅτι κακίαν κατηγορεῖ C. Schenkl.

60 valoir avec plus d'éclat sa vertu? Voyons, que dit-il de la pauvreté, de la mort, du travail? Comment avait-il coutume de comparer sa propre félicité à celle du grand roi? Ou plutôt, il pensait qu'il n'y avait même pas de compa-
61 raison possible. Car là où règnent troubles, peines, terreurs, désirs insatisfaits, réalisation de tout ce qu'on voudrait éviter, envies et jalousies, par où la félicité peut-elle se frayer un chemin? Et là où règnent des jugements vermoulus, toutes ces passions doivent également régner.

62 *Le Cynique et l'amitié.* Et comme le jeune homme lui demandait si, au cas où il tomberait malade, et qu'un ami l'invitât à venir se faire soigner chez lui, il pourrait y consentir, Épictète répondit :

63 — Mais où me trouveras-tu un ami du Cynique? Il faut, en effet, qu'un tel homme soit pour le Cynique un autre lui-même s'il veut être digne d'être compté comme son ami. Il faut qu'il détienne avec lui le sceptre et la royauté et soit un digne ministre s'il doit être jugé digne de son amitié, comme Diogène devint l'ami d'Antisthène,
64 et Cratès de Diogène[1]. Crois-tu que, s'il se contente de venir chez lui pour le saluer, il soit son ami et que le Cyni-
65 que le jugera digne d'être reçu par lui? De sorte que, si c'est là ce que tu penses et si c'est ton idée, cherche plutôt un bon petit tas de fumier où faire ta fièvre et te mettre à l'abri du vent du nord, afin de ne pas mourir de froid.
66 Mais tu préfères, me semble-t-il, aller chez un autre pour t'y gaver pendant quelque temps. Alors, pourquoi te mettre encore en tête d'entreprendre une affaire si considérable?

67 *Le Cynique et la vie sociale.* — Et le mariage, et les enfants, demanda le jeune homme, sont-ils des charges que doive assumer le Cynique comme un devoir capital?

— Si tu me donnes une cité de sages, dit Épictète, peut-être bien que personne n'adoptera facilement la

---

1. Diogène Laërce, VI, 21 et 87.

τέραν επιδείκνυται την αρετήν την εαυτού; Άγε, περί 60
πενίας δε τί λέγει, περί θανάτου, περί πόνου; Πώς συν-
έκρινεν την ευδαιμονίαν την αυτού τη μεγάλου βασιλέως;
μάλλον δ' ουδέ συγκριτόν ώετο είναι. Όπου γάρ ταραχαί 61
και λύπαι και φόβοι και ορέξεις ατελείς και εκκλίσεις
περιπίπτουσαι και φθόνοι και ζηλοτυπίαι, πού εκεί πάρο-
δος ευδαιμονίας; όπου δ' αν ή σαπρά δόγματα, εκεί πάντα
ταύτα είναι ανάγκη.

Πυθομένου δε του νεανίσκου ει νοσήσας αξιούντος 62
φίλου προς αυτόν ελθείν ώστε νοσοκομηθήναι υπακούσει·
— Πού δε φίλον μοι δώσεις Κυνικού; έφη. Δει γάρ αυτόν 63
άλλον είναι τοιούτον, || ιν' άξιος ή φίλος αυτού αριθμεί- 114ʳ
σθαι. Κοινωνόν αυτόν είναι δει του σκήπτρου και της βασιλείας και διάκονον άξιον, ει μέλλει φιλίας αξιωθήσεσθαι,
ως Διογένης Αντισθένους εγένετο, ως Κράτης Διογένους.
Ή δοκεί σοι ότι, αν χαίρειν αυτώ λέγη προσερχόμενος, 64
φίλος εστίν αυτού κακείνος αυτόν άξιον ηγήσεται του
προς αυτόν εισελθείν; ώστε αν σοι δοκή και ενθυμηθής 65
τι τοιούτον, κοπρίαν μάλλον περιβλέπου κομψήν, εν ή
πυρέξεις, αποσκέπουσαν τον βορέαν, ίνα μη περιψυγής.
Σύ δε μοι δοκείς θέλειν εις οίκον τινος απελθών διά 66
χρόνου χορτασθήναι. Τί ούν σοι και επιχειρείν πράγματι
τηλικούτω;

— Γάμος δ', έφη, και παίδες προηγουμένως παρα- 67
ληφθήσονται υπό του Κυνικού;
— Άν μοι σοφών, έφη, δώς πόλιν, τάχα μεν ουδ' ήξει

3 αυτού J et ex corr. B: αυτού SPVBF || 11 Κυνικού Meib.:
κυνικόν codd. || 16 Ή BJ: ή SPVF || ότι: ότι όστις Reiske ότι ός
Cor. || άν χαίρειν: χαίρειν άν PJ χαίρε άν Salm. || 17 εστίν:
είναι i. m. ed. Salmant || 18 και ενθυμηθής τι Reiske: και ενθυ-
μήθητι codd. ενθυπηθήναι τι Upt. καί ενθυμήθητί τι Cor. || 20 πυρέξεις
Schw.: πυρ έξεις codd. πυρέξης Wolf || 22 σοι: σύ Wolf || επιχειρείν:
επιχειρεί; Wolf || 26 *τάχα S.

profession de Cynique. Dans quel but, en effet, embrasserait-on ce genre de vie ? Supposons-le pourtant : rien, alors, n'empêchera que le Cynique se marie et qu'il ait des enfants. Sa femme, en effet, sera un autre lui-même, ainsi que son beau-père, et ses enfants seront élevés de la même manière. Mais, dans l'état présent des choses, quand nous nous trouvons, pour ainsi dire, en pleine bataille, ne faut-il pas que le Cynique demeure libre de tout ce qui pourrait le distraire, tout entier au service de Dieu, en mesure de se mêler aux hommes, sans être enchaîné par des devoirs privés, sans être engagé dans des relations sociales auxquelles il ne pourra se soustraire s'il veut sauvegarder son rôle d'honnête homme et qu'il ne pourra garder sans détruire en lui le messager, l'éclaireur, le héraut des dieux ? Observe, en effet, qu'il doit remplir certains devoirs envers son beau-père, qu'il a des services à rendre aux autres parents de sa femme, à sa femme elle-même : finalement, le voilà tenu à l'écart de sa profession et réduit au rôle de garde-malade ou de pourvoyeur. Pour ne pas parler du reste, il lui faut une marmite où il fera chauffer l'eau pour son fils, afin de lui donner son bain ; de la laine pour sa femme, quand elle a eu un enfant, ainsi que de l'huile, un grabat, un gobelet (voilà que le petit mobilier s'augmente) ; et les autres occupations et les distractions... Que me reste-t-il de ce fameux roi qui s'adonne sans réserve aux affaires publiques :

A qui tant d'hommes sont commis, tant de soins réservés [1] ;

lui qui doit veiller sur les autres, sur ceux qui sont mariés, sur ceux qui ont des enfants, observer qui traite bien sa femme, qui la traite mal, quels sont les gens qui ont entre eux des différends, quelle maison jouit de la paix, laquelle n'en jouit pas ; lui qui doit faire sa tournée comme un médecin et tâter le pouls de tout le monde ? Toi, tu as de la fièvre ; toi, tu as mal à la tête ; toi, tu as la goutte ; toi, à la diète ! Toi, mange ; toi, ne prends pas de bain ;

---

1. Homère, *Iliade*, II, 25. De tout ce qui précède et de tout ce qui suit, il résulte que l'obligation de se marier est pour

ΙΙΙ 22, 67   ΔΙΑΤΡΙΒΑΙ   80

τις ῥᾳδίως ἐπὶ τὸ κυνίζειν. Τίνων γὰρ ἕνεκα ἀναδέξηται
ταύτην τὴν διεξαγωγήν; Ὅμως δ᾽ ἂν ὑποθώμεθα, οὐδὲν 68
κωλύσει καὶ γῆμαι αὐτὸν καὶ παιδοποιήσασθαι. Καὶ γὰρ ἡ
γυνὴ αὐτοῦ ἔσται ἄλλη τοιαύτη καὶ ὁ πενθερὸς ἄλλος
5 τοιοῦτος καὶ τὰ παιδία οὕτως ἀνατραφήσεται. Τοιαύτης 69
δ᾽ οὔσης καταστάσεως, οἵα νῦν ἐστιν, ὡς ἐν παρατάξει,
μή ποτ᾽ ἀπερίσπαστον εἶναι δεῖ τὸν Κυνικόν, ὅλον πρὸς τῇ
διακονίᾳ τοῦ θεοῦ, ἐπιφοιτᾶν ἀνθρώποις δυνάμενον, οὐ
προσδεδεμένον καθήκουσιν ἰδιωτικοῖς οὐδ᾽ ἐμπεπλεγμένον
10 σχέσεσιν, ἃς παραβαίνων οὐκέτι σώσει τὸ τοῦ καλοῦ καὶ
ἀγαθοῦ πρόσωπον, τηρῶν δ᾽ ἀπολεῖ τὸν ἄγγελον καὶ κατάσκοπον καὶ κήρυκα τῶν θεῶν; Ὅρα γὰρ ὅτι δεῖ αὐτὸν 70
ἀποδεικνύναι τινὰ τῷ πενθερῷ, χρὴ ἀποδιδόναι τοῖς
ἄλλοις συγγενέσι τῆς γυναικός, || αὐτῇ τῇ γυναικί· εἰς   114ᵛ
15 νοσοκομίας λοιπὸν ἐκκλείεται, εἰς πορισμόν. Ἵνα τἆλλα 71
ἀφῶ, δεῖ αὐτὸν κουκκούμιον ἔχειν, ὅπου θερμὸν ποιήσει
τῷ παιδίῳ, ἵν᾽ αὐτὸ λούσῃ εἰς σκάφην· ἐρίδια τεκούσῃ τῇ
γυναικί, ἔλαιον, κραβάττιον, ποτήριον (γίνεται ἤδη πλείω
σκευάρια)· τὴν ἄλλην ἀσχολίαν, τὸν περισπασμόν. Ποῦ μοι 72
20 λοιπὸν ἐκεῖνος ὁ βασιλεὺς ὁ τοῖς κοινοῖς προσευκαιρῶν,

ᾧ λαοί τ᾽ ἐπιτετράφαται καὶ τόσσα μέμηλεν·

ὃν δεῖ τοὺς ἄλλους ἐπισκοπεῖν, τοὺς γεγαμηκότας, τοὺς
πεπαιδοποιημένους, τίς καλῶς χρῆται τῇ αὐτοῦ γυναικί,
τίς κακῶς, τίς διαφέρεται, ποία οἰκία εὐσταθεῖ, ποία οὔ,
25 ὡς ἰατρὸν περιερχόμενον καὶ τῶν σφυγμῶν ἁπτόμενον; 73
«Σὺ πυρέττεις, σὺ κεφαλαλγεῖς, σὺ ποδαγρᾷς· σὺ ἀνάτει-
νον, σὺ φάγε, σὺ ἀλούτησον· σὲ δεῖ τμηθῆναι, σὲ δεῖ

1 ἀναδέξηται Schenkl: ἂν δέξηται codd. ἂν δέξαιτο Cor. || 12 δεῖ
om. S (add. S_c) || 13 χρὴ om. S (add. S_c) || 15 ἐκκλείεται:
ἐγκλείεται Reiske || 16 ἔχειν om. S (add. S_c) || ποιήσει PJ:
ποιήσῃι SVBF || 18 ἔλαιον: ἐλάδιον Reiske || 19 τὴν: ἵνα ἀφῶ
(ἐῶ Schw.) τὴν Salm. τί λέγω (uel ἐννόησον) τὴν Reiske || 23 αὐτοῦ
B ex corr.: αὐτοῦ SPVBJ αυ F || 26-27 ἀνάτεινον: ἀσίτησον
Shaftesbury.

74 toi, il faut t'opérer; à toi, il faut un cautère. Quel loisir a-t-il, celui qui est ainsi enchaîné à ses devoirs privés? Ne doit-il pas procurer des vêtements à ses enfants? Voyons, ne doit-il pas les envoyer chez le maître d'école avec leurs tablettes, leur stylet et, en outre, avoir prêt un lit pour eux? Ce n'est pas, en effet, à peine sortis du sein de leur mère qu'ils peuvent être des Cyniques; s'il ne fait pas tout cela, mieux eût valu les rejeter dès leur naissance que de
75 les laisser ainsi périr. Vois à quelle condition nous réduisons le Cynique, comment nous le dépouillons de sa royauté.
76 — Oui, mais Cratès s'est marié.

— Tu me parles d'une circonstance particulière où l'amour est intervenu et tu me cites une femme qui était un autre Cratès. Mais notre enquête à nous porte sur les mariages ordinaires, où des circonstances particulières n'entrent point en jeu. Or une telle enquête ne nous dévoile pas que, dans les conditions présentes, l'affaire du mariage doive être assumée par le Cynique comme un devoir capital.

77
Comment le Cynique contribue au bien de la société.
Comment alors, demande le jeune homme, contribuera-t-il à la conservation de la société?

Au nom de Dieu : qui rend les plus grands services aux hommes, ceux qui introduisent dans le monde, pour les remplacer, deux ou trois marmots au vilain museau, ou ceux qui exercent leur surveillance, dans la mesure de leur force, sur tous les hommes, observant ce qu'ils font, comment ils passent leur vie, de quoi ils ont
78 soin, ce qu'ils négligent, contrairement à leur devoir? Et les Thébains ont-ils retiré plus d'avantages de tous ceux qui leur ont laissé des enfants que d'Épaminondas, qui est mort sans postérité? Et Homère a-t-il moins contribué au bien de la société que Priam, qui a engendré cinquante
79 mauvais sujets, ou que Danaos ou Éole? Mais encore, un commandement militaire ou la composition d'un ouvrage empêcheront quelqu'un de se marier et d'avoir des enfants,

le commun des hommes un προηγούμενον (cf. p. 50, n. 1), dont le Cynique n'est dispensé que par suite de sa vocation très particulière (cf. § 76).

ΔΙΑΤΡΙΒΑΙ

καυθῆναι.» Ποῦ σχολὴ τῷ εἰς τὰ ἰδιωτικὰ καθήκοντα ἐνδε- 74
δεμένῳ; Οὐ δεῖ αὐτὸν πορίσαι ἱματίδια τοῖς παιδίοις;
ἄγε, πρὸς γραμματιστὴν ἀποστεῖλαι πινακίδια ἔχοντα,
τιλλάρια, κἀπὶ τούτοις κραβάττιον ἑτοιμάσαι; Οὐ γὰρ ἐκ
τῆς κοιλίας ἐξελθόντα δύναται Κυνικὰ εἶναι· εἰ δὲ μή,
κρεῖσσον ἦν αὐτὰ γενόμενα ῥῖψαι ἢ οὕτως ἀποκτεῖναι.
Σκόπει ποῦ κατάγομεν τὸν Κυνικόν, πῶς αὐτοῦ τὴν βασι- 75
λείαν ἀφαιρούμεθα.

— Ναί· ἀλλὰ Κράτης ἔγημεν. 76
— Περίστασίν μοι λέγεις ἐξ ἔρωτος γενομένην καὶ
γυναῖκα τιθεὶς ἄλλον Κράτητα. Ἡμεῖς δὲ περὶ τῶν κοινῶν
γάμων καὶ ἀπεριστάτων ζητοῦμεν καὶ οὕτως ζητοῦντες
οὐχ εὑρίσκομεν ⟨ἐν⟩ ταύτῃ τῇ καταστάσει || προηγούμενον 115ʳ
τῷ Κυνικῷ τὸ πρᾶγμα.

— Πῶς οὖν ἔτι, φησίν, διασώσει τὴν κοινωνίαν; 77
— Τὸν θεόν σοι· μείζονα δ᾽ εὐεργετοῦσιν ἀνθρώπους οἱ
ἢ δύο ἢ τρία κακόρυγχα παιδία ἀνθ᾽ αὑτῶν εἰσάγοντες ἢ
οἱ ἐπισκοποῦντες πάντας κατὰ δύναμιν ἀνθρώπους τί ποιοῦσιν, πῶς διάγουσιν, τίνος ἐπιμελοῦνται, τίνος ἀμε-
λοῦσι παρὰ τὸ προσῆκον; Καὶ Θηβαίους μείζονα ὠφέ- 78
λησαν ὅσοι τεκνία αὑτοῖς κατέλιπον Ἐπαμινώνδου τοῦ
ἀτέκνου ἀποθανόντος; καὶ Ὁμήρου πλείονα τῇ κοινωνίᾳ
συνεβάλετο Πρίαμος .ὁ πεντήκοντα γεννήσας περικαθάρ-
ματα ἢ Δαναὸς ἢ Αἴολος; Εἶτα στρατηγία μὲν ἢ σύν- 79

3 ἄγε : ἄγειν i. m. ed. Salmant. ante οὐ δεῖ 2 transp. Upt. ||
πρός: πρὸς τὸν Reiske || post ἔχοντα add. γραφεῖα edd. hab.
i. m. SPF et supra τιλλάρια V om. BJ || 4 τιλλάρια codd. :
τιτλάρια cu Cange πτιλάρια uel καὶ καλαμάρια Salm. πανάρια uel
σμιλάρια Reiske τυλάρια Cor. || κἀπὶ Schegk : καὶ codd. || 11 τιθεῖς
Upt. : τιθεὶς codd. τίθης Wolf || 12 ἀπεριστάτων S : ἀπερυστάτων
BF ἀπερισπάστων PVJ περισπαστῶν Salm. εὐπερισπάστων C.
Schenkl || 13 ἐν add. Upt. || 16 σοι Upt. : σου codd. || 17 prius ἢ
om. PJ || κακόρυγχα : κακόρεγχα Salm. || αὑτῶν PVJ : αὐτῶν SBF ||
19 διάγουσιν : διαλέγουσιν F || 24 στρατηγία : στρατεία Reiske.

et on ne pensera pas que cet homme ait échangé pour rien
la privation d'enfants; et la royauté du Cynique ne sera
80 pas une valeur d'échange? Est-il donc possible que nous
ne sentions jamais la grandeur du Cynique et que nous
n'arrivions pas non plus à nous faire une idée juste du
caractère de Diogène, mais faut-il que nous ayons toujours devant les yeux ces gens de nos jours, ces « parasites
en faction devant les portes[1] », qui n'ont aucune ressemblance avec ces grands hommes d'autrefois, si ce n'est
peut-être de lâcher des pétarades, mais rien de plus.
81 Sans quoi, cette attitude du Cynique ne nous surprendrait
pas et nous ne nous étonnerions pas qu'il ne contracte
point mariage et n'ait pas d'enfants. Homme, c'est toute
l'humanité qu'il a engendrée, tous les hommes qu'il a pour
fils, toutes les femmes pour filles; c'est dans ces sentiments
qu'il va vers tous, dans ces sentiments qu'il s'occupe de
82 tous. Crois-tu que ce soit par un zèle indiscret qu'il gourmande ceux qu'il rencontre? C'est comme un père qu'il
fait cela, comme un frère et comme serviteur du père
commun, Zeus.

83 Si cela te fait plaisir, demande-moi aussi s'il prendra
part aux affaires publiques[2]. Nigaud, peux-tu songer à une
84 politique plus noble que celle dont il s'occupe ? A Athènes,
montera-t-il à la tribune pour parler de revenus et de
ressources, l'homme qui doit discuter avec tous les hommes,
aussi bien avec les Athéniens qu'avec les Corinthiens ou les
Romains, non pas des ressources, ni des revenus publics, ni
de la paix ou de la guerre, mais du bonheur et du malheur,
de la bonne et de la mauvaise fortune, de la servitude et
85 de la liberté? Quand un homme prend une part active à
une telle politique, tu me demandes s'il participera aux
affaires publiques? Demande-moi aussi s'il occupera une
charge, je te répliquerai encore : « Sot, quelle plus noble
charge que celle qu'il exerce? »

---

1. Homère, *Iliade*, XXII, 69.
2. Autant que nous pouvons en juger par les anecdotes que
nous a conservées Diogène Laërce, les premiers Cyniques se
désintéressaient de la politique pour ne se préoccuper que d'une
réforme individuelle. Diogène, en tout cas, recommandait
la non-participation aux affaires publiques (Diogène Laërce, VI,

ΔΙΑΤΡΙΒΑΙ

ταγμά τινα ἀπείρξει γάμου ἢ παιδοποιίας καὶ οὐ δόξει
οὗτος ἀντ' οὐδενὸς ἠλλάχθαι τὴν ἀτεκνίαν, ἡ δὲ τοῦ
Κυνικοῦ βασιλεία οὐκ ἔσται ἀνταξία; Μήποτε οὐκ αἰσθα-
νόμεθα τοῦ μεγέθους αὐτοῦ οὐδὲ φανταζόμεθα κατ' ἀξίαν
τὸν χαρακτῆρα τὸν Διογένους, ἀλλ' εἰς τοὺς νῦν ἀπο-
βλέπομεν, τοὺς τραπεζή⟨α⟩ς πυλαωρούς, οἳ οὐδὲν
μιμοῦνται ἐκείνους ἤ, εἰ ἄρα ὅτι πόρδωνες γίνονται, ἄλλο
δ' οὐδέν; ἐπεὶ οὐκ ἂν ἡμᾶς ἐκίνει ταῦτα οὐδ' ἂν ἐπεθαυμάζομεν εἰ μὴ γαμήσει ἢ παιδοποιήσεται. Ἄνθρωπε, πάντας ἀνθρώπους πεπαιδοποίηται, τοὺς ἄνδρας υἱοὺς ἔχει,
τὰς γυναῖκας θυγατέρας· πᾶσιν οὕτως προσέρχεται, οὕτως πάντων κήδεται. Ἦ σὺ δοκεῖς ὑπὸ περιεργίας λοιδορεῖσθαι τοῖς ἀπαντῶσιν; ὡς πατὴρ αὐτὸ ποιεῖ, ὡς ἀδελ-
φὸς καὶ τοῦ κοινοῦ πατρὸς ὑπηρέτης τοῦ Διός.

Ἄν σοι δόξῃ, πυθοῦ μου καὶ εἰ πολιτεύσεται. Σαννίων,
μείζονα πολιτείαν ζητεῖς, ‖ ἧς πολιτεύεται; Ἡ ἐν Ἀθηναίοις παρελθὼν ἐρεῖ τις περὶ προσόδων ἢ πόρων, ὃν δεῖ
πᾶσιν ἀνθρώποις διαλέγεσθαι, ἐπίσης μὲν Ἀθηναίοις,
ἐπίσης δὲ Κορινθίοις, ἐπίσης δὲ Ῥωμαίοις οὐ περὶ πόρων
οὐδὲ περὶ προσόδων οὐδὲ περὶ εἰρήνης ἢ πολέμου, ἀλλὰ
περὶ εὐδαιμονίας καὶ κακοδαιμονίας, περὶ εὐτυχίας καὶ
δυστυχίας, περὶ δουλείας καὶ ἐλευθερίας; Τηλικαύτην
πολιτείαν πολιτευομένου ἀνθρώπου σύ μου πυνθάνῃ εἰ πολιτεύσεται; πυθοῦ μου καὶ εἰ ἄρξει· πάλιν ἐρῶ σοι· «Μωρέ,
ποίαν ἀρχὴν μείζονα ἧς ἄρχει;»

6 τοὺς: πρός J ‖ τοὺς τραπεζήας Upt.: τοὺς τραπέζης S τοὺς
τραπέζης VBFJ πρὸς τραπέζης P ‖ 7 ἄρα ὅτι Par. 1959: ὅτι ἄρα
SPVBFJ τι ἄρα Schenkl ὅ τι ἄρα Elter μή τι ἄρα Eitrem. ‖
8-9 ἐπεθαυμάζομεν: ἔτ' ἐθαυμάζομεν (uel ἀπεθαυμάζομεν) Reiske ‖
12 σὺ δοκεῖς: σοὶ δοκεῖ susp. Schenkl ‖ 16 πολιτεύεται Par. 1959:
— τεύσεται SPVBFJ ‖ "Η Schw.: εἰ S εἶτ' Reiske ‖ 17 τις Schenkl:
τίς SBF τί PVJ et ex corr. B ‖ 18-19 ἐπίσης (ter): ἐφίσης (corr.
S_c) S ‖ 21 post εὐδαιμονίας hab. ἢ SBF. ‖ 23 πολιτευομένου: —
σαμένου Upt. cod. ‖ ἀνθρώπου: αὐτοῦ uel ἄνθρωπε susp.
Schenkl.

86 *Aspect physique du Cynique.*   Cependant, il faut aussi que cet homme possède certaines qualités corporelles, car s'il se présente avec un aspect de phtisique, maigre et pâle, son témoignage n'a 87 plus le même poids. Il ne doit pas se contenter, en effet, de montrer ses qualités d'âme pour convaincre les profanes que l'on peut être honnête et bon sans tout ce qu'ils admirent, mais encore, par ses qualités corporelles, prouver que la vie simple, frugale et en plein air ne détériore pas 88 non plus le corps : « Vois, de cette vérité aussi je rends témoignage, moi et mon corps. » C'est ce que faisait Diogène : il allait, en effet, florissant de santé, et rien que son 89 corps attirait l'attention de la foule. Mais un Cynique qui fait pitié passe pour un mendiant : tout le monde se détourne, il choque tout le monde. Il ne doit pas non plus paraître avec un extérieur sale, de façon, même en cela, à ne pas rebuter les gens, mais, jusque dans son austérité, il doit être propre et attirant.

90 *Qualités morales du Cynique.*   De plus, le Cynique doit posséder un grand charme naturel et de la finesse (sans quoi, il n'est qu'un morveux et rien de plus), pour être prêt à faire face dignement à toute éventualité. Ainsi Diogène répondait à qui lui disait : « C'est toi le fameux Diogène qui ne croit pas à l'existence des dieux[1] ? » — « Et comment cela se pourrait-il, 92 puisque je te considère comme ennemi des dieux ? » De même, quand Alexandre le surprit encore couché et lui dit :

Il ne doit pas dormir la nuit entière, le donneur de
*   [conseils*

encore à moitié endormi, il répliqua :

A qui les peuples sont confiés et qui a souci de tant de
*   [choses[2].*

29). Épictète légitime cette attitude qui est exigée par la vocation particulière du cynique. Il est à noter qu'il ne fut pas suivi par son disciple Démonax, qui était pourtant un Cynique, Cf. Donald R. Dudley, *A history of cynicism*, London, pp. 160-161.
1. Diogène Laërce, VI, 42.
2. Homère, *Iliade*, II, 24-25.

Χρεία μέντοι καὶ σώματος ποιοῦ τῷ τοιούτῳ. Ἐπεί 86
τοι ἂν φθισικὸς προέρχηται, λεπτὸς καὶ ὠχρός, οὐκέτι
ὁμοίαν ἔμφασιν ἡ μαρτυρία αὐτοῦ ἔχει. Δεῖ γὰρ αὐτὸν 87
οὐ μόνον τὰ τῆς ψυχῆς ἐπιδεικνύοντα παριστάνειν τοῖς
ἰδιώταις ὅτι ἐνδέχεται δίχα τῶν θαυμαζομένων ὑπ' αὐτῶν εἶναι καλὸν καὶ ἀγαθόν, ἀλλὰ καὶ διὰ τοῦ σώματος
ἐνδείκνυσθαι ὅτι ἡ ἀφελὴς καὶ λιτὴ καὶ ὕπαιθρος δίαι-
τα οὐδὲ τὸ σῶμα λυμαίνεται· «Ἰδοὺ καὶ τούτου μάρτυς 88
εἰμὶ ἐγὼ καὶ τὸ σῶμα τὸ ἐμόν.» Ὡς Διογένης ἐποίει·
στίλβων γὰρ περιήρχετο καὶ καθ' αὐτὸ τὸ σῶμα ἐπέστρεφε
τοὺς πολλούς. Ἐλεούμενος δὲ Κυνικὸς ἐπαίτης δοκεῖ· 89
πάντες ἀποστρέφονται, πάντες προσκόπτουσιν. Οὐδὲ γὰρ
ῥυπαρὸν αὐτὸν δεῖ φαίνεσθαι, ὡς μηδὲ κατὰ τοῦτο τοὺς
ἀνθρώπους ἀποσοβεῖν, ἀλλ' αὐτὸν τὸν αὐχμὸν αὐτοῦ δεῖ
καθαρὸν εἶναι καὶ ἀγωγόν.

Δεῖ δὲ καὶ χάριν πολλὴν προσεῖναι φυσικὴν τῷ Κυ- 90
νικῷ καὶ ὀξύτητα (εἰ δὲ μή, μύξα γίνεται, ἄλλο δ' οὐδέν), ἵνα ἑτοίμως δύνηται καὶ παρακειμένως πρὸς τὰ
ἐμπίπτοντα ἀπαντᾶν. ‖ Ὡς Διογένης πρὸς τὸν εἰπόντα· 91 116ʳ
«Σὺ εἶ ὁ Διογένης ὁ μὴ οἰόμενος εἶναι θεούς;»
«Καὶ πῶς», ἔφη, «σὲ θεοῖς ἐχθρὸν νομίζων;» Πάλιν 92
Ἀλεξάνδρῳ ἐπιστάντι αὐτῷ κοιμωμένῳ καὶ εἰπόντι·

Οὐ χρὴ παννύχιον εὕδειν βουληφόρον ἄνδρα

ἔνυπνος ἔτι ὢν ἀπήντησεν·

ᾧ λαοί τ' ἐπιτετράφαται καὶ τόσσα μέμηλεν.

5-6 ὑπ' αὐτῶν εἶναι ed. Salmant.: εἶναι ὑπ' αὐτῶν codd. ‖ 10 καθ'
αὐτὸ (αὗτὸ S αὐτὸ BF) codd. SBFJ: κατ' αὐτὸ Wolf ‖ ἐπέστρεφε:
ὑπέστρεφε edd. ‖ 12 Οὐδὲ γὰρ: οὐδ' ἄρα C. Schenkl ‖ 16 πολλὴν
om. J. ‖ 19 ἀπαντᾶν. Ὡς: **ἀπαντᾶν. ως S καὶ ἀπαντᾶν ὡς B ‖
21 νομίζων Upt. cod.: νομίζω SPVBJ νομίμῳ F.

93 Mais, par-dessus tout, la partie maîtresse de son âme doit être plus pure que le soleil; sinon, il ne sera qu'un joueur et un homme sans conscience si, retenu lui-même par quelque vice, il ne craint pas de réprimander les autres.
94 Vois bien, en effet, ce qu'il en est : aux rois de ce monde et aux tyrans, les gardes du corps et les armes fournissent le moyen de morigéner certaines gens et le pouvoir aussi de châtier les délinquants, tout pervers qu'ils puissent être eux-mêmes; au Cynique, ce ne sont pas les armes ni les gardes du corps, mais sa conscience qui donne ce pouvoir.
95 Quand il voit qu'il a veillé sur les hommes et travaillé pour eux, qu'il s'est endormi le cœur pur et que le sommeil l'a laissé avec le cœur plus pur encore, quand il voit que toutes ses pensées sont les pensées d'un ami et d'un serviteur des dieux, d'un associé du gouvernement de Zeus, qu'en tout lieu il est prêt à réciter ce vers :

Conduis-moi, ô Zeus, et toi, ô Destinée [1]

et encore : « Si cela plaît aux dieux, qu'il en soit ainsi [2] »,
96 pourquoi n'aurait-il pas le courage de parler en toute liberté [3] à ses propres frères, à ses enfants, en un mot à tous
97 ceux de sa race? Aussi n'est-il ni un indiscret ni un brouillon, l'homme qui se trouve dans une telle disposition d'âme. Car ce ne sont pas les affaires des autres dont il se mêle quand il inspecte les choses humaines, mais les siennes propres; sinon, appelle aussi le général un brouillon quand il inspecte les soldats, les passe en revue, les
98 surveille et châtie ceux qui troublent la discipline. Mais si, cachant un petit gâteau sous ton bras, tu gourmandes les autres, je te dirai : « Veux-tu bien plutôt t'en aller dans

---

1. Vers de Cléanthe (Arnim S.V.F., I, p. 118, fr. 527).
2. Platon, *Criton*, 43 d.
3. La παρρησία des Cyniques est bien connue. Diogène de Sinope est le meilleur exemple de ce franc parler. Il parcourait les rues et les places en invectivant tous les passants. C'est un héritage socratique sans doute, mais les Cyniques ont exagéré la manière de Socrate. Il y a chez eux une insolence, une ἀναίδεια qui est tout à fait étrangère à Socrate. Aussi Épictète trace-t-il du Cynique un portrait idéalisé. Les traits qu'il a retenus sont ceux qui conviennent au sage stoïcien.

ΔΙΑΤΡΙΒΑΙ

Πρὸ πάντων δὲ τὸ ἡγεμονικὸν αὐτοῦ δεῖ καθαρώτερον 93
εἶναι τοῦ ἡλίου· εἰ δὲ μή, κυβευτὴν ἀνάγκη καὶ ῥᾳδιουργόν, ὅστις ἐνεχόμενός τινι αὐτὸς κακῷ ἐπιτιμήσει τοῖς ἄλλοις. Ὅρα γὰρ οἷόν ἐστιν. Τοῖς βασιλεῦσι τούτοις καὶ 94
τυράννοις οἱ δορυφόροι καὶ τὰ ὅπλα παρεῖχε τὸ ἐπιτιμᾶν τισιν καὶ δύνασθαι καὶ κολάζειν τοὺς ἁμαρτάνοντας καὶ αὐτοῖς οὖσι κακοῖς, τῷ Κυνικῷ ἀντὶ τῶν ὅπλων καὶ τῶν δορυφόρων τὸ συνειδὸς τὴν ἐξουσίαν ταύτην παραδίδωσιν.
Ὅταν ἴδῃ ὅτι ὑπερηγρύπνηκεν ὑπὲρ ἀνθρώπων καὶ πεπό- 95
νηκεν καὶ καθαρὸς μὲν κεκοίμηται, καθαρώτερον δ' αὐτὸν ἔτι ὁ ὕπνος ἀφῆκεν, ἐντεθύμηται δ' ὅσα ἐντεθύμηται ὡς φίλος τοῖς θεοῖς, ὡς ὑπηρέτης, ὡς μετέχων τῆς ἀρχῆς τοῦ Διός, πανταχοῦ δ' αὐτῷ πρόχειρον τὸ

ἄγου δέ μ' ὦ Ζεῦ καὶ σύ γ' ἡ Πεπρωμένη,

καὶ ὅτι εἰ ταύτῃ τοῖς θεοῖς φίλον, ταύτῃ γινέσθω· διὰ τί μὴ θαρρήσῃ παρρησιάζεσθαι πρὸς τοὺς 96
ἀδελφοὺς τοὺς ἑαυτοῦ, πρὸς τὰ τέκνα, ἁπλῶς πρὸς τοὺς συγγενεῖς; Διὰ τοῦτο οὔτε περίεργος οὔτε πολυπράγμων 97
ἐστὶν ὁ οὕτω διακείμενος· οὐ γὰρ τὰ ἀλλότρια πολυπραγμονεῖ, ὅταν τὰ ἀνθρώπινα ἐπισκοπῇ, ἀλλὰ τὰ ἴδια.
Εἰ δὲ μή, λέγε καὶ τὸν στρατηγὸν πολυπράγμονα, ὅταν τοὺς στρατιώτας ἐπισκοπῇ καὶ ἐξετάζῃ καὶ παραφυλάσσῃ ‖
καὶ τοὺς ἀκοσμοῦντας κολάζῃ. Ἐὰν δ' ὑπὸ μάλης ἔχων 98
πλακουντάριον ἐπιτιμᾷς ἄλλοις, ἐρῶ σοι· «Οὐ θέλεις μᾶλλον ἀπελθὼν εἰς γωνίαν καταφαγεῖν ἐκεῖνο ὃ κέκλοφας;

2 ἀνάγκη: ἀνάγκη εἶναι Schenkl¹ ‖ 2-3 ῥᾳδιουργόν: ῥᾳδιουργὸν εἶναι J ‖ 4 ἐστιν. Τοῖς: ἐστιν, ὃ τοῖς Diels ‖ 5 παρεῖχε τὸ Schw.: παρείχετο codd. παρέχει τὸ Wolf παρέσχε τὸ Elter ‖ 6 prius καὶ del. Blass ‖ 7 τῷ: τῷ δὲ Upt. cod. ‖ Κυνικῷ: Κυνικῷ δὲ Wolf ‖ 9 ἴδῃ Upt. cod.: ἴδης S (δηις extra l.) et PVBFJ εἰδῇς R. Meyer εἰδῇ Eitrem. ‖ 11 prius ἐντεθύμηται: — μήτε (αι ex corr.) S ‖ 14 μ' ὦ J: με ὦ SB με ὦ S ex corr. et PVF ‖ συ γ' S ex corr. et VBF: σύ γε J σὺ καὶ S ‖ 15 ὅτι εἰ: ὅ τι uel εἰ Reiske ‖ 16 παρρησιάζεσθαι post τέκνα 17 transp. J.

99 un coin dévorer ce que tu as volé? Qu'y a-t-il de commun entre toi et les affaires des autres? Qui es-tu, en effet? Es-tu le taureau ou la reine des abeilles? Montre-moi les insignes de ton autorité, comme ceux que la reine tient, elle, de la nature. Mais si tu es un frelon qui revendiques la royauté des abeilles, ne penses-tu pas que tes concitoyens te chasseront, toi aussi, comme les abeilles chassent les frelons?»

100 *L'endurance du Cynique.* La capacité d'endurance du Cynique doit être telle qu'il passe aux yeux du vulgaire pour insensible, pour une véritable pierre. Personne ne peut l'injurier, lui, le frapper, l'outrager. Quant à son corps, il l'a livré lui-même à qui le désire, pour le traiter comme il lui semble **101** bon[1]. Car il se souvient que ce qui est plus faible est nécessairement vaincu par ce qui est plus fort, sur le terrain où se trahit la faiblesse. Or son corps est plus faible que la multitude, et ce qui est moins robuste, plus faible que les **102** êtres plus vigoureux. Par conséquent, il ne descend jamais dans l'arène là où il peut être vaincu, mais il renonce aussitôt à ce qui ne lui appartient pas, il ne revendique **103** pas comme sien ce qui est sujet à la servitude. Mais qu'il s'agisse de la personne morale et de l'usage des représentations, tu verras alors combien d'yeux il possède, de sorte, pourrait-on dire, qu'Argus était aveugle en compa- **104** raison. Y aurait-il chez lui un assentiment précipité, une propension inconsidérée, un désir insatisfait, une aversion incapable d'éviter son objet, un dessein sans résultat, du **105** dénigrement, de la bassesse d'âme ou de l'envie? Voilà sur quoi il concentre son attention et son énergie, mais pour tout le reste, il dort tout de son long: c'est la paix la plus parfaite. Point de voleur qui attente à sa personne **106** morale, point de tyran. Mais pour son corps? Oui. Et pour sa misérable fortune? Oui, et de ses charges et de ses dignités. Mais que lui fait tout cela? Lorsque quelqu'un veut l'effrayer par ces moyens, il lui dit: « Va-t'en chercher les

---

1. Ceci est un trait authentiquement cynique. Antisthène démontrait que la souffrance est un bien par l'exemple d'Héraclès et de Cyrus (Diogène Laërce, VI, 2), conseillait de recevoir

Τί δὲ σοὶ καὶ τοῖς ἀλλοτρίοις; τίς γὰρ εἶ; ὁ ταῦρος εἶ ἢ 99
ἡ βασίλισσα τῶν μελισσῶν; δεῖξόν μοι τὰ σύμβολα τῆς
ἡγεμονίας, οἷα ἐκείνη ἐκ φύσεως ἔχει. Εἰ δὲ κηφὴν εἶ
ἐπιδικαζόμενος τῆς βασιλείας τῶν μελισσῶν, οὐ δοκεῖς
ὅτι καὶ σὲ καταβαλοῦσιν οἱ συμπολιτευόμενοι, ὡς αἱ
μέλισσαι τοὺς κηφῆνας;»

Τὸ μὲν γὰρ ἀνεκτικὸν τοσοῦτον ἔχειν δεῖ τὸν Κυνικόν, 100
ὥστ' αὐτὸν ἀναίσθητον δοκεῖν τοῖς πολλοῖς καὶ λίθον·
οὐδεὶς αὐτὸν λοιδορεῖ, οὐδεὶς τύπτει, οὐδεὶς ὑβρίζει· τὸ
σωμάτιον δ' αὐτοῦ δέδωκεν αὐτὸς χρῆσθαι τῷ θέλοντι ὡς
βούλεται. Μέμνηται γὰρ ὅτι τὸ χεῖρον ἀνάγκη νικᾶσθαι 101
ὑπὸ τοῦ κρείττονος, ὅπου χεῖρόν ἐστιν, τὸ δὲ σωμάτιον
τῶν πολλῶν χεῖρον, τὸ ἀσθενέστερον τῶν ἰσχυροτέρων.
Οὐδέποτ' οὖν εἰς τοῦτον καταβαίνει τὸν ἀγῶνα, ὅπου δύνα- 102
ται νικηθῆναι, ἀλλὰ τῶν ἀλλοτρίων εὐθὺς ἐξίσταται, τῶν
δούλων οὐκ ἀντιποιεῖται. Ὅπου δὲ προαίρεσις καὶ χρῆσις 103
τῶν φαντασιῶν, ἐκεῖ ὄψει ὅσα ὄμματα ἔχει, ἵν' εἴπῃς
ὅτι Ἄργος τυφλὸς ἦν πρὸς αὐτόν. Μή που συγκατάθεσις 104
προπετής, μή που ὁρμὴ εἰκαία, μή που ὄρεξις ἀποτευκτι-
κή, μή που ἔκκλισις περιπτωτική, ⟨μή που⟩ ἐπιβολὴ
ἀτελής, μή που μέμψις, μή που ταπείνωσις ἢ φθόνος;
ὧδε ἡ πολλὴ προσοχὴ καὶ σύντασις, τῶν δ' ἄλλων ἕνεκα 105
ὕπτιος ῥέγκει· εἰρήνη πᾶσα. Λῃστὴς προαιρέσεως οὐ
γίνεται, τύραννος οὐ γίνεται. Σωματίου δέ; ναί. Καὶ κτη- 106
σειδίου; ναί· καὶ ἀρχῶν καὶ τιμῶν. Τί οὖν αὐτῷ τούτων
μέλει; ὅταν οὖν τις διὰ τούτων αὐτὸν ἐκφοβῇ, λέγει αὐτῷ·
«Ὕπαγε, ζήτει τὰ παιδία· ἐκείνοις τὰ προσωπεῖα φοβερά

---

5 καταβαλοῦσιν J : καταβαλλοῦσιν SPVBF. || 12 δὲ : δ' ἐν Kron. ||
17 ὄψει PJ : ὄψηι SVB et forte F ex corr. || εἴπῃς Par. 1959 : εἴπῃ
SPVBF || 20 < μή που > add. Schenkl : ἢ susp. Schw. ||
22 σύντασις : σύστασις (corr. S_b) S || 24 Καὶ del. Kron. ||
24-25 κτησειδίου : κτησειδίου δέ PJ.

enfants : eux, les masques les effraient ; pour moi, je sais bien qu'ils sont en terre cuite et qu'il n'y a rien à l'intérieur. »
107 Telle est l'importance de l'affaire à laquelle tu songes. Si donc tu le veux bien, au nom de Dieu, diffère ta déci-
108 sion et pense d'abord à te préparer. Vois, en effet, comment Hector aussi parle à Andromaque : « Rentre plutôt à la maison, lui dit-il, et tisse :

La guerre, c'est aux hommes qu'elle incombera,
A tous, et spécialement à moi[1]*.* »

109 C'est ainsi qu'il avait le sentiment de sa préparation personnelle et de la fragilité de sa femme.

---

les calomnies avec plus de calme que les cailloux (D. L., VI, 7). Diogène, en particulier, cherchait à se rendre insensible à la douleur, au froid, à la chaleur, aux coups, à la faim, aux insultes (D. L., VI, 23 ; 34).
1. Homère, *Iliade*, VI, 492 sq.

ἐστιν, ἐγὼ δ' οἶδα ὅτι ὀστράκινά ἐστιν, ἔσωθεν δὲ οὐδὲν ἔχει.»

Περὶ τοιούτου πράγματος βουλεύῃ. Ὥστε ἐάν σοι δόξῃ, 107
τὸν θεόν σοι, ὑπέρθου καὶ ἰδού σοι πρῶτον τὴν παρασκευήν. Ἰδοὺ γὰρ τί καὶ ὁ Ἕκτωρ λέγει τῇ Ἀνδρομάχῃ· 108
«Ὕπαγε», φησίν, «μᾶλλον εἰς οἶκον καὶ ὕφαινε·

πόλεμος δ' ἄνδρεσσι μελήσει
πᾶσι, μάλιστα δ' ἐμοί.»

Οὕτως καὶ τῆς ἰδίας παρασκευῆς συνῄσθετο καὶ τῆς ἐκεί- 109
νης ἀδυναμίας.

8 πᾶσιν, ἐμοὶ δὲ μάλιστα Homeri codd.

Chapitre XXIII

A ceux qui lisent et discutent pour parader.

1 *En toute chose, se proposer un but.* Quel genre d'homme veux-tu être? Commence par te le dire à toi-même; après quoi, règle tes actes sur ce modèle. C'est là, en effet, ce que nous voyons se passer dans **2** presque tous les autres domaines. Les athlètes commencent par décider à quelle catégorie ils désirent appartenir, et alors ils agissent en conséquence. Si l'on veut fournir la grande course, il faut prendre telle nourriture, faire telle promenade, se faire masser de telle manière, accomplir tels exercices...; si l'on veut courir dans le stade, toutes ces préparations seront différentes; si l'on veut être pentathle, **3** elles le seront encore plus. Tu trouveras des différences semblables pour les métiers. Si tu veux être charpentier, tu auras à faire telles et telles choses; si tu veux être forgeron, telles autres. Car, pour toutes nos actions, si nous ne les rapportons pas à un but, nous agirons à l'aveuglette, et si nous les rapportons à un but qui ne convient pas, nous commettrons des fautes.

4 *Un double but.* Or il y a un but général et un but particulier. Tout d'abord, je dois agir en homme. Qu'est-ce que cela implique? De ne pas agir comme un mouton, bien qu'on agisse avec douceur, **5** ou d'une façon malfaisante, comme une bête fauve. Le but particulier concerne le genre de vie de chacun et sa personne morale. Le citharède doit agir en citharède, le charpentier en charpentier, le philosophe en philosophe, **6** le rhéteur en rhéteur. Donc, quand tu dis : « Venez écouter

κγ´

Πρὸς τοὺς ἀναγιγνώσκοντας καὶ διαλεγομένους ἐπιδεικτικῶς.

Τίς εἶναι θέλεις σαυτῷ πρῶτον εἰπέ· εἶθ᾽ οὕτως ποίει 1
ἃ ποιεῖς. Καὶ γὰρ ἐπὶ τῶν ἄλλων σχεδὸν ἁπάντων οὕτως
ὁρῶμεν γινόμενα. Οἱ ἀθλοῦντες πρῶτον κρίνουσιν τίνες 2
εἶναι θέλουσιν, εἶθ᾽ οὕτως τὰ ἑξῆς ποιοῦσιν. Εἰ δολιχοδρόμος, τοιαύτη τροφή, τοιοῦτος περίπατος, τοιαύτη τρῖψις,
τοιαύτη γυμνασία· εἰ σταδιοδρόμος, πάντα ταῦτα ἀλλοῖα·
εἰ πένταθλος, ἔτι ἀλλοιότερα. Οὕτως εὑρήσεις καὶ ἐπὶ 3
τῶν τεχνῶν. Εἰ τέκτων, τοιαῦτα ἕξεις· εἰ χαλκεύς, τοιαῦτα. Ἕκαστον γὰρ τῶν γινομένων ὑφ᾽ ἡμῶν ἂν μὲν ἐπὶ
μηδὲν ἀναφέρωμεν, εἰκῇ ποιήσομεν· ἐὰν δ᾽ ἐφ᾽ ὃ μὴ δεῖ,
διεσφαλμένως.

Λοιπὸν ἡ μέν τίς ἐστι κοινὴ ἀναφορά, ἡ δ᾽ ἰδία. Πρῶτον 4
ἵν᾽ ὡς ἄνθρωπος. Ἐν τούτῳ τί περιέχεται; μὴ ὡς πρόβατον, εἰ καὶ ἐπιεικῶς, ἢ βλαπτικῶς ὡς θηρίον. Ἡ δ᾽ ἰδία 5
πρὸς τὸ ἐπιτήδευμα ἑκάστου καὶ τὴν προαίρεσιν. Ὁ κιθαρῳδὸς ὡς κιθαρῳδός, ὁ τέκτων ὡς τέκτων, ὁ φιλόσοφος
ὡς φιλόσοφος, ὁ ῥήτωρ ὡς ῥήτωρ. Ὅταν οὖν λέγῃς· «Δεῦτε 6

---

6 γινόμενα: γινόμενον Salm. || 11 ἕξεις: τὰ ἑξῆς Kron. || 16 μὴ: ἵν᾽ ἐπιεικῶς· μὴ Kron. || 17 εἰ καὶ ἐπιεικῶς (— κῆς ex corr.) S_c: εἰ καὶ (εἶναι ed. Salmant. i. m.) ἐπιεικὴς S_c ex corr. et PVBFJ ed. Salmant. om. S εἰ καὶ ἐπιεικές Wolf εἰκῇ ἐπιεικῆς Reiske εἰ ἐπιεικῶς H. Schenkl ¹ C. Schenkl εἰκῇ Elter Kron. || ἢ βλαπτικῶς S_cF: ἢ βλαπτικὸς PVBJ εἰ βλαπτικός καὶ ἐπιεικῶς S μὴ βλαπτικῶς H. Schenkl ¹ Elter Kron. κεῖ βλαπτικῶς, μὴ C. Schenkl.

la lecture¹ que je vais vous faire », veille d'abord à ne pas faire cela à l'aveuglette. Ensuite, si tu trouves que tu te réfères à un but, veille à ce que ce soit celui qu'il faut.
7 Veux-tu être utile, ou recevoir des louanges? Aussitôt, tu entends une voix te répondre : « Quelle valeur peut avoir pour moi la louange populaire? » Et cette voix a raison. Elle n'a aucune valeur, en effet, ni pour le musi-
8 cien comme tel, ni pour le géomètre. Par conséquent, tu veux être utile? A quoi? Dis-le-nous, pour que nous accourions, nous aussi, à tes leçons. Voyons, peut-on être utile aux autres, si l'on n'a soi-même réellement profité? Non. Pas plus que celui qui n'est pas charpentier ne peut être utile aux autres dans l'art de la charpenterie, ou celui qui n'est pas cordonnier, dans l'art de la cordonnerie.

9 *Le conférencier vaniteux.* Veux-tu savoir si tu as réellement profité? Exhibe tes jugements, philosophe. Que se proposent tes désirs? De ne pas manquer leur but. Et tes aversions? De ne pas
10 tomber dans ce qu'elles cherchent à éviter. Eh bien ! réalisons-nous ce qu'ils se proposent? Dis-moi la vérité. Si tu mens, je te répliquerai : L'autre jour, comme tes auditeurs s'étaient réunis sans grand enthousiasme et ne t'avaient pas acclamé, tu es sorti profondément humilié;
11 tel autre jour, tu avais reçu des louanges et tu te promenais, répétant à tout venant :

— Quelle impression t'ai-je faite?
— Sur ma vie, merveilleuse, maître.
— Et comment ai-je rendu ce fameux passage?
— Lequel?
— Celui où j'ai fait la description de Pan et des Nymphes.
— Superbement.

12 — Et maintenant, tu viens me dire que, dans tes désirs et tes aversions, tu as l'habitude de te conformer à la
13 nature? Va le faire croire à un autre. Et, l'autre jour, n'as-tu pas adressé à un tel des éloges contre ton senti-

---

1. Aux alentours de notre ère, le travail du grammairien comporte quatre étapes : la critique du texte, la lecture, l'expli-

και ακούσατε μου αναγιγνώσκοντος υμίν», || σκέψαι πρώτον μη είκη αυτό ποιείν. Είτ' αν εύρης ότι αναφέρεις, σκέψαι ει εφ' ό δει. Ωφελήσαι θέλεις ή επαινεθήναι; εύθύς ακούεις λέγοντος· «'Εμοί δε του παρά των πολλών επαίνου τίς λόγος;» Και καλώς λέγει. Ουδέν γαρ τω μουσικώ, καθό μουσικός εστιν, ουδέ τω γεωμετρικώ. Ουκούν ωφελήσαι θέλεις; προς τί; είπε και ημίν, ίνα και αυτοί τρέχωμεν εις το ακροατήριον σου. Νύν δύναταί τις ωφελήσαι άλλους μη αυτός ωφελημένος; ού. Ουδέ γαρ εις τεκτονικήν ο μη τέκτων ουδ' εις σκυτικήν ο μη σκυτεύς.

Θέλεις ούν γνώναι ει ωφέλησαι; φέρε σου τα δόγματα, φιλόσοφε. Τίς επαγγελία ορέξεως; μη αποτυγχάνειν. Τίς εκκλίσεως; μη περιπίπτειν. Άγε, πληρούμεν αυτών την επαγγελίαν; ειπέ μοι τάληθή· αν δε ψεύση, ερώ σοι· Πρώην ψυχρότερόν σου των ακροατών συνελθόντων και μη επιβοησάντων σοι τεταπεινωμένος εξήλθες· πρώην επαινεθείς περιήρχου και πάσιν έλεγες·

— Τί σοι έδοξα;

— Θαυμαστώς, κύριε, την εμήν σοι σωτηρίαν.

— Πώς δ' είπον εκείνο;

— Το ποίον;

— Όπου διέγραψα τον Πάνα και τας Νύμφας.

— Υπερφυώς.

— Είτά μοι λέγεις, εν ορέξει και εκκλίσει κατά φύσιν αναστρέφη; ύπαγε, άλλον πείθε. Τον δείνα δε πρώην ουκ επήνεις παρά το σοι φαινόμενον; τον δείνα δ' ουκ εκολά-

---

2 ποιείν: ποιείς Kron. || ότι: εφ' ό τι Wolf εις ό τι Salm. || 2-3 αναφέρεις: — ρης Cor. || 3 ει ex add. S || 5 Ουδέν SPVBF: ουδέ J || 9 γάρ *εις S || 12 επαγγελία: απ — (επ ex corr.) S. || 15 ψυχρότερόν: ψυχροτέρων Rich. || σου: σοι Par. 1959 || 18 Τί: τίς susp. Schw. || 19 Θαυμαστώς: — μαστός VJ || 24 λέγεισ* εν S || εν: ότι εν Wolf.

ment? Et n'as-tu pas flatté un tel, le sénateur? Voudrais-tu que tes enfants fussent comme lui?
— Jamais de la vie!
14 — Pourquoi donc le flatter et le combler de prévenances?
— C'est un garçon de grand talent et qui aime à entendre les discours.
— Comment le sais-tu?
— Il m'admire.
— Tu as donné la raison. Après cela, que t'en semble?
15 Ces mêmes gens ne te méprisent-ils pas en secret? Lorsqu'un homme qui a conscience de n'avoir rien fait ni conçu de bien trouve un philosophe qui lui déclare : « Tu es un génie, un homme droit et honnête », que penses-tu donc qu'il puisse se dire à lui-même, sinon : « Cet individu
16 a, sans doute, besoin de moi »? Ou bien, dis-moi, quelle œuvre de génie a-t-il produite? Voilà si longtemps qu'il te fréquente, il a écouté tes discours, il a écouté tes lectures. Est-il devenu modeste? A-t-il fait un retour sur lui-même? A-t-il conscience de la misère où il se trouve? A-t-il perdu sa présomption? Cherche-t-il l'homme qui l'instruira?
— Il le cherche, dit-il.
17 — Celui qui l'instruira sur la manière dont il doit vivre? Non, sot, mais sur la manière dont il doit parler. Car c'est pour cela qu'il t'admire, toi aussi. Écoute-le. Que dit-il? « Cet homme écrit avec le plus grand art, bien plus
18 élégamment que Dion. » C'est une tout autre affaire. Dit-il peut-être : « Notre homme est plein de réserve, il est fidèle, il garde son calme »? Et même s'il le disait, je lui répliquerais : « Puisque cet homme est fidèle, en quoi consiste cette fidélité qu'il possède ? » Et s'il n'avait rien à répondre, j'ajouterais : « Commence par apprendre ce dont tu parles, et alors tu pourras parler. »

cation, le jugement. L'absence de séparation entre les mots rendait la lecture (ἀνάγνωσις) très difficile, d'où la nécessité d'une longue préparation et d'une étude attentive du texte. Cet exercice était si réputé qu'il figurait aux concours officiels organisés par les cités hellénistiques. Voir H. I. Marrou, *Histoire de l'éducation dans l'antiquité*, Paris, Éd. du Seuil, 1948, pp. 230-231.

κευες τὸν συγκλητικόν; Ἠθελές σου τὰ παιδία εἶναι
τοιαῦτα;
— Μὴ γένοιτο.
— Τίνος οὖν ἕνεκα ἐπῄνεις καὶ περιεῖπες αὐτόν;
— Εὐφυὴς νεανίσκος καὶ λόγων ἀκουστικός.
— Πόθεν τοῦτο;
— Ἐμὲ θαυμάζει.
— Εἴρηκας τὴν ἀπόδειξιν. Εἶτα τί δοκεῖ σοι; ‖ αὐτοί
σου οὗτοι οὐ καταφρονοῦσιν λεληθότως; Ὅταν οὖν ἄνθρωπος συνειδὼς ἑαυτῷ μηθὲν ἀγαθὸν μήτε πεποιηκότι μήτ'
ἐνθυμουμένῳ εὕρῃ φιλόσοφον τὸν λέγοντα· «Μεγαλοφυὴς
καὶ ἁπλοῦς καὶ ἀκέραιος», τί δοκεῖς ἄλλο αὐτὸν λέγειν ἢ
«Οὗτός τινά ποτέ μου χρείαν ἔχει»; Ἢ εἰπέ μοι τί μεγαλοφυοῦς ἔργον ἐπιδέδεικται; Ἰδοὺ σύνεστί σοι τοσούτῳ
χρόνῳ, διαλεγομένου σου ἀκήκοεν, ἀναγιγνώσκοντος ἀκήκοεν. Κατέσταλται, ἐπέστραπται ἐφ' αὐτόν; ᾔσθηται ἐν
οἵοις κακοῖς ἐστιν; ἀποβέβληκεν οἴησιν; ζητεῖ τὸν διδάξοντα;
— Ζητεῖ, φησί.
— Τὸν διδάξοντα πῶς δεῖ βιοῦν; οὔ, μωρέ· ἀλλὰ πῶς
δεῖ φράζειν· τούτου γὰρ ἕνεκα καὶ σὲ θαυμάζει. Ἄκουσον
αὐτοῦ τίνα λέγει· «Οὗτος ὁ ἄνθρωπος πάνυ τεχνικώτατα
γράφει, Δίωνος πολὺ κάλλιον.» Ὅλον ἄλλο ἐστίν. Μή τι
λέγει· «Ὁ ἄνθρωπος αἰδήμων ἐστίν, οὗτος πιστός ἐστιν,
οὗτος ἀτάραχός ἐστιν»; Εἰ δὲ καὶ ἔλεγεν, εἶπον ἂν αὐτῷ·
«Ἐπειδὴ οὗτος πιστός ἐστιν, οὗτος ὁ πιστὸς τί ἐστιν;»
Καὶ εἰ μὴ εἶχεν εἰπεῖν, προσέθηκα ἂν ὅτι «Πρῶτον
μάθε τί λέγεις, εἶθ' οὕτως λέγε».

---

9 Ὅταν οὖν (ταν οὖν) in ras. S ‖ 11 τὸν om. F ‖ 12 αὐτόν: αὐτῶι S (corr. S$_c$) ‖ ἢ ex add. S ‖ 13 τινά: τίνα Leopold. ‖ 16 ἐφ' αὐτόν: ἐπ' αὐτόν S (corr. S$_c$) ‖ 19 φησί. — Τὸν Wolf in vers.: φησὶ τὸν codd. ‖ 24 Ὁ ἄνθρωπος: οὗτος ὁ ἄνθρωπος Kron. ‖ ἐστίν, οὗτος πιστός: ἐστὶν οὗτος, πιστός Upt. cod. J ‖ 25 οὗτος om. Upt. cod. J ‖ 26 alt. οὗτος: αὐτός Elter del. Kron.

19   *Il ne regarde qu'à la forme.*   Et c'est dans ces dispositions d'esprit déplorables, c'est avec cette soif de louanges, c'est en comptant tes auditeurs que tu veux être utile aux autres?

— Aujourd'hui, ils étaient beaucoup plus nombreux à m'écouter.

— Oui, ils étaient nombreux.

— Nous croyons bien qu'ils étaient cinq cents.

— Ce n'est rien dire; tu peux en mettre mille.

— Jamais Dion n'a eu autant d'auditeurs.

— Comment les aurait-il?

— Et ils ont le sens affiné pour les discours.

— Le beau, maître, peut émouvoir même une pierre.

20   — Et voilà des paroles de philosophe, voilà l'état d'esprit de quelqu'un qui veut être utile aux hommes! Voilà un homme qui a écouté la voix de la raison, qui a lu les écrits socratiques, comme on doit lire des écrits socratiques et non comme on lit ceux de Lysias et d'Isocrate! « J'ai souvent admiré par quels arguments... » Non, mais plutôt: « par quel argument... » Ceci est plus fluide 21 que cela. Avez-vous donc lu ces écrits autrement qu'on ne lit des chansonnettes! Car, si vous les lisiez comme il faut, vous ne vous arrêteriez pas à ces vétilles, mais voici plutôt ce que vous considéreriez: « Anytos et Mélètos peuvent me faire mettre à mort, mais ils ne peuvent me nuire[1] », et encore: « J'ai toujours été homme à ne prêter attention à rien d'autre en moi qu'à la raison 22 qui, à l'examen, me paraît la meilleure[2]. » Aussi, qui a jamais entendu dire à Socrate: « Je sais quelque chose et je l'enseigne »? Au contraire, il avait coutume d'envoyer les jeunes gens l'un ici, l'autre là. Alors, ils venaient à lui et le priaient de les introduire auprès de philosophes, et 23 lui les conduisait et les introduisait. N'est-ce pas ainsi, ou bien, en les accompagnant, leur disait-il: « Viens m'écouter discourir aujourd'hui dans la maison de Quadratus »? Pourquoi t'écouter? Veux-tu me montrer que tu

---

1. Paton, *Apologie*, 30 c.
2. Platon, *Criton*, 46 b.

Οὕτως οὖν κακῶς διακείμενος καὶ χάσκων περὶ τοὺς 19
ἐπαινέσοντας καὶ ἀριθμῶν τοὺς ἀκούοντάς σου θέλεις
ἄλλους ὠφελεῖν;
— Σήμερόν μου πολλῷ πλείονες ἤκουσαν.
— Ναί, πολλοί.
— Δοκοῦμεν ὅτι πεντακόσιοι.
— Οὐδὲν λέγεις· θὲς αὐτοὺς χιλίους.
— Δίωνος οὐδέποτ' ἤκουσαν τοσοῦτοι.
— Πόθεν αὐτῷ;
— Καὶ κομψῶς αἰσθάνονται λόγων.
— Τὸ καλόν, κύριε, καὶ λίθον κινῆσαι δύναται.
— Ἰδοὺ φωναὶ φιλοσόφου, ἰδοὺ διάθεσις ὠφελήσοντος 20
ἀνθρώπους· ἰδοὺ ἀκηκοὼς ἄνθρωπος λόγου, ἀνεγνωκὼς τὰ
Σωκρατικὰ ὡς Σωκρατικά, οὐχὶ δ' ὡς Λυσίου καὶ Ἰσοκρά-
τους. ‖ «Πολλάκις ἐθαύμασα τίσιν ποτὲ λόγοις.» 118ʳ
Οὔ· ἀλλὰ τίνι ποτὲ λόγῳ· τοῦτ' ἐκείνου λειότερον. Μὴ 21
γὰρ ἄλλως αὐτὰ ἀνεγνώκατε ἢ ὡς ᾠδάρια; ὡς εἴ γε ἀνεγι-
γνώσκετε ὡς δεῖ, οὐκ ἂν πρὸς τούτοις ἐγίνεσθε, ἀλλ'
ἐκεῖνο μᾶλλον ἐβλέπετε· «Ἐμὲ δ' Ἄνυτος καὶ Μέλητος
ἀποκτεῖναι μὲν δύνανται, βλάψαι δ' οὔ» καὶ ὅτι
«Ὡς ἐγὼ ἀεὶ τοιοῦτος οἷος μηδενὶ προσέχειν
τῶν ἐμῶν ἢ τῷ λόγῳ ὃς ἄν μοι σκοπουμένῳ βέλ-
τιστος φαίνηται.» Διὰ τοῦτο τίς ἤκουσέ ποτε Σωκρά- 22
τους λέγοντος ὅτι «Οἶδά τι καὶ διδάσκω»; ἀλλὰ ἄλλον
ἀλλαχοῦ ἔπεμπεν. Τοιγαροῦν ἤρχοντο πρὸς αὐτὸν ἀξιοῦν-
τες φιλοσόφοις ὑπ' αὐτοῦ συσταθῆναι κἀκεῖνος ἀπῆγεν
καὶ συνίστανεν. Οὔ· ἀλλὰ προσπέμπων ἔλεγεν· «Ἄκουσόν 23
μου σήμερον διαλεγομένου ἐν τῇ οἰκίᾳ τῇ Κοδράτου.» Τί
σου ἀκούσω; ἐπιδεῖξαί μοι θέλεις ὅτι κομψῶς συντιθεὶς

5 πολλοί: πολλῷ Kron. ‖ 6 Δοκοῦμεν: δοκῶ μὲν Cor. ‖ 9 αὐτῷ:
αὐτό PVJ ‖ 13 ἀνθρώπους: ἀνθρώπου Elter ‖ 16 λειότερον:
τελειότερον PVJ εὐτελειότερον Upt. ‖ 17 alt. ὡς: ὥστε uel oʔ
susp. Meib. ‖ 21 μηδενὶ Wolf: μηδὲν codd. ‖ 27 προσπέμπων S:
προπέμπων SₑPVBFJ προσπίπτων Schenkl¹ προσπεσὼν Elter.

disposes élégamment les mots? Tu sais bien les disposer, homme. Et quel bien t'en revient-il?

— Donne-moi des éloges.

24 — Qu'entends-tu par donner des éloges?

— Dis-moi: Bravo! et: C'est merveilleux!

— Voilà! je te le dis. Mais si l'éloge est quelqu'une de ces choses que les philosophes placent dans la catégorie du bien, quel éloge puis-je te donner? Si c'est un bien que de parler correctement, apprends-le-moi et je te louerai.

25 — Mais quoi! Doit-on écouter sans plaisir d'aussi beaux discours?

— A Dieu ne plaise! Moi, je n'entends pas non plus sans plaisir un citharède. Mais est-ce une raison pour que je doive me tenir debout à jouer de la cithare? Écoute ce que dit Socrate: « Il ne conviendrait pas, hommes, qu'à mon âge, je me présentasse à vous en fignolant mes phrases, comme un petit jeune homme[1]. » Il dit « comme un petit

26 jeune homme ». C'est qu'en réalité, c'est un art élégant de choisir de jolis mots, de les disposer et de venir les lire ou réciter avec grâce, et de s'écrier au milieu de sa lecture: « Sur votre vie, il n'y a pas beaucoup de gens à pouvoir comprendre ces choses-là. »

27 *L'attitude opposée du philosophe.* Un philosophe invite-t-il les gens à venir l'écouter? N'est-il pas vrai plutôt que, comme le soleil, spontanément, attire à lui sa nourriture[2], le philosophe également attire à lui ceux à qui il doit être utile? Quel est le médecin qui invite à se faire soigner par lui? Je me suis laissé dire, toutefois, qu'aujourd'hui, à Rome, les médecins invitent les gens à venir à eux: (mais, de mon temps,

28 c'était eux qu'on invitait): « Je t'invite à venir t'entendre dire que tu ne vas pas bien, que tu t'occupes de tout autre chose que de ce dont tu devrais t'occuper, que tu ignores ce qui est bien et ce qui est mal, que tu es misérable et infortuné. » La belle invitation! Or, en vérité,

---

1. Platon, *Apologie*, 17 c.
2. Pour Zénon, Cléanthe et Chrysippe, le soleil était de feu et se nourrissait des vapeurs de l'Océan: S.V.F., I, 121, 501, 504; II, 579, 652, 658-663. Mais c'était déjà l'opinion de Thalès

τὰ ὀνόματα; συντιθείς, ἄνθρωπε· καὶ τί σοι ἀγαθόν ἐστιν;
— Ἀλλ' ἐπαίνεσόν με.
— Τί λέγεις τὸ ἔπαινεσον;
— Εἰπέ μοι οὗ & καὶ θαυμαστῶς.
— Ἰδ οὐλέγω. Εἰ δ' ἐστὶν ἔπαινος ἐκεῖνο, ὅ τι ποτὲ λέγουσιν οἱ φιλόσοφοι τῶν ⟨ἐν τῇ⟩ τοῦ ἀγαθοῦ κατηγορίᾳ, τί σε ἔχω ἐπαινέσαι; εἰ ἀγαθόν ἐστι τὸ φράζειν ὀρθῶς, δίδαξόν με καὶ ἐπαινέσω.
— Τί οὖν; ἀηδῶς δεῖ τῶν τοιούτων ἀκούειν;
— Μὴ γένοιτο. Ἐγὼ μὲν οὐδὲ κιθαρῳδοῦ ἀηδῶς ἀκούω· μή τι οὖν τούτου ἕνεκα κιθαρῳδεῖν με δεῖ στάντα; ἄκουσον τί λέγει Σωκράτης· «Οὐδὲ γὰρ ἂν πρέποι, ὦ ἄνδρες, τῇδε τῇ ἡλικίᾳ ὥσπερ μειρακίῳ πλάττοντι λόγους εἰς ὑμᾶς εἰσιέναι.» «Ὥσπερ μειρακίῳ» φησίν. Ἔστι γὰρ τῷ ὄντι κομψὸν τὸ τεχνίον ἐκλέξαι ὀνόματια καὶ ταῦτα συνθεῖναι καὶ παρελ‖θόντα εὐφυῶς ἀναγνῶναι ἢ εἰπεῖν καὶ μεταξὺ ἀναγιγνώσκοντα ἐπιφθέγξασθαι ὅτι «Τούτοις οὐ πολλοὶ δύνανται παρακολουθεῖν, μὰ τὴν ὑμετέραν σωτηρίαν.»

Φιλόσοφος δ' ἐπ' ἀκρόασιν παρακαλεῖ; Οὐχὶ δ' ὡς ὁ ἥλιος ἄγει αὐτὸς ἐφ' ἑαυτὸν τὴν τροφήν, οὕτως δὲ καὶ οὗτος ἄγει τοὺς ὠφεληθησομένους; Ποῖος ἰατρὸς παρακαλεῖ, ἵνα τις ὑπ' αὐτοῦ θεραπευθῇ; καίτοι νῦν ἀκούω ὅτι καὶ οἱ ἰατροὶ παρακαλοῦσιν ἐν Ῥώμῃ· πλὴν ἐπ' ἐμοῦ παρεκαλοῦντο. «Παρακαλῶ σε ἐλθόντα ἀκοῦσαι ὅτι σοι κακῶς ἐστι καὶ πάντων μᾶλλον ἐπιμελῇ ἢ οὗ δεῖ σε ἐπιμελεῖσθαι καὶ ὅτι ἀγνοεῖς τὰ ἀγαθὰ καὶ τὰ κακὰ καὶ κακοδαίμων εἶ καὶ δυστυχής.» Κομψὴ παράκλησις. Καὶ μὴν ἂν

6 τῶν ἐν τῇ Upt.: τῶν SPVBF om. J τῇ Trinc. ἐν τῇ Wolf τὸ ἐν τῇ susp. Schw. ἡ Meib. ‖ κατηγορίᾳ PVBFJ: κατηγορία S Meib. ‖ 9 οὖν; ἀηδῶς ed. Bas.: οὖν ἀηδῶς codd. ‖ 21 τὴν τροφήν S: ἢ τροφὴ S_bVF ἡ τροφὴ PB ἢ ἡ τροφή J ‖ 25 σοι S: οἱ S_cPVF ‖ 26 ἐστι: ἔχεις J ‖ ἢ B om. J ‖ οὗ J: οὐ SVBF.

si le discours du philosophe ne produit pas cet effet, il
29 est sans vie, lui et celui qui le prononce. Rufus avait
l'habitude de dire : « Si vous trouvez le temps de
me louer, c'est que ma parole est vaine. » Aussi parlait-il
de telle sorte que chacun d'entre nous, assis auprès de
lui, s'imaginait qu'on lui avait dévoilé ses fautes, tant il
touchait du doigt notre état actuel, tant il mettait sous
les yeux de chacun ses misères.

30 *Ce qu'est une école de philosophie.* C'est un cabinet médical, hommes, que l'école d'un philosophe : on ne doit pas, quand on sort, avoir joui, mais
avoir souffert. Car vous n'y allez pas étant bien portants :
l'un avait une épaule démise, l'autre un abcès, un troisième
31 une fistule, un quatrième souffrait de la tête. Et alors
vais-je m'asseoir et vous débiter de jolies pensées et de
jolies sentences pour que vous me combliez d'éloges avant
de partir, mais en remportant, l'un son épaule telle qu'il
l'avait apportée, l'autre sa tête dans le même état, le
troisième sa fistule et le quatrième son abcès ? Alors,
32 faut-il que des jeunes gens s'expatrient, quittent leurs
propres parents, leurs amis, leurs proches, leur petit avoir,
pour te dire : « Bravo ! » quand tu leur débites tes jolies
sentences ? Est-ce là ce que faisait Socrate, ce que faisait
Zénon, ce que faisait Cléanthe ?

33 *Le genre protreptique.* — Mais quoi ! le style protreptique n'existe-t-il pas ?
— Qui donc le nie ? Oui, il existe,
tout comme le style réfutatif ou le style didactique. Mais qui
en a jamais mentionné un quatrième à leur suite, le style épi-
34 dictique ? Voyons en quoi consiste le style protreptique. A
pouvoir montrer à un individu ou à plusieurs les contradic-
tions dans lesquelles ils s'empêtrent, et qu'ils s'occupent de
tout plutôt que de ce qu'ils veulent. Ils veulent, en effet,
ce qui conduit au bonheur, et ils cherchent cette voie

et Aristote l'avait longuement critiquée : *Météor.*, 2, 2, 554 b
33 — 555 a 33. Voir les notes de Pease (*M. Tulli Ciceronis
De Natura Deorum*, Harvard University Press, 2 vol. 1955 et
1958) à II, 40 et III, 37 du *De Natura Deorum*.

III 23, 28 ΔΙΑΤΡΙΒΑΙ 92

μὴ ταῦτα ἐμποιῇ ὁ τοῦ φιλοσόφου λόγος, νεκρός ἐστι καὶ
αὐτὸς καὶ ὁ λέγων. Εἴωθε λέγειν ὁ Ῥοῦφος· «Εἰ εὐσχο- 29
λεῖτε ἐπαινέσαι με, ἐγὼ δ' οὐδὲν λέγω.» Τοιγαροῦν
οὕτως ἔλεγεν ὥσθ' ἕκαστον ἡμῶν καθήμενον οἴεσθαι ὅτι
5 τίς ποτε αὐτὸν διαβέβληκεν· οὕτως ἥπτετο τῶν γιγνομέ-
νων, οὕτως πρὸ ὀφθαλμῶν ἐτίθει τὰ ἑκάστου κακά.

Ἰατρεῖόν ἐστιν, ἄνδρες, τὸ τοῦ φιλοσόφου σχολεῖον· οὐ 30
δεῖ ἡσθέντας ἐξελθεῖν, ἀλλ' ἀλγήσαντας. Ἔρχεσθε γὰρ οὐχ
ὑγιεῖς, ἀλλ' ὁ μὲν ὦμον ἐκβεβληκώς, ὁ δ' ἀπόστημα ἔχων,
10 ὁ δὲ σύριγγα, ὁ δὲ κεφαλαλγῶν. Εἶτ' ἐγὼ καθίσας ὑμῖν 31
λέγω νοημάτια καὶ ἐπιφωνημάτια, ἵν' ὑμεῖς ἐπαινέσαντές
με ἐξέλθητε, ὁ μὲν τὸν ὦμον ἐκφέρων οἷον εἰσήνεγκεν, ὁ
δὲ τὴν κεφαλὴν ὡσαύτως ἔχουσαν, ὁ δὲ τὴν σύριγγα, ὁ δὲ
τὸ ἀπόστημα; Εἶτα τούτου ἕνεκα ἀποδημήσωσιν ἄνθρωποι 32
15 νεώτεροι καὶ τοὺς γονεῖς τοὺς αὐτῶν ἀπολίπωσιν καὶ τοὺς
φίλους καὶ τοὺς συγγενεῖς καὶ τὸ κτησίδιον, ἵνα σοι ||
οὐᾶ φῶσιν ἐπιφωνημάτια λέγοντι; Τοῦτο Σωκράτης
ἐποίει, τοῦτο Ζήνων, τοῦτο Κλεάνθης;

— Τί οὖν; οὐκ ἔστιν ὁ προτρεπτικὸς χαρακτήρ; 33
20 — Τίς γὰρ οὐ λέγει; ὡς ὁ ἐλεγκτικός, ὡς ὁ διδασκαλικός.
Τίς οὖν πώποτε τέταρτον εἶπεν μετὰ τούτων τὸν ἐπι-
δεικτικόν; τίς γάρ ἐστιν ὁ προτρεπτικός; δύνασθαι καὶ 34
ἑνὶ καὶ πολλοῖς δεῖξαι τὴν μάχην ἐν ᾗ κυλίονται· καὶ
ὅτι μᾶλλον πάντων φροντίζουσιν ἢ ὧν θέλουσιν. Θέλουσι
25 μὲν γὰρ τὰ πρὸς εὐδαιμονίαν φέροντα, ἀλλαχοῦ δ' αὐτὰ

2 Εἴωθε: εἰώθει Kron. || 3 ἐγὼ δ': ἐγὼ uel ἐγὼ δὴ Cor. ||
5-6 γιγνομένων: γενομένων Hense || 7 σχολεῖον (ex corr.) S ||
14 ἀποδημήσωσιν S: — μήσουσιν S$_b$PVBFJ || 15 ἀπολίπωσιν Cor.:
ἀπολείπουσιν SPVBFJ ἀπολείψουσιν inter lin. J ἀπολιποῦσι Salm. ||
17 φῶσιν J: φᾶσιν S φασὶν PVBF. || 20 prius ὁ om. S (add. man.
rec.) || ἐλεγκτικός: ἐκλεκτικός (corr. S$_b$) || 24 μᾶλλον πάντων: μᾶλλον
ἄλλων πάντων Cor. πάντων μᾶλλον Elter.

35 ailleurs qu'il ne faudrait. Pour y arriver, te faut-il disposer un millier de sièges, inviter tes auditeurs, puis, vêtu d'une robe ou d'un manteau élégants, juché sur un coussin, décrire la mort d'Achille? Cessez, je vous en conjure au nom des dieux, d'avilir, pour autant qu'il est en votre
36 pouvoir, de beaux noms et de belles choses. Le genre protreptique ne serait-il donc jamais plus efficace que lorsque l'orateur fait clairement comprendre à ses auditeurs qu'il
37 a besoin d'eux? Ou, dis-moi, qui, en entendant ta lecture ou ton discours, a été saisi d'angoisse, a fait un retour sur lui-même, ou est sorti en disant : « Le philosophe m'a bien
38 touché ; je ne dois plus agir ainsi »? N'est-il pas vrai que, si tu as eu un beau succès, il dit plutôt à un de ses compagnons : « Comme il a parlé de Xerxès avec élégance ! » Et l'autre de répondre : « Non, mais plutôt du combat des Thermopyles. » Est-ce ainsi qu'on écoute un philosophe?

ζητοῦσι. Τοῦτο ἵνα γένηται, δεῖ τεθῆναι χίλια βάθρα 35
καὶ παρακληθῆναι τοὺς ἀκουσομένους καὶ σὲ ἐν κομψῷ
στολίῳ ἢ τριβωναρίῳ ἀναβάντα ἐπὶ πούλβινον διαγράφειν
πῶς Ἀχιλλεὺς ἀπέθανεν; παύσασθε, τοὺς θεοὺς ὑμῖν,
καλὰ ὀνόματα καὶ πράγματα καταισχύνοντες, ὅσον ἐφ᾽
ἑαυτοῖς. Οὐδὲν προτρεπτικώτερον ἢ ὅταν ὁ λέγων ἐμφαίνῃ 36
τοῖς ἀκούουσιν ὅτι χρείαν αὐτῶν ἔχει; Ἡ εἶπέ μοι τίς 37
ἀκούων ἀναγιγνώσκοντός σου ἢ διαλεγομένου περὶ αὐτοῦ
ἠγωνίασεν ἢ ἐπεστράφη εἰς αὐτὸν ἢ ἐξελθὼν εἶπεν
ὅτι « Καλῶς μου ἥψατο ὁ φιλόσοφος· οὐκέτι δεῖ ταῦτα
ποιεῖν »; Οὐχὶ δ᾽, ἂν λίαν εὐδοκιμῇς, λέγει πρός τινα· 38
« Κομψῶς ἔφρασεν τὰ περὶ τὸν Ξέρξην », ἄλλος· « Οὔ·
ἀλλὰ τὴν ἐπὶ Πύλαις μάχην »; Τοῦτό ἐστιν ἀκρόασις
φιλοσόφου;

3 πούλβινον : πούλπιτον Wolf πούλβιτον Reiske [2] || 4 ὑμῖν : ὑμῶν Wolf ἡμῖν Reiske [2] || 6 προτρεπτικώτερον ἢ S : ἂν προτ — ἢ S_ePVBFJ ἂν προτ — ἢ ἢ Wolf ἀποτρεπτικώτερον ἢ Reiske ἀποτρεπτικώτερον Kron. || 7 ἔχει; ἢ Salm. : ἔχει. ἢ codd. || 8 αὐτοῦ ex corr. PJ : αὐτοῦ SPVBFJ || 9 αὐτὸν B et ex corr. PJ : αὐτὸν SPVFJ || 11 δ᾽, ἂν : κἂν Meib.

Chapitre XXIV

*Qu'il ne faut pas s'émouvoir
pour ce qui ne dépend pas de nous.*

1   *Biens et maux dépendent de nous seuls.*   Que ce qui, chez un autre, est contraire à la nature ne soit pas pour toi un mal, car tu n'es pas né pour partager l'abaissement ou les infortunes
2 des autres, mais leur heureuse destinée[1]. Si quelqu'un est infortuné, rappelle-toi qu'il l'est par sa propre faute. Dieu, en effet, a créé tous les hommes pour le bonheur, pour la
3 paix. A cette fin, il leur a donné des moyens dont certains appartiennent en propre à chacun et les autres lui sont étrangers. Tout ce qui peut être entravé, enlevé, violenté, ne nous appartient pas en propre; tout ce qui est libre d'entraves nous appartient en propre. Quant à la vraie nature du bien et du mal, Dieu, ainsi qu'il convenait à celui qui veille sur nous et nous protège à la manière d'un père, nous l'a donnée en propre.

4   — Mais j'ai quitté un tel et il en souffre.

     — Pourquoi aussi a-t-il considéré comme à lui ce qui lui est étranger? Pourquoi, lorsqu'il avait du plaisir à te voir, ne songeait-il pas que tu es sujet mortel, que tu es sujet à t'expatrier? Aussi porte-t-il la peine de sa propre
5 sottise. Mais toi, de quoi portes-tu la peine ? Pourquoi pleures-tu sur toi-même? As-tu, toi aussi, omis de réfléchir à tout cela et, comme les femmes de rien, t'es-tu attaché à tout ce dont tu jouissais, comme si tu devais y rester

---

1. Comparer Sénèque, *De Clementia*, II, 3, 4 : misericordia est aegritudo animi ob alienarum miseriarum speciem... aegritudo autem in sapientem uirum non cadit; serena eius mens est. nec quicquam incidere potest quod illam obducat.

κδ'

**Περὶ τοῦ μὴ δεῖν προσπάσχειν τοῖς
οὐκ ἐφ' ἡμῖν.**

Τὸ ἄλλου παρὰ φύσιν σοὶ κακὸν μὴ γινέσθω· οὐ γὰρ 1
συνταπεινοῦσθαι πέφυκας οὐδὲ συνατυχεῖν, ἀλλὰ συνευ-
τυχεῖν. Ἂν δέ τις ἀτυχῇ, μέμνησο ὅτι παρ' αὐτὸν ἀτυχεῖ. 2
Ὁ γὰρ θεὸς πάντας ἀνθρώπους ἐπὶ τὸ εὐδαιμονεῖν, ἐπὶ ‖
τὸ εὐσταθεῖν ἐποίησεν. Πρὸς τοῦτο ἀφορμὰς ἔδωκεν, τὰ 3
μὲν ἴδια δοὺς ἑκάστῳ, τὰ δ' ἀλλότρια· τὰ μὲν κωλυτὰ
καὶ ἀφαιρετὰ καὶ ἀναγκαστὰ οὐκ ἴδια, τὰ δ' ἀκώλυτα ἴδια·
τὴν δ' οὐσίαν τοῦ ἀγαθοῦ καὶ τοῦ κακοῦ, ὥσπερ ἦν
ἄξιον τὸν κηδόμενον ἡμῶν καὶ πατρικῶς προϊστάμενον,
ἐν τοῖς ἰδίοις.

— Ἀλλ' ἀποκεχώρηκα τοῦ δεῖνος καὶ ὀδυνᾶται. 4

— Διὰ τί γὰρ τὰ ἀλλότρια ἴδια ἡγήσατο; διὰ τί, ὅτε σε
βλέπων ἔχαιρεν, οὐκ ἐπελογίζετο ὅτι θνητὸς εἶ, ἀποδημητικὸς εἶ; τοιγαροῦν τίνει δίκας τῆς αὑτοῦ μωρίας. Σὺ 5
δ' ἀντὶ τίνος; ἐπεὶ τί κλά⟨ε⟩ις σεαυτόν; ἢ οὐδὲ σὺ ταῦτα
ἐμελέτησας, ἀλλ' ὡς τὰ γύναια τὰ οὐδενὸς ἄξια πᾶσιν
οἷς ἔχαιρες ὡς ἀεὶ συνεσόμενος συνῆς, τοῖς τόποις, τοῖς

120ʳ

---

4 ἄλλου: ἄλλῳ uel ἄλλου et post φύσιν add. κακὸν Meib. ‖
5 συνταπεινοῦσθαι (τα in ras.) S ‖ ἀλλὰ (ὰ in ras.) S ‖ 5-6 συνευ-
τυχεῖν (συνευ in ras.) S ‖ 6 αὐτὸν ex corr. BJ: αὑτὸν SBFJ ‖
11 ἦν om. VJ ‖ 15 ἴδια ἡγήσατο S_c (ut uid.) et PBFJ: διηγήσατο
S ἴδι' ἡγήσατο S ex corr. V ‖ 17 αὑτοῦ J et ex corr. B: αὐτοῦ
SPVBF ‖ 18 ἀντὶ τίνος; ἐπεὶ susp. Schw. suadente Salm. ἐπεὶ:
ἀντὶ τίνος ἐπὶ codd. ἀντιτείνεις· ἐπεὶ Salm. ‖ κλάεις Salm.: κλᾶισ
SJ κλᾶς PVBF ‖ 19 οὐδενός: μηδενός B ‖ 20 συνῆς: σύνεις uel
ἐννοεῖς Reiske.

toujours attaché : lieux, hommes ou genre de vie ? Et maintenant, te voilà assis à pleurer parce que tu ne vois plus les mêmes personnes et ne vis plus dans les mêmes
6 lieux. Tu mérites bien d'être plus malheureux que les corbeaux et les corneilles, qui peuvent voler où il leur plaît, bâtir ailleurs leur nid et traverser les mers sans gémir et sans regretter leurs premiers gîtes.

7 — Oui, mais c'est parce qu'ils n'ont pas la raison que cela leur arrive.

— Et à nous donc, la raison nous a-t-elle été donnée par les dieux pour notre infortune et notre malheur, pour que nous passions notre vie dans une sempiternelle misère
8 et dans les lamentations ? Ou faudra-t-il que tous les hommes soient immortels, qu'aucun ne s'expatrie et que nous-mêmes ne nous expatriions jamais, mais que nous prenions racine sur place comme les plantes ? Et si quelqu'un de notre connaissance vient à s'expatrier, devrons-nous, nous, rester assis et pleurer, puis s'il revient, danser et battre des mains comme les enfants ?

9 *La conception stoïcienne de l'Univers.* N'arriverons-nous donc jamais à nous sevrer et ne nous rappellerons-nous pas ce que nous avons appris
10 des philosophes ? A moins que nous ne les ayons écoutés comme on écoute des enchanteurs, quand ils disaient que cet univers n'est qu'une seule cité, que la substance dont il est formé est unique et qu'il doit y avoir une révolution périodique où les choses se cèdent mutuellement la place, où les unes se dissolvent tandis que d'autres viennent au monde, où les unes demeurent au même lieu tandis que d'autres se mettent en mouvement.
11 Et tout est rempli d'amis : d'abord de dieux, puis également d'hommes que la nature a rapprochés les uns des autres : les uns doivent vivre ensemble, tandis que d'autres doivent se quitter, se complaisant parmi ceux qui vivent avec eux et sans s'attrister de voir s'éloigner les autres.
12 Quant à l'homme, outre qu'il est grand par nature et capable de mépriser tout ce qui n'est pas sous sa dépendance, il a encore ceci de particulier qu'il n'est pas fait

ἀνθρώποις, ταῖς διατριβαῖς; Καὶ νῦν κλαίων ἐκάθισας,
ὅτι μὴ τοὺς αὐτοὺς βλέπεις καὶ ἐν τοῖς αὐτοῖς τόποις
διατρίβεις. Τούτου γὰρ ἄξιος εἶ, ἵνα καὶ τῶν κοράκων 6
καὶ κορωνῶν ἀθλιώτερος ᾖς, οἷς ἔξεστιν ἵπτασθαι ὅπου
θέλουσιν καὶ μετοικοδομεῖν τὰς νεοσσιὰς καὶ τὰ πελάγη
διαπερᾶν μὴ στένουσιν μηδὲ ποθοῦσι τὰ πρῶτα.

— Ναί· ἀλλ' ὑπὸ τοῦ ἄλογα εἶναι πάσχει αὐτά. 7

— Ἡμῖν οὖν λόγος ἐπὶ ἀτυχίᾳ καὶ κακοδαιμονίᾳ δέδοται ὑπὸ τῶν θεῶν, ἵν' ἄθλιοι, ἵνα πενθοῦντες διατελῶμεν;
Ἢ πάντες ἔστωσαν ἀθάνατοι καὶ μηδεὶς ἀποδημείτω, μηδ' 8
ἡμεῖς ποῦ ἀποδημῶμεν, ἀλλὰ μένωμεν ὡς τὰ φυτὰ προσ-
ερριζωμένοι· ἂν δέ τις ἀποδημήσῃ τῶν συνήθων, καθήμενοι κλαίωμεν καὶ πάλιν, ἂν ἔλθῃ, ὀρχώμεθα καὶ κροτῶμεν
ὡς τὰ παιδία;

Οὐκ ἀπογαλακτίσομεν ἤδη ποθ' ἑαυτοὺς καὶ μεμνησό 9
μεθα || ὧν ἠκούσαμεν παρὰ τῶν φιλοσόφων; εἴ γε μὴ ὡς 10 120ʳ
ἐπαοιδῶν αὐτῶν ἠκούομεν ὅτι ὁ κόσμος οὗτος μία πόλις
ἐστὶ καὶ ἡ οὐσία ἐξ ἧς δεδημιούργηται μία καὶ ἀνάγκη
περίοδόν τινα εἶναι καὶ παραχώρησιν ἄλλων ἄλλοις καὶ
τὰ μὲν διαλύεσθαι, τὰ δ' ἐπιγίνεσθαι, τὰ μὲν μένειν ἐν τῷ
αὐτῷ, τὰ δὲ κινεῖσθαι. Πάντα δὲ φίλων μεστά, πρῶτα μὲν 11
θεῶν, εἶτα καὶ ἀνθρώπων φύσει πρὸς ἀλλήλους ᾠκειωμέ-
νων· καὶ δεῖ τοὺς μὲν παρεῖναι ἀλλήλοις, τοὺς δ'
ἀπαλλάττεσθαι, τοῖς μὲν συνοῦσι χαίροντας, τοῖς δ'
ἀπαλλαττομένοις μὴ ἀχθομένους. Ὁ δ' ἄνθρωπος πρὸς τῷ 12
φύσει μεγαλόφρων εἶναι καὶ πάντων τῶν ἀπροαιρέτων

3 Τούτου Upt. cod.: τοῦτο SPVBFJ. ‖ 6 τὰ πρῶτα: τὰ πρότερα
Elter τὰ πρὸ τοῦ Schenkl τὰ ἀπόντα uel τὰ οὐ παρόντα Kron. ‖
7 αὐτά: ταῦτα Upt. ‖ 8 οὖν: δὲ ὁ J ‖ 8-9 δέδοται: δέδωται S
pr. V ‖ 9 διατελῶμεν (μεν in ras.) S ‖ 10 Ἢ: ἦ susp. Wolf ‖
10-11 μηδ' — ἀποδημῶμεν del. Oldfather ‖ 11-12 προσερριζωμένοι
(ροσ in ras.) S ‖ 15 ἀπογαλακτίσομεν J: — τίσωμεν SVBF ‖
18 ἐξ ἧς: ἐξῆς SVBF.

pour prendre racine et pour s'attacher à la terre, mais pour passer d'un lieu à un autre, tantôt pressé par la nécessité, tantôt pour le simple plaisir de contempler.

13 **Exemples d'Ulysse et d'Héraclès.** C'est bien là, en somme, ce qui arriva à Ulysse :

D'hommes nombreux il visita les cités et connut l'esprit.

Et encore auparavant à Héraclès, qui parcourut toute la terre habitée :

Observant des humains la démesure et le sens de l'ordre [1],

bannissant l'une et en purgeant la terre, introduisant
14 l'autre à la place de la première. Pourtant, on peut le penser, que d'amis il eut à Thèbes, à Argos, à Athènes, combien il s'en fit dans ses périples, lui qui allait jusqu'à prendre femme, quand l'occasion lui paraissait bonne, et avait des enfants ; ces enfants, il les abandonnait sans plaintes, sans regrets, les quittant sans les considérer comme des orphelins !
15 Il savait, en effet, que nul homme n'est orphelin, mais que tous ont un père, qui, sans jamais cesser, prend soin d'eux.
16 Car ce n'étaient pas de simples mots qu'il avait recueillis, quand il entendait dire que Zeus est le père des hommes, lui qui, en vérité, le regardait comme son père et l'appelait ainsi et, le regard fixé sur lui, accomplissait toutes ses actions. C'est pourquoi il a pu vivre heureux partout [2].
17 Mais il est impossible d'associer le bonheur et le regret des choses absentes. Car l'être heureux doit recevoir tout ce qu'il désire ; il doit ressembler à un homme repu : il ne doit éprouver ni la soif ni la faim.
18 — Ulysse, pourtant, regrettait son épouse et, assis sur un rocher, il pleurait. [3]

---

1. Homère, *Odyssée*, I, 3 et XVII, 37.
2. Comparer Sénèque, *Benef.*, 1, 13, 3. C'est un portrait idéalisé. Les comiques nous donnent du héros une autre image. Il mange comme un ogre, refuse de payer, sème l'épouvante : Aristophane, *Grenouilles*, 503-576 ; *Acharniens*, 807 ; *Guêpes*, 60 ; *Lysistrata*, 928 ; *Paix*, 741. Cf. Eurip., *Alceste*, 787-802.
3. Homère, *Odyssée*, V, 82.

καταφρονητικὸς ἔτι κἀκεῖνο ἔσχηκε τὸ μὴ ἐρριζῶσθαι μηδὲ προσπεφυκέναι τῇ γῇ, ἀλλὰ ἄλλοτ᾽ ἐπ᾽ ἄλλους ἵεσθαι τόπους ποτὲ μὲν χρειῶν τινων ἐπειγουσῶν, ποτὲ δὲ καὶ αὐτῆς τῆς θέας ἕνεκα.

Καὶ τῷ Ὀδυσσεῖ τὸ συμβὰν τοιοῦτόν τι ἦν·

πολλῶν δ᾽ ἀνθρώπων ἴδεν ἄστεα καὶ νόον ἔγνω·

καὶ ἔτι πρόσθεν τῷ Ἡρακλεῖ περιελθεῖν τὴν οἰκουμένην ὅλην

ἀνθρώπων ὕβριν τε καὶ εὐνομίην ἐφορῶντα

καὶ τὴν μὲν ἐκβάλλοντα καὶ καθαίροντα, τὴν δ᾽ ἀντεισάγοντα. Καίτοι πόσους οἴει φίλους ἔσχεν ἐν Θήβαις, πόσους ἐν Ἄργει, πόσους ἐν Ἀθήναις, πόσους δὲ περιερχόμενος ἐκτήσατο, ὅς γε καὶ ἐγάμει ὅπου καιρὸς ἐφάνη αὐτῷ καὶ ἐπαιδοποιεῖτο καὶ τοὺς παῖδας ἀπέλειπεν οὐ στένων οὐδὲ ποθῶν οὐδ᾽ ὡς ὀρφανοὺς ἀφιείς; ᾔδει γὰρ ὅτι οὐδείς ἐστιν ἄνθρωπος ὀρφανός, ἀλλὰ πάντων ἀεὶ καὶ διηνεκῶς ὁ πατήρ ἐστιν ὁ κηδόμενος. Οὐ γὰρ μέχρι λόγου ἠκηκόει ὅτι πατήρ ἐστιν ὁ Ζεὺς τῶν ἀνθρώπων, ὅς γε || καὶ αὐτοῦ πατέρα ᾤετο αὐτὸν καὶ ἐκάλει καὶ πρὸς ἐκεῖνον ἀφορῶν ἔπραττεν ἃ ἔπραττεν. Τοιγάρτοι πανταχοῦ ἐξῆν αὐτῷ διάγειν εὐδαιμόνως. Οὐδέποτε δ᾽ ἐστὶν οἷόν τ᾽ εἰς τὸ αὐτὸ ἐλθεῖν εὐδαιμονίαν καὶ πόθον τῶν οὐ παρόντων. Τὸ γὰρ εὐδαιμονοῦν ἀπέχειν δεῖ πάντα ἃ θέλει, πεπληρωμένῳ τινὶ ἐοικέναι· οὐ δίψος δεῖ προσεῖναι αὐτῷ, οὐ λιμόν.

— Ἀλλ᾽ ὁ Ὀδυσσεὺς ἐπεπόνθει πρὸς τὴν γυναῖκα καὶ ἔκλαιεν ἐπὶ πέτρας καθεζόμενος.

---

1 ἔσχηκε (ηχε in ras.) S || 3 ἐπειγουσῶν: ἐπαγουσῶν PV || 4 τῆς del. Cor. || 6 ἴδεν (εν in ras.) S || 9 ἐφορῶντα: ἀφορῶντα VB || 14 ἀπέλειπεν Cor.: — λιπεν codd. || 18 αὐτοῦ J: αὑτοῦ SPVBF || 24 ἐοικέναι (οι ex corr.) S || 25 ὁ Ὀδυσσεὺς Schenkl: ὀδυσσεὺς SBFJ ὁδυσσεὺς PV et ex corr. B || 26 πέτρας J: πέτραις SPVBF.

— Et toi, tu ajoutes foi à tout ce que dit Homère et à ses fables ? S'il est bien vrai qu'Ulysse pleurait, qu'était-il de plus qu'un infortuné ? Or, quel homme de bien peut être infortuné ? En vérité, l'univers est bien mal gouverné si Zeus ne veille pas à ce que ses propres concitoyens soient heureux comme lui. Non, il n'est pas permis et il est impie de penser cela, mais si Ulysse pleurait et se lamentait, il n'était pas un homme bon[1]. Qui, en effet, peut être bon, s'il ignore qui il est ? Et qui le sait, s'il a oublié que tout ce qui vient à l'existence est périssable et que, pour les hommes, vivre ensemble n'est pas toujours possible ? Quelle sera la conclusion ? C'est que désirer l'impossible est le fait d'un esclave, d'un sot ; c'est agir comme un étranger, qui combat contre Dieu avec les seules armes qui soient à sa disposition, ses propres jugements.

Garder la sérénité. — Mais ma mère pleure quand elle ne me voit plus.

—Pourquoi donc n'a-t-elle pas appris ces leçons ? Et je ne dis pas qu'il ne faille point faire des efforts pour l'empêcher de se lamenter, mais qu'on ne doit pas vouloir à tout prix ce qui n'est pas à nous. Or le chagrin d'un autre n'est point à moi. C'est mon propre chagrin qui est mien. Par conséquent, le mien, je le ferai cesser à tout prix, car cela dépend de moi ; pour celui des autres, j'essaierai, suivant mes forces, mais je n'essaierai pas à tout prix ; sinon, je combattrai contre les dieux, je me mettrai en opposition avec Zeus, je serai en contradiction avec lui pour le gouvernement de l'univers. Et la peine de cette lutte contre Dieu et de cette désobéissance, ce ne sont pas les enfants de mes enfants qui la paieront, mais

---

1. Épictète rejette donc les fables d'Homère pour les mêmes raisons que Platon dans la *République* : « S'il est un homme qui se suffise à lui-même pour être heureux, c'est le sage et il est celui de tous les hommes qui a le moins besoin d'autrui... Nous prierons donc encore une fois Homère et les autres poètes de ne pas représenter Achille, le fils d'une déesse... pleurant et gémissant diversement selon les mille circonstances où Homère l'a représenté » (*Rép.* 387, d-e, 388 a-b trad. E. Chambry).

ΙΙΙ 24, 18   ΔΙΑΤΡΙΒΑΙ   97

— Σὺ δ' Ὁμήρῳ πάντα προσέχεις καὶ τοῖς μύθοις αὐτοῦ; ἢ εἰ ταῖς ἀληθείαις ἔκλαεν, τί ἄλλο ἢ ἐδυστύχει; τίς δὲ καλός τε καὶ ἀγαθὸς δυστυχεῖ; Τῷ ὄντι κακῶς 19 διοικεῖται τὰ ὅλα, εἰ μὴ ἐπιμελεῖται ὁ Ζεὺς τῶν ἑαυτοῦ
5 πολιτῶν ἵν' ὦσιν ὅμοιοι αὐτῷ εὐδαίμονες. Ἀλλὰ ταῦτα οὐ 20 θεμιτὰ οὐδ' ὅσια ἐνθυμηθῆναι, ἀλλ' ὁ Ὀδυσσεύς, εἰ μὲν ἔκλαεν καὶ ὠδύρετο, οὐκ ἦν ἀγαθός. Τίς γὰρ ἀγαθός ἐστιν ὁ οὐκ εἰδὼς ὅς ἐστιν ; τίς δ' οἶδεν ταῦτα ἐπιλελησμένος ὅτι φθαρτὰ τὰ γενόμενα καὶ ἄνθρωπον ἀνθρώπῳ συνεῖναι
10 οὐ δυνατὸν ἀεί; Τί οὖν; τῶν μὴ δυνατῶν ἐφίεσθαι ἀνδρα- 21 ποδῶδες, ἠλίθιον, ξένου θεομαχοῦντος, ὡς μόνον οἷόν τε, τοῖς δόγμασι τοῖς ἑαυτοῦ.

— Ἀλλ' ἡ μήτηρ μου στένει μὴ ὁρῶσά με.   22

— Διὰ τί γὰρ οὐκ ἔμαθεν τούτους τοὺς λόγους; Καὶ οὐ
15 τοῦτό φημι, ὅτι οὐκ ἐπιμελητέον τοῦ μὴ οἰμώζειν αὐτήν, ἀλλ' ὅτι οὐ δεῖ θέλειν τὰ ἀλλότρια ἐξ ἅπαντος. Λύπη δ' ἡ 23 ἄλλου ἀλλότριόν ἐστιν, ἡ δ' ἐμὴ ἐμόν. Ἐγὼ οὖν τὸ μὲν ἐμὸν παύσω ἐξ ἅπαντος, ἐπ' ἐμοὶ γάρ ἐστιν· τὸ δ' ἀλλότριον πειράσομαι κατὰ δύναμιν, || ἐξ ἅπαντος δ' οὐ πει- 121ᵛ
20 ράσομαι. Εἰ δὲ μή, θεομαχήσω, ἀντιθήσω πρὸς τὸν Δία, 24 ἀντιδιατάξομαι αὐτῷ πρὸς τὰ ὅλα. Καὶ τἀπίχειρα τῆς θεομαχίας ταύτης καὶ ἀπειθείας οὐ παῖδες παίδων ἐκτίσουσιν, ἀλλ' αὐτὸς ἐγὼ μεθ' ἡμέραν, νυκτὸς διὰ τῶν

---

1 Σὺ δ' : οὐδ' PV et (σὺ i. m.) J || 2 ἐδυστύχει (σ ex add.) S || 3 δὲ : γὰρ Reiske || 5 ὅμοιοι : ὁμοίως Wendland || 8 ὁ om. J || ὅς : ὅσ' Elter ὅστις Schenkl || ταῦτα : τοῦτο S_bPVBFJ || 9 ἀνθρώπῳ : ἀνθρώπων (ν eras.) S || 10 οὖν; τῶν Salm. : οὖν τῶν codd. || 11 ἠλίθιον : καὶ ἠλίθιον PJ ἠλιθίου Salm. || ξένου : ξένου καὶ Salm. ξένου τε Upt. || θεομαχοῦντος : οὐ θεομαχοῦντος, ἀλλ' Reiske || οἷόν τε : οἷόν τε μονομαχοῦντος Elter || 15 τοῦ : τοῦ ποιεῖν Reiske || 20 ἀντιθήσω : ἀντιθήσομαι uel ἀπειθήσω Reiske ἀντιστήσομαι Cor. || 21 αὐτῷ : αὐτὸς susp. Schw. || 22 ἀπειθείας : ἀπειθίας S pr. V || οὐ : οὐ μόνον S_bPVBFJ || 23 ἀλλ' : ἀλλὰ καὶ Upt. cod. J || ἡμέραν : ἡμέραν τε καὶ Upt. cod. J.

moi-même, de jour et de nuit, quand mes rêves me feront
tressauter, quand je vivrai dans le trouble, tremblant à
la moindre nouvelle, avec la paix de mon âme suspendue
25 aux lettres des autres. Quelqu'un arrive de Rome : « Pourvu
qu'il n'y ait pas quelque malheur ! » Et quel malheur peut
t'arriver là où tu n'es pas ? C'est de Grèce qu'on arrive :
« Pourvu qu'il n'y ait pas quelque malheur ! » Ainsi, n'im-
26 porte quel lieu peut être pour toi cause d'infortune. Cela
ne te suffit pas d'être infortuné là où tu es ; il faut encore
que tu le sois par delà la mer et par des lettres. Voilà donc
en quelle sécurité sont tes affaires ?

27 — Mais qu'adviendra-t-il donc si mes amis de là-bas
meurent ?

— Qu'adviendra-t-il d'autre, sinon que les mortels sont
morts ? Ou comment peux-tu vouloir en même temps
vieillir et ne voir mourir aucun de ceux que tu aimes ?
28 Ignores-tu que dans un long espace de temps bien des
événements et de toute sorte arrivent nécessairement ?
Que tel homme est vaincu par la fièvre, tel autre par un
29 voleur, tel autre encore par un tyran ? Telle est la nature
de l'air ambiant, celle des êtres qui nous entourent : fri-
mas et chaleurs, nourriture inadaptée à notre tempérament,
expéditions sur terre et sur mer, vents, dangers de toute
sorte... font que les uns périssent, que les autres sont jetés
en exil, ceux-ci envoyés en ambassade et ceux-là en cam-
30 pagne. Reste donc assis à t'ébahir de tous ces événements,
à gémir, infortuné et misérable, à la merci de quelque
autre événement, et encore non pas d'un, ni de deux, mais
de milliers et de milliers.

31 *La vie est un combat.* C'est là ce que tu as écouté chez
les philosophes, c'est là ce que tu as
appris ? Ne sais-tu pas que notre
condition est celle de soldats en campagne ?[1] L'un doit
monter la garde, l'autre partir en reconnaissance, un autre
encore aller se battre. Il n'est pas possible pour tous de

---

1. Épictète affectionne de comparer la vie à une campagne
militaire ou à un poste de combat qui nous a été assigné par
Dieu et que nous ne devons déserter à aucun prix : I, 9, 16 ;
III, 13, 14 ; III, 24, 99-102 ; III, 26, 29. Cette image vient

ἐνυπνίων ἐκπηδῶν, ταρασσόμενος, πρὸς πᾶσαν ἀπαγγελίαν τρέμων, ἐξ ἐπιστολῶν ἀλλοτρίων ἠρτημένην ἔχων τὴν ἐμαυτοῦ ἀπάθειαν. Ἀπὸ Ῥώμης τις ἥκει. «Μόνον μή τι 25 κακόν.» Τί δὲ κακὸν ἐκεῖ σοι συμβῆναι δύναται, ὅπου μὴ εἶ; Ἀπὸ τῆς Ἑλλάδος. «Μόνον μή τι κακόν.» Οὕτως σοι πᾶς τόπος δύναται δυστυχίας εἶναι αἴτιος. Οὐχ ἱκανὸν ἐκεῖ σε 26 ἀτυχεῖν, ὅπου αὐτὸς εἶ, ἀλλὰ καὶ πέραν θαλάσσης καὶ διὰ γραμμάτων; οὕτως ἀσφαλῶς σοι τὰ πράγματα ἔχει;

— Τί οὖν, ἂν ἀποθάνωσιν οἱ ἐκεῖ φίλοι; 27

— Τί γὰρ ἂν ἄλλο ἢ οἳ θνητοὶ ἀπέθανον; ἢ πῶς ἅμα μὲν γηρᾶσαι θέλεις, ἅμα δὲ μηδενὸς τῶν στεργομένων μὴ ἰδεῖν θάνατον; Οὐκ οἶσθ' ὅτι ἐν τῷ μακρῷ χρόνῳ 28 πολλὰ καὶ ποικίλα ἀποβαίνειν ἀνάγκη, τοῦ μὲν πυρετὸν γενέσθαι κρείττονα, τοῦ δὲ λῃστήν, τοῦ δὲ τύραννον; Τοιοῦτο γὰρ τὸ περιέχον, τοιοῦτον οἱ συνόντες, ψύχη καὶ 29 καύματα καὶ τροφαὶ ἀσύμμετροι καὶ ὁδοιπορίαι καὶ πλοῦς καὶ ἄνεμοι καὶ περιστάσεις ποικίλαι· τὸν μὲν ἀπώλεσαν, τὸν δ' ἐξώρισαν, τὸν δ' εἰς πρεσβείαν, ἄλλον δ' εἰς στρατείαν ἐνέβαλον. Κάθησο τοίνυν πρὸς πάντα ταῦτα 30 ἐπτοημένος, πενθῶν, ἀτυχῶν, δυστυχῶν, ἐξ ἄλλου ἠρτημένος καὶ ‖ τούτου οὐχ ἑνός, οὐ δυεῖν, ἀλλὰ μυρίων ἐπὶ μυρίοις.

Ταῦτα ἤκουες παρὰ τοῖς φιλοσόφοις, ταῦτ' ἐμάνθανες; 31 Οὐκ οἶσθ' ὅτι στρατεία τὸ χρῆμά ἐστιν; τὸν μὲν δεῖ φυλάττειν, τὸν δὲ κατασκοπήσοντα ἐξιέναι, τὸν δὲ καὶ πολεμήσοντα· οὐχ οἷόν τ' εἶναι πάντας ἐν τῷ αὐτῷ οὐδ'

3 ἀπάθειαν Schw.: εὐπείθειαν SPVF ἀπείθειαν BJ εὐπάθειαν Par. 1959 εὐστάθειαν Reiske ‖ 10 οἱ: ὅτι Elter ‖ 12 ἰδεῖν S (l in ras. ex corr.) et PBFJ: εἰδεῖν V ‖ 15 τοιοῦτον: τοιούτῳ V τοιοῦτοι Par. 1959 ‖ 16 πλοῦς: πλοῖ Postgate ‖ 17 ποικίλαι· τόν: ποικίλαι τόν Kron. ‖ 19 στρατείαν: στρατίαν S (είαν ex corr.) ‖ 23 τοῖς φιλοσόφοις: τῶν φιλοσόφων Trinc. Cor. ‖ 24 ἐστιν: ἐστιν, ἐν ᾗ Reiske ‖ 25 κατασκοπήσοντα: — πήσαντα S (corr. man. rec.).

32 rester au même endroit, et cela n'est pas meilleur. Mais toi, insouciant d'accomplir les ordres du chef, tu te plains quand on t'a donné un ordre un peu pénible, sans te rendre compte en quel état pitoyable, autant qu'il dépend de toi, tu réduis l'armée; car si tous viennent à t'imiter, il n'y aura plus personne pour creuser une tranchée, pour construire une palissade, pour veiller, pour affronter le danger, **33** mais chacun paraîtra inutilisable pour le service. De même, sur un navire, embarqué comme matelot, empare-toi d'une bonne place et ne la lâche pas; s'il faut grimper au mât, refuse; s'il faut courir à la proue, refuse. Et quel est le capitaine qui te supportera? N'est-il pas vrai qu'il te jettera par-dessus bord comme un meuble inutile, un pur embarras et un mauvais exemple pour les autres mate- **34** lots? Il en est ainsi dans notre cas. La vie de chacun est un combat, et un combat long, aux péripéties variées. Il faut que tu remplisses le rôle du soldat et exécutes toutes choses sur un signe du chef, devinant, si possible, ce qu'il **35** désire. Car il n'y a pas de comparaison entre ce grand chef et celui dont nous parlions, ni quant à la puissance, ni **36** quant à la supériorité de caractère. On t'a fixé un poste dans une ville impériale, et tu n'es pas à une place médiocre, mais tu es sénateur à vie. Ne sais-tu pas qu'un homme de cette sorte doit accorder peu de temps aux affaires de sa maison, mais être presque toujours absent de chez lui pour commander ou obéir, ou pour remplir quelque magistrature, ou pour faire campagne, ou pour exercer la justice? Et voilà que tu me prétends rester attaché comme une plante aux mêmes lieux et y prendre racine?

---

directement de Platon. Dans l'*Apologie*, Socrate expose à ses juges les raisons qui l'ont obligé à braver la mort pour remplir sa mission: « Quiconque occupe un poste — qu'il l'ait choisi lui-même comme le plus honorable ou qu'il y ait été placé par un chef — a pour devoir... d'y demeurer ferme, quel qu'en soit le risque, sans tenir compte ni de la mort possible, ni d'aucun danger, plutôt que de sacrifier l'honneur » (28 d; trad. M. Croiset; cf. 28 *e*). Il est possible encore de voir là une transposition de la φρουρά du *Phédon* (62 b-c). Voir A. Jagu, *Epictète et Platon*, Paris, Vrin, 1946, pp. 100-101; 147. Comparer Sénèque: uiuere militare est (*ep.*, 96, 5).

ἄμεινον. Σὺ δ' ἀφεὶς ἐκτελεῖν τὰ προστάγματα τοῦ στρα- 32
τηγοῦ ἐγκαλεῖς, ὅταν τί σοι προσταχθῇ τραχύτερον, καὶ
οὐ παρακολουθεῖς οἷον ἀποφαίνεις, ὅσον ἐπὶ σοί, τὸ
στράτευμα, ὅτι ἄν σε πάντες μιμήσωνται, οὐ τάφρον
σκάψει τις, οὐ χάρακα περιβαλεῖ, οὐκ ἀγρυπνήσει, οὐ
κινδυνεύσει, ἀλλὰ ἄχρηστος δόξει στρατεύεσθαι. Πάλιν 33
ἐν πλοίῳ ναύτης ἂν πλέῃς, μίαν χώραν κάτεχε καὶ ταύτην προσλιπάρει· ἂν δ' ἐπὶ τὸν ἱστὸν ἀναβῆναι δέῃ, μὴ
θέλε, ἂν εἰς τὴν πρῷραν διαδραμεῖν, μὴ θέλε· καὶ τίς
ἀνέξεταί σου κυβερνήτης; οὐχὶ δ' ὡς σκεῦος ἄχρηστον
ἐκβαλεῖ, οὐδὲν ἄλλο ἢ ἐμπόδιον καὶ κακὸν παράδειγμα
τῶν ἄλλων ναυτῶν; Οὕτως δὲ καὶ ἐνθάδε· στρατεία τίς 34
ἐστιν ὁ βίος ἑκάστου καὶ αὕτη μακρὰ καὶ ποικίλη. Τηρεῖν
σε δεῖ τὸ τοῦ στρατιώτου καὶ τοῦ στρατηγοῦ πρὸς νεῦμα
πράσσειν ἕκαστα· εἰ οἷόν τε, μαντευόμενον ἃ θέλει. Οὐδὲ 35
γὰρ ὅμοιος ἐκεῖνος ὁ στρατηγὸς καὶ οὗτος οὔτε κατὰ τὴν
ἰσχὺν οὔτε κατὰ τὴν τοῦ ἤθους ὑπεροχήν. Τέταξαι ἐν 36
πόλει ἡγεμονίδι καὶ οὐκ ἐν ταπεινῇ τινι χώρᾳ, ἀλλ' ⟨εἰς⟩
ἀεὶ βουλευτής. Οὐκ οἶσθ' ὅτι τὸν τοιοῦτον ὀλίγα μὲν δεῖ
οἰκονομεῖν, τὰ πολλὰ δ' ἀποδημεῖν ἄρχοντα ἢ ἀρχόμενον
ἢ ὑπηρετοῦντά τινι ἀρχῇ ἢ στρατευόμενον ἢ δικάζοντα;
Εἶτά μοι θέλεις ὡς φυτὸν προσηρτῆσθαι ‖ τοῖς αὐτοῖς 122ᵛ
τόποις καὶ προσερριζῶσθαι;

2 ἐγκαλεῖς: καλεῖς (corr. S_c) S κλάεις susp. Schenkl¹ ‖ 6 δόξει: δόξεις Elter ‖ 7-8 ταύτην: ταύτῃ J ex corr. ‖ 10 σκεῦος: σκεῦός σ' C. Schenkl ‖ 14 στρατιώτου καὶ Schw.: στρατιώτου (στρατιώτον V) πρόσνευμα καὶ SVBJ στρατιώτου πρὸς νεῦμα ex corr. J στρατιώτου πρόσταγμα καὶ F στρατιώτου καὶ πρὸς νεῦμα Wolf del.Reiske ‖ τοῦ στρατηγοῦ πρὸς νεῦμα Schw.: τοῦ στρατηγεῖν SVBF τοῦ στρατηγοῦ J Wolf τοῦ στρατηγοῦ πρόσνευμα καὶ Reiske ‖ 15 μαντευόμενον Reiske Cor.: — μενος codd. ‖ 18 πόλει S: πολλῇ S_bPVBFJ πόλεως susp. Schenkl¹ ‖ ἡγεμονίδι Kron.: ἡγεμονίᾳ codd. ἡγεμονούσῃ sup. Schenkl ἡγεμόνι C. Schenkl: ‖ ante ἀλλ' add. οὐδ' ἐξ ὀλίγου χρόνου C. Schenkl ‖ ἀλλ' εἰς ἀεὶ Capps: ἀλλ' ἀεὶ uel ἀλλὰ εἰ codd. ἀλλὰ εἰ Reiske ἀλλ' οὐκ εἰ Cor. ‖ 20-21 ἀρχόμενον ἢ ὑπηρετοῦντα: ἀρχόμενον· ὑπηρετοῦντα F ‖ 21 ἀρχῇ: χρείᾳ Elter.

37   — C'est bien agréable.
— Qui le nie? Mais un bouillon aussi est agréable, et une belle femme est quelque chose d'agréable. Que disent de plus ceux qui font du plaisir leur fin?

38
La vie des Épicuriens.

Ne te rends-tu pas compte de quels hommes tu tiens le langage? N'est-ce pas des Épicuriens et des débauchés? Et après cela, agissant comme eux et jugeant comme eux, tu viens nous débiter les propres discours de Zénon et de Socrate? Ne vas-tu pas rejeter le plus loin que tu pourras ces ornements étrangers dont tu te pares et qui ne te 39 conviennent nullement? Que désirent ces gens-là, sinon dormir à leur gré et sans gêne et, quand ils sont levés, bâiller tout à loisir et se laver la figure, puis écrire et lire à leur fantaisie, débiter ensuite quelque niaiserie, que leurs amis applaudissent, quelle qu'elle soit; puis, encore, aller à la promenade et, après s'être un peu promenés, prendre leur bain, manger, se mettre au lit..., le lit où vraisemblablement dormiront de telles gens. Est-il besoin de dire lequel? On peut le deviner [1].

40
Ne point usurper le titre de Stoïcien.

Eh bien! montre-moi, toi aussi, ton propre genre de vie, celui que tu souhaites, ô zélateur de la vérité, de Socrate et de Diogène. Que veux-41 tu faire à Athènes? Cela même? Pas autre chose? Pourquoi donc te décores-tu toi-même du nom de Stoïcien? Quoi! Alors que ceux qui se proclament faussement citoyens romains sont sévèrement châtiés, faut-il laisser impunis ceux qui se vantent faussement d'une fonction et 42 d'un nom si majestueux et si vénérables? N'est-il point vrai

---

1. Il peut paraître étrange de voir Épictète partager les calomnies qui couraient sur Épicure, alors que nous savons par Diogène Laërce (VII, 3-8) qu'il pratiqua toutes les vertus. Il est vrai qu'il avait admis dans son École des femmes, non seulement des épouses légitimes mais des hétaïres, « et il n'est pas douteux que leur présence dans l'École ait donné lieu à des bruits fâcheux » (A. J. Festugière, *Epicure et ses dieux*, P.U.F., 1946, p. 40). Mais ce sont les principes mêmes de la doctrine

— Ἡδὺ γάρ ἐστιν.

— Τίς οὔ φησιν; ἀλλὰ καὶ ζωμὸς ἡδύς ἐστι καὶ γυνὴ καλὴ ἡδύ ἐστιν. Τί ἄλλο λέγουσιν οἱ τέλος ποιούμενοι τὴν ἡδονήν;

Οὐκ αἰσθάνῃ τίνων ἀνθρώπων φωνὴν ἀφῆκας; ὅτι Ἐπικουρείων καὶ κιναίδων; εἶτα τὰ ἐκείνων ἔργα πράσσων καὶ τὰ δόγματα ἔχων τοὺς λόγους ἡμῖν λέγεις τοὺς Ζήνωνος καὶ Σωκράτους; Οὐκ ἀπορρίψεις ὡς μακροτάτω τἀλλότρια, οἷς κοσμῇ μηδέν σοι προσήκουσιν; Ἢ τί ἄλλο θέλουσιν ἐκεῖνοι ἢ καθεύδειν ἀπαραποδίστως καὶ ἀναναγκάστως καὶ ἀναστάντες ἐφ' ἡσυχίας χασμήσασθαι καὶ τὸ πρόσωπον ἀποπλῦναι, εἶτα γράψαι καὶ ἀναγνῶναι ἃ θέλουσιν, εἶτα φλυαρῆσαί τί ποτ' ἐπαινούμενοι ὑπὸ τῶν φίλων ὅ τι ἂν λέγωσιν, εἶτα εἰς περίπατον προελθόντες καὶ ὀλίγα περιπατήσαντες λούσασθαι, εἶτα φαγεῖν, εἶτα κοιμηθῆναι, οἵαν δὴ κοίτην καθεύδειν τοὺς τοιούτους εἰκός — τί ἄν τις λέγοι; ἔξεστιν γὰρ τεκμαίρεσθαι.

Ἄγε, φέρε μοι καὶ σὺ τὴν σαυτοῦ διατριβὴν ἣν ποθεῖς, ζηλωτὰ τῆς ἀληθείας καὶ Σωκράτους καὶ Διογένους. Τί θέλεις ἐν Ἀθήναις ποιεῖν; ταῦτα αὐτά; μή τι ἕτερα; τί οὖν Στωικὸν σαυτὸν εἶναι λέγεις; Εἶτα οἱ μὲν τῆς Ῥωμαίων πολιτείας καταψευδόμενοι κολάζονται πικρῶς, τοὺς δ' οὕτως μεγάλου καὶ σεμνοῦ καταψευδομένους πράγματος καὶ ὀνόματος ἀθῴους ἀπαλλάττεσθαι δεῖ; ἢ

---

2 ἡδύς: ἡδύ Kron. ‖ 7 alt. τοὺς: τοῦ J τοὺς τοῦ susp. Schw. ‖ 9 μηδέν σοι: μηδενὸς (corr. S_b) S ‖ 10-11 ἀναναγκάστως: ἀναναγκάστως ἀναστῆναι susp. Wolf ‖ 16 δὴ: δεῖ (corr. S_b) S δὲ Reiske ‖ 20 τῆς ἀληθείας: ταῖς ἀληθείαις susp. Schenkl ‖ 21 αὐτά; μή τι: αὐτὰ μήτε Wolf ‖ ἕτερα; τί: ἕτερα. τί Wolf ἕτερα; οὔτι Reiske ‖ 25 δεῖ: οἴει Wendland ‖ ἢ: καὶ Elter.

que c'est impossible, mais que la loi divine et toute-puissante et à laquelle on ne peut se soustraire est celle qui inflige les peines les plus graves à ceux qui ont commis 43 les plus graves délits? Or, que dit-elle? « Que quiconque prétend à des qualités qui n'ont rien à voir avec lui soit un fanfaron, un vaniteux; que quiconque désobéit à l'ordre divin soit un être vil, un esclave; qu'il éprouve de la peine, de l'envie, de la pitié; bref, qu'il soit infortuné et qu'il se lamente ».

44 *Savoir conserver sa dignité.* — Mais quoi! Veux-tu que je flatte un tel? que j'assiège sa porte?
— Si la raison l'impose pour la patrie, pour la famille, pour l'humanité, pourquoi n'irais-tu pas? Tu n'as pas honte d'assiéger la porte du cordonnier quand tu as besoin de chaussures, ni celle du jardinier quand tu as besoin de laitues, et tu auras honte d'assiéger celle des riches quand tu as besoin d'une chose semblable?
45 — Oui, car je n'ai pas de considération pour le cordonnier.
— N'en aie pas non plus pour le riche.
— Et je ne flatterai pas le jardinier.
— Ne flatte pas non plus le riche.
46 — Comment alors obtiendrai-je ce dont j'ai besoin?
— Est-ce que je te dis, moi : « Vas-y avec l'intention d'obtenir », et non pas simplement : « Vas-y pour accomplir ton devoir » ?
47 — Pourquoi donc encore m'y rendrai-je?
48 — Pour y aller, pour t'acquitter de ta fonction de citoyen, de frère, d'ami. Et, du reste, souviens-toi que tu es allé chez un cordonnier, chez un marchand de légumes, chez un homme dont le pouvoir ne s'étend sur rien d'important ou de respectable, si cher qu'il vende sa marchandise. Tu vas là comme quelqu'un qui cherche des laitues : or elles

---

d'Épicure qui heurtent profondément Épictète. Voir dans le plaisir le souverain bien, affirmer que la sociabilité n'est pas naturelle, rejeter la providence, autant de thèses qui devaient conduire les jeunes gens à l'immoralité (cf. II, 20, en entier). Voir aussi E. de Faye, *Origène. Sa vie, son œuvre, sa pensée*, Paris, 1927, II, pp. 85-86.

τοῦτό γε οὐ δυνατόν, ἀλλ' ὁ νόμος θεῖος καὶ ἰσχυρὸς καὶ
ἀναπόδραστος οὗτός ἐστιν ὁ τὰς μεγίστας εἰσπρασσόμενος
κολάσεις παρὰ ⟨τῶν⟩ τὰ μέγιστα ἁμαρτανόντων· Τί γὰρ
λέγει; «Ὁ προσποιούμενος τὰ μηδὲν πρὸς αὐτὸν ἔστω
ἀλαζών, ἔστω κενόδοξος· ‖ ὁ ἀπειθῶν τῇ θείᾳ διοικήσει
ἔστω ταπεινός, ἔστω δοῦλος, λυπείσθω, φθονείτω, ἐλεείτω, τὸ κεφάλαιον πάντων, δυστυχείτω, θρηνείτω.»

— Τί οὖν; θέλεις με τὸν δεῖνα θεραπεύειν; ἐπὶ θύρας
αὐτοῦ πορεύεσθαι;
— Εἰ τοῦτο αἱρεῖ λόγος, ὑπὲρ τῆς πατρίδος, ὑπὲρ τῶν
συγγενῶν, ὑπὲρ ἀνθρώπων, διὰ τί μὴ ἀπέλθῃς; Ἀλλ' ἐπὶ
μὲν τὰς τοῦ σκυτέως οὐκ αἰσχύνῃ πορευόμενος, ὅταν δέῃ
ὑποδημάτων, οὐδ' ἐπὶ τὰς τοῦ κηπουροῦ, ὅταν θιδράκων,
ἐπὶ δὲ τὰς τῶν πλουσίων, ὅταν τινὸς ὁμοίου δέῃ;
— Ναί· τὸν σκυτέα γὰρ οὐ θαυμάζω.
— Μηδὲ τὸν πλούσιον.
— Οὐδὲ τὸν κηπουρὸν κολακεύσω.
— Μηδὲ τὸν πλούσιον.
— Πῶς οὖν τύχω οὗ δέομαι;
— Ἐγὼ δέ σοι λέγω ὅτι «ὡς τευξόμενος ἀπέρχου»· οὐχὶ
δὲ μόνον ἵνα πράξῃς τὸ σαυτῷ πρέπον;
— Τί οὖν ἔτι πορεύομαι;
— Ἵν' ἀπέλθῃς, ἵνα ἀποδεδωκὼς ᾖς τὰ τοῦ πολίτου
ἔργα, τὰ ἀδελφοῦ, τὰ φίλου. Καὶ λοιπὸν μέμνησο ὅτι πρὸς
σκυτέα ἀφῖξαι, πρὸς λαχανοπώλην, οὐδενὸς μεγάλου ἢ
σεμνοῦ ἔχοντα τὴν ἐξουσίαν, κἂν αὐτὸ πολλοῦ πωλῇ. Ὡς
ἐπὶ τὰς θρίδακας ἀπέρχῃ· ὀβολοῦ γάρ εἰσιν, ταλάντου

---

1 δυνατόν, ἀλλ' ὁ: δυνατόν, ἀλλὰ J δυνατόν; οὐ· ἀλλὰ Upt. ‖
3 τῶν om. S (add. S_b) ‖ 8 θύρας Wolf: θύραις codd. ‖ 10 Εἰ J:
εἰς SPVBF ‖ αἱρεῖ J inter lin.: ἐρεῖ SPVBFJ ‖ 12 τὰς PJ: τὰ
SVBF ‖ 13 θιδράκων: θριδάκων S_bPVBFJ ‖ 15 θαυμάζω: —
μάσω Salm. ‖ 21 ἵνα: ἀλλ' ἵνα Upt. cod. ‖ τὸ: καὶ τὸ Wolf ‖
24 ὅτι: ὅτι ὡς Elter ‖ 25 σκυτέα (σ ex add.) S.

49 valent une obole, pas un talent. De même, dans le cas présent. L'affaire vaut la peine de me présenter à sa porte. Soit, j'irai. De lui parler de telle manière. Soit, je lui parlerai. Mais il faut aussi que je lui baise la main et que je le flatte par quelque compliment. Pas de cela ! Cela vaut un talent. Il n'est profitable ni à moi, ni à la cité, ni à mes amis, de perdre un bon citoyen et un ami.

50 — Mais tu paraîtras n'avoir pas montré beaucoup de zèle si tu n'aboutis pas.

— Encore une fois, as-tu oublié pourquoi tu es venu? Ne sais-tu pas qu'un homme de bien n'agit jamais pour paraître, mais pour avoir bien agi[1] ?

51 — A quoi donc lui sert-il de bien agir?

— Et à quoi sert-il à qui écrit le nom de Dion de l'écrire comme il faut? A l'écrire.

— Alors, pas de récompense supplémentaire?

— Réclames-tu pour un homme de bien une récompense plus grande que celle d'accomplir ce qui est beau et juste?

52 A Olympie, tu ne réclames pas autre chose, mais il te paraît bien suffisant de recevoir une couronne olympique. Cela te paraît-il si mesquin et de si peu de valeur d'être un

53 homme de bien et un homme heureux? Quand les dieux t'ont introduit pour cela dans cette cité et quand tu dois maintenant y faire œuvre d'homme, tu cries après ta nourrice et ta maman, et tu te laisses fléchir et amollir par les lamentations de sottes femmelettes? Ne cesseras-tu donc jamais d'être un bébé? Ne sais-tu pas que celui qui fait l'enfant est d'autant plus ridicule qu'il est plus âgé?

54 A Athènes, n'allais-tu chez personne, ne voyais-tu personne?

---

1. Le résultat importe peu, car le succès ou l'insuccès d'une démarche ne dépendent pas de nous mais du Destin et, pour ce qui ne dépend pas de nous, « la philosophie ne promet rien » (I, 15, 3). La seule chose qui compte, c'est la volonté de bien agir, c'est l'attitude morale elle-même. L'éthique stoïcienne accorde donc la primauté à l'intention (cf. L. Robin, *La morale antique*, Paris, Alcan, 1938, p. 133). Pourvu que celle-ci soit sincère et persévérante, notre action sera morale et la fin véritable que nous nous proposions sera atteinte.

δ' ούκ εἰσίν. Οὕτως κἀνταῦθα. Τοῦ ἐπὶ θύρας ἐλθεῖν ἄξιον 49
τὸ πρᾶγμα· ἔστω, ἀφίξομαι. Τοῦ διαλεχθῆναι οὕτως· ἔστω,
διαλεχθήσομαι. Ἀλλὰ καὶ τὴν χεῖρα δεῖ καταφιλῆσαι καὶ
θωπεῦσαι δι' ἐπαίνου. Ἄπαγε, ταλάντου ἐστίν· οὐ λυσιτε-
5 λεῖ μοι οὐδὲ τῇ πόλει οὐδὲ τοῖς φίλοις ἀπολέσαι καὶ πολίτην ἀγαθὸν καὶ φίλον.

— Ἀλλὰ δόξεις μὴ προτεθυμῆσθαι μὴ ἀνύσας. 50

— Πάλιν ἐπελάθου τίνος ἕνεκα ἐλήλυθας; οὐκ οἶσθ' ὅτι
ἀνὴρ καλὸς καὶ ἀγαθὸς οὐδὲν ποιεῖ ∥ τοῦ δόξαι ἕνεκα, ἀλλὰ 123ᵛ
10 τοῦ πεπρᾶχθαι καλῶς;

— Τί οὖν ὄφελος αὐτῷ τοῦ πρᾶξαι καλῶς; 51

— Τί δ' ὄφελος τῷ γράφοντι τὸ Δίωνος ὄνομα, ὡς χρὴ
γράφειν αὐτό; τὸ γράψαι.

— Ἔπαθλον οὖν οὐδέν;

15 — Σὺ δὲ ζητεῖς ἔπαθλον ἀνδρὶ ἀγαθῷ μεῖζον τοῦ τὰ
καλὰ καὶ δίκαια πράττειν; Ἐν Ὀλυμπίᾳ δ οὐ θέλεις ἄλλο 52
οὐδέν, ἀλλ' ἀρκεῖν σοι δοκεῖ τὸ ἐστεφανῶσθαι Ὀλύμπια.
Οὕτως σοι μικρὸν καὶ οὐδενὸς ἄξιον εἶναι φαίνεται τὸ
εἶναι καλὸν καὶ ἀγαθὸν καὶ εὐδαίμονα; Πρὸς ταῦτα ὑπὸ 53
20 θεῶν εἰς τὴν πόλιν ταύτην εἰσηγμένος καὶ ἤδη τῶν
ἀνδρὸς ἔργων ὀφείλων ἅπτεσθαι τιτθὰς ἐπιποθεῖς καὶ
μάμμην καὶ κάμπτει σε καὶ ἀποθηλύνει κλαίοντα γύναια
μωρά; οὕτως οὐδέποτε παύσει παιδίον ὢν νήπιον; οὐκ
οἶσθ' ὅτι ὁ τὰ παιδίου ποιῶν ὅσῳ πρεσβύτερος τοσούτῳ
25 γελοιότερος;

Ἐν Ἀθήναις δ' οὐδένα ἑώρας εἰς οἶκον αὐτοῦ φοιτῶν; 54

1 κἀνταῦθα. Τοῦ Schw.: κἀνταῦθα τοῦ codd. ∥ θύρας: θύραις
PFJ ∥ 2 διαλεχθῆναι οὕτως· ἔστω Elter: διαλ —· οὕτως ἔστω
codd. ∥ 5 φίλοις (ς in ras.) S ∥ 7 δόξεις: δόξης (— ξεις ex corr.)
S ∥ προτεθυμῆσθαι: — τετιμῆσθαι Elter ∥ 12 γράφοντι: γράψαντι
Kron. ∥ 13 γράψαι : γράψαι ὡς χρὴ Leopold ∥ 16 οὐ θέλεις S₁PVBF :
οὐδεὶς S ∥ 19 εὐδαίμονα : αἰδήμονα Kron. ∥ 21 ἀνδρὸς ἔργων Wolf :
ἀνδροέργων codd. ∥ ἐπιποθεῖς: ἔτι ποθεῖς Salm. ∥ 26 ἑώρας:
ἑώρακας F Upt. cod. J ∥ ἑώρας εἰς: ἑώρας;— Εἰς Salm. ∥ φοιτῶν;
— Ὃν : φοιτῶν, ὃν Salm.

— Si, qui je voulais.

— Ici également il te suffit de vouloir pour voir qui tu veux; seulement, pas de bassesse, pas de désir ou d'aversion, et tes affaires iront bien. Mais ce résultat ne dépend pas de tes allées et venues, ni de tes stations devant les portes, mais de ton intérieur, de tes jugements. Quand tu es parvenu à mépriser les choses extérieures et celles qui ne dépendent pas de toi, quand tu as cessé de regarder aucune d'entre elles comme tienne, mais considères uniquement comme t'appartenant en propre le fait de bien juger, de bien penser, d'avoir les propensions, les désirs, les aversions qu'il faut, quelle place reste-t-il encore pour la flatterie, pour les sentiments bas? Comment peux-tu regretter encore la tranquillité que tu avais là-bas, les lieux qui t'étaient familiers? Attends un peu et ceux-ci te deviendront familiers à leur tour. Et après tout, si tu es si lâche, quand tu les auras de nouveau quittés, pleure et gémis.

La manière dont le sage témoigne son affection.

— Comment alors puis-je témoigner mon affection?

— Comme un homme de caractère, comme un homme fortuné; car la raison n'exige jamais que nous nous abaissions, que nous nous lamentions, que nous nous mettions sous la dépendance d'un autre, que nous accusions jamais ni Dieu ni un homme. Voilà comment je veux te voir témoigner de l'affection : en homme qui veut observer ces prescriptions. Mais si, par le fait de cette affection — quel que soit le sentiment que tu appelles affection — tu dois être esclave et malheureux, il ne t'est pas profitable de te montrer affectionné. Et qui empêche d'aimer quelqu'un comme on aime un être sujet à la mort, un être qui doit nous quitter? Est-ce que Socrate n'aimait pas ses enfants? Si, mais comme un homme libre, comme un homme qui se souvient que son premier devoir est d'être l'ami des dieux. Aussi n'omit-il aucune des obligations qui incombent à un homme de bien, ni dans sa défense, ni dans l'estimation de sa peine, ni même auparavant, dans sa charge de sénateur ou son rôle de soldat. Mais nous, nous sommes riches en prétextes de tout ordre pour expli-

— Ὂν ἐβουλόμην.

— Καὶ ἐνθάδε τοῦτον θέλε ὁρᾶν καὶ ὃν βούλει ὄψει· μόνον μὴ ταπεινῶς, μὴ μετ' ὀρέξεως ἢ ἐκκλίσεως καὶ ἔσται τὰ σὰ καλῶς. Τοῦτο δ' οὐκ ἐν τῷ ἐλθεῖν ἐστιν οὐδ' ἐν τῷ ἐπὶ θύραις στῆναι, ἀλλ' ἔνδον ἐν τοῖς δόγμασιν. Ὅταν τὰ ἐκτὸς καὶ ἀπροαίρετα ἠτιμακὼς ᾖς καὶ μηδὲν αὐτῶν σὸν ἡγημένος, μόνα δ' ἐκεῖνα σά, τὸ κρῖναι καλῶς, τὸ ὑπολαβεῖν, τὸ ὁρμῆσαι, τὸ ὀρεχθῆναι, τὸ ἐκκλῖναι, ποῦ ἔτι κολακείας τόπος, ποῦ ταπεινοφροσύνης; Τί ἔτι ποθεῖς τὴν ἡσυχίαν τὴν ἐκεῖ, τί τοὺς συνήθεις τόπους; ἔκδεξαι βραχὺ καὶ τούτους πάλιν ἕξεις συνήθεις. Εἶτα ἂν οὕτως ἀγεννῶς ἔχῃς, πάλιν καὶ τούτων ἀπαλλαττόμενος κλαῖε καὶ στένε.

— Πῶς οὖν γένωμαι φιλόστοργος;

— Ὡς γενναῖος, ὡς εὐτυχής· || οὐδέποτε γὰρ αἴρει ὁ λόγος ταπεινὸν εἶναι οὐδὲ κατακλᾶσθαι οὐδ' ἐξ ἄλλου κρέμασθαι οὐδὲ μέμψασθαί ποτε θεὸν ἢ ἄνθρωπον. Οὕτως μοι γίνου φιλόστοργος ὡς ταῦτα τηρήσων· εἰ δὲ διὰ τὴν φιλοστοργίαν ταύτην, ἥντινά ποτε καὶ καλεῖς φιλοστοργίαν, δοῦλος μέλλεις εἶναι καὶ ἄθλιος, οὐ λυσιτελεῖ φιλόστοργον εἶναι. Καὶ τί κωλύει φιλεῖν τινα ὡς θνητόν, ὡς ἀποδημητικόν; ἢ Σωκράτης οὐκ ἐφίλει τοὺς παῖδας τοὺς ἑαυτοῦ; ἀλλ' ὡς ἐλεύθερος, ὡς μεμνημένος ὅτι πρῶτον δεῖ θεοῖς εἶναι φίλον. Διὰ τοῦτο οὐδὲν παρέβη τῶν πρεπόντων ἀνδρὶ ἀγαθῷ οὔτ' ἀπολογούμενος οὔθ' ὑποτιμώμενος οὔτ' ἔτι πρόσθεν βουλεύων ἢ στρατευόμενος. Ἡμεῖς δὲ πάσης προφάσεως πρὸς τὸ ἀγεννεῖς εἶναι εὐποροῦμεν, οἱ μὲν διὰ παῖδα, οἱ δὲ διὰ μητέρα, ἄλλοι δὲ δι' ἀδελφούς. Δι'

---

2 τοῦτον : οὕτω Reiske || 5 στῆναι : εἶναι J || 10 ἐκεῖ : ἐκῇ (corr. Spr.) S. || 15 αἴρει Upt. : ἐρεῖ codd. || 19 ταύτην, ἥντινά Upt. cod. J : ταῦτα· τὴν τινά SPVBF ταῦτ' ἀποδαλεῖς, τὴν τίνα Wolf || καὶ om. Upt. cod. J || 25 οὔθ' : οὔτ' S || 27 ἀγεννεῖς PVJ : ἀγγεννεῖς SBF.

quer notre lâcheté : les uns, c'est à cause d'un enfant ; les
63 autres, d'une mère ; d'autres encore, de frères. Or personne
ne doit causer notre infortune, mais tous notre bonheur,
64 et Dieu surtout, qui nous a créés à cette fin. Voyons,
Diogène n'aimait-il personne, lui si plein de bonté et
d'amour à l'égard des hommes qu'il supportait joyeusement pour le bien public tant de fatigues et de misères
65 corporelles ? Mais comment aimait-il ? Comme devait le
faire un serviteur de Zeus, plein de sollicitude en vérité
pour les hommes, mais en même temps soumis à Dieu.
66 C'est pourquoi il eut à lui seul la terre entière pour patrie,
et aucun pays en particulier. Et lors de sa capture, il ne
pleurait pas Athènes, ni ses connaissances et amis de là-bas, mais il lia relation avec les pirates eux-mêmes et
essaya de les réformer. Puis, plus tard, vendu à Corinthe,
il y vivait comme auparavant à Athènes, et, s'il fût allé
chez les Perrhèbes, il se serait comporté de même.

67   Voilà comment on acquiert la liberté.
   Comment   Aussi disait-il : « Depuis qu'Antis-
  on acquiert thène m'a libéré, je n'ai jamais plus
   la liberté. subi l'esclavage [1]. » Comment le libéra-
68   t-il ? Écoute ce qu'il dit : « Il m'a appris ce qui est à moi
et ce qui n'est pas à moi. La propriété n'est pas à moi ;
parents, proches, amis, réputation, lieux familiers, conver-
69 sation avec les hommes, tout cela m'est étranger. » Qu'est-ce donc qui est à toi ? « L'usage des représentations. Il
m'a montré que cet usage, je le possède inviolable et
soustrait à toute contrainte. Personne ne peut me faire
obstacle, personne ne peut me forcer à user de mes repré-
70 sentations autrement que je ne le veux. Qui donc a encore
pouvoir sur moi ? Philippe, Alexandre, Perdiccas, ou le
grand roi ? Comment l'auraient-ils ? Car celui qui est destiné à être asservi par un homme doit l'être bien aupara-
71 vant par les choses. » Dès lors quiconque ne se laisse dominer ni par le plaisir, ni par la souffrance, ni par la gloire,
ni par la richesse, et peut, quand il lui plaît, cracher son

---

1. Fait prisonnier et vendu comme esclave à Xéniade, Diogène se considérait comme le maître (D. L., VI, 29 et 30 ; 74

οὐδένα δὲ προσήκει δυστυχεῖν, ἀλλὰ εὐτυχεῖν διὰ πάντας, μάλιστα δὲ διὰ τὸν θεὸν τὸν ἐπὶ τοῦτο ἡμᾶς κατασκευάσαντα. Ἄγε, Διογένης δ' οὐκ ἐφίλει οὐδένα, ὃς οὕτως 64 ἥμερος ἦν καὶ φιλάνθρωπος, ὥστε ὑπὲρ τοῦ κοινοῦ τῶν ἀνθρώπων τοσούτους πόνους καὶ ταλαιπωρίας τοῦ σώματος ἄσμενος ἀναδέχεσθαι; Ἀλλ' ἐφίλει πῶς; ὡς τοῦ Διὸς 65 διάκονον ἔδει, ἅμα μὲν κηδόμενος, ἅμα δ' ὡς τῷ θεῷ ὑποτεταγμένος. Διὰ τοῦτο πᾶσα γῆ πατρὶς ἦν ἐκείνῳ 66 μόνῳ, ἐξαίρετος δ' οὐδεμία· καὶ ἁλοὺς οὐκ ἐπόθει τὰς Ἀθήνας οὐδὲ τοὺς ἐκεῖ συνήθεις καὶ φίλους, ἀλλ' αὐτοῖς τοῖς πειραταῖς συνήθης ἐγίνετο καὶ ἐπανορθοῦν ἐπειρᾶτο. Καὶ πραθεὶς ὕστερον ἐν Κορίνθῳ διῆγεν οὕτως ὡς πρόσθεν ἐν Ἀθήναις ‖ καὶ εἰς Περραιβοὺς δ' ἂν ἀπελθὼν ὡσαύτως εἶχεν.

Οὕτως ἐλευθερία γίνεται. Διὰ τοῦτο ἔλεγεν ὅτι «Ἐξ οὗ 67 μ' Ἀντισθένης ἠλευθέρωσεν, οὐκέτι ἐδούλευσα». Πῶς ἠλευθέρωσεν; ἄκουε τί λέγει· «Ἐδίδαξέν με τὰ ἐμὰ 68 καὶ τὰ οὐκ ἐμά. Κτῆσις οὐκ ἐμή· συγγενεῖς, οἰκεῖοι, φίλοι, φήμη, συνήθεις τόποι, διατριβή, πάντα ταῦτα ὅτι ἀλλότρια.» Σὸν οὖν τί; «Χρῆσις φαντασιῶν. Ταύτην 69 ἔδειξέν μοι ὅτι ἀκώλυτον ἔχω, ἀνανάγκαστον· οὐδεὶς ἐμποδίσαι δύναται, οὐδεὶς βιάσασθαι ἄλλως χρήσασθαι ἢ ὡς θέλω. Τίς οὖν ἔτι ἔχει μου ἐξουσίαν; Φίλιππος ἢ Ἀλέ- 70 ξανδρος ἢ Περδίκκας ἢ ὁ μέγας βασιλεύς; πόθεν αὐτοῖς; Τὸν γὰρ ὑπ' ἀνθρώπου μέλλοντα ἡττᾶσθαι πολὺ πρότερον ὑπὸ τῶν πραγμάτων δεῖ ἡττᾶσθαι.» Οὗτινος οὖν οὐχ ἡδονὴ 71 κρείττων ἐστίν, οὐ πόνος, οὐ δόξα, οὐ πλοῦτος, δύναται

9 μόνῳ: del. Par. 1959 μόνη δ' Wolf μόνον (uel μόνως) Elter ‖ δ' del. Wolf ‖ 13 ἂν: om. J αὖ Reiske ‖ 15 Οὕτως: οὗτος (corr. S_b) S ‖ 18 τὰ om. PJ ‖ Κτῆσις: κτῆσις ὅτι C. Schenkl ‖ 19 ὅτι: ὅτι ταῦτά ἐστιν susp. Schenkl ‖ 21 οὐδεὶς: ὅτι οὐδεὶς C. Schenkl ‖ 26 πραγμάτων: δογμάτων Meib. ‖ 27 post πλοῦτος inser. οὐ τὸ σωμάτιον ὅλον Reiske.

misérable corps tout entier à la face de quelqu'un[1] et
s'en aller, de qui un tel homme est-il encore esclave, de
72 qui est-il sujet? Mais s'il eût vécu agréablement à Athènes
et se fût laissé asservir par ce genre de vie, ses affaires
auraient été à la merci du premier venu, tout homme plus
73 fort que lui aurait été maître de le tourmenter. Comment
peux-tu te l'imaginer flattant les pirates pour qu'ils le
vendent à quelque Athénien, pour qu'il revoie un jour le
74 beau Pirée et les Longs Murs et l'Acropole? Dans quelles
dispositions les verrais-tu, toi, esclave? Comme un homme
servile et bas. Et à quoi cela te servirait-il?

— Non, pas en homme servile, je suis un homme libre.

75 — Montre comment tu es libre. Voici qu'un individu
quelconque s'empare de toi, te détourne de tes habitudes
de vie et te dit : « Tu es mon esclave, car il est en mon
pouvoir de t'empêcher de vivre comme tu veux; il est en
mon pouvoir de t'affranchir, de t'abaisser; quand je le
voudrai, tu pourras retrouver la joie et aller la tête haute
76 à Athènes. » Que réponds-tu à cet individu qui t'asservit?
Qui vas-tu lui présenter comme ton libérateur? N'est-il
pas vrai que tu n'oses même pas le regarder en face et que,
laissant de côté tous autres arguments, tu vas le supplier
77 de te délivrer? Homme, ton devoir est de partir en prison
avec joie, avec empressement, en devançant ceux qui
t'emmènent. Et voilà que tu redoutes de vivre à Rome,
que tu regrettes la Grèce? Et quand tu devras mourir,
tu viendras encore te lamenter devant nous de ce que tu
ne reverras point Athènes et ne pourras déambuler dans
le Lycée?

78 Est-ce pour cela que tu t'es expa-
Les argumentations trié? Est-ce pour cela que tu as cher-
logiques ché à te lier avec un homme qui pût
ne sont point t'aider? T'aider à quoi? A acquérir
la philosophie.
plus d'habitude dans l'analyse des
syllogismes ou dans l'examen des arguments hypothéti-

---

et 75). Les réponses qu'il fit à Philippe, à Alexandre et à Perdiccas (cf. *infra* § 70) prouvent que ceux-ci n'avaient aucun
pouvoir sur lui.

1. Diogène Laërce, IX, 59.

δ', ὅταν αὐτῷ δόξῃ, τὸ σωμάτιον ὅλον προσπτύσας τινὶ ἀπελθεῖν, τίνος ἔτι οὗτος δοῦλός ἐστιν, τίνι ὑποτέτακται; Εἰ δ' ἡδέως ἐν Ἀθήναις διῆγεν καὶ ἥττητο ταύτης τῆς διατριβῆς, ἐπὶ παντὶ ἂν ἦν τὰ ἐκείνου πράγματα, ὁ ἰσχυρότερος κύριος ἂν ἦν λυπῆσαι αὐτόν. Πῶς ἂν δοκεῖς τοὺς πειρατὰς ἐκολάκευεν ἵν' αὐτὸν Ἀθηναίων τινὶ πωλήσωσιν, ἵν' ἴδῃ ποτὲ τὸν Πειραιᾶ τὸν καλὸν καὶ τὰ μακρὰ τείχη καὶ τὴν ἀκρόπολιν; Τίς ἂν ἴδῃς, ἀνδράποδον; δοῦλος καὶ ταπεινός· καὶ τί σοι ὄφελος;

— Οὔ· ἀλλ' ἐλεύθερος.

— Δεῖξον πῶς ἐλεύθερος. Ἰδοὺ ἐπείληπταί σου τίς ποτε οὗτος ὁ ἐξάγων σε ἀπὸ τῆς συνήθους σοι διατριβῆς καὶ λέγει· «Δοῦλος ἐμὸς εἶ· ἐπ' ἐμοὶ γάρ ἐστι κωλῦσαί σε διάγειν ὡς ‖ θέλεις, ἐπ' ἐμοὶ τὸ ἀνεῖναί σε, τὸ ταπεινοῦν· ὅταν θέλω, πάλιν εὐφραίνῃ καὶ μετέωρος πορεύῃ εἰς Ἀθήνας.» Τί λέγεις πρὸς τοῦτον τὸν δουλαγωγοῦντά σε; ποῖον αὐτῷ καρπιστὴν δίδως; ἢ οὐδ' ὅλως ἀντιβλέπεις, ἀλλ' ἀφεὶς τοὺς πολλοὺς λόγους ἱκετεύεις, ἵνα ἀφεθῇς; Ἄνθρωπε, εἰς φυλακήν σε δεῖ χαίροντα ἀπιέναι, σπεύδοντα, φθάνοντα τοὺς ἀπάγοντας. Εἶτά μοι σὺ μὲν ἐν Ῥώμῃ διάγειν ὀκνεῖς, τὴν Ἑλλάδα ποθεῖς; ὅταν δ' ἀποθνῄσκειν δέῃ, καὶ τότε μέλλεις ἡμῶν κατακλαίειν, ὅτι τὰς Ἀθήνας οὐ μέλλεις βλέπειν καὶ ἐν Λυκείῳ οὐ περιπατήσεις;

Ἐπὶ τοῦτο ἀπεδήμησας; τούτου ἕνεκα ἐζήτησάς τινι συμβαλεῖν, ἵν' ὠφεληθῇς ὑπ' αὐτοῦ; ποίαν ὠφέλειαν; συλλογισμοὺς ἵν' ἀναλύσῃς ἐκτικώτερον ἢ ἐφοδεύσῃς

---

1 τὸ σωμάτιον ὅλον del. Reiske ‖ προσπτύσας : προσρίψας susp. Upt. ‖ τινὶ del. Wolf ‖ 3 ταύτης : ὑπὸ ταύτης Meib. ‖ 4 τὰ in ras. S_c ‖ 8 Τίς : ἵνα τίς susp. Schenkl ‖ ὧν ἴδῃς Upt. cod. J : ὤν· εἰδῇσ SF ὤν· εἰ δ' ᾖσ S_bPVB ὧν ἤδη ᾖς Reiske ‖ 13 κωλῦσαί : τὸ κωλῦσαί Kron. ‖ 14 ἀνεῖναί : ἀνιᾶν Kron. ‖ 14-15 ταπεινοῦν· ὅταν Meib. : ταπεινοῦν ὅταν codd. ‖ 15 θέλω, πάλιν Meib : θέλω· πάλιν codd. ‖ πάλιν — 16 Ἀθήνας del. Salm. ‖ 17 αὐτῷ : σαυτῷ cor. ‖ 20 σὺ : σὺ νῦν Kron. ‖ 22 ἡμῶν : ἡμῖν Reiske ² Upt. ‖ 24 τοῦτο : τούτῳ Upt. cod.

ques? Et voilà pourquoi tu as quitté frère, patrie, amis, famille[1], c'est pour t'en retourner ensuite avec ces connais-
79 sances? En sorte que ce n'est pas pour acquérir de la fermeté d'âme que tu t'es expatrié, ce n'est pas pour acquérir l'ataraxie, ce n'est pas pour devenir invulnérable et ainsi n'avoir plus à blâmer personne, à n'accuser personne, à ne subir de tort de personne et pouvoir de la sorte sauvegarder tes relations sociales sans rencontrer d'obstacle?
80 Elle est belle, la marchandise que tu as ramenée: des syllogismes, des arguments équivoques et des arguments hypothétiques! Et si cela te fait plaisir, va t'établir à
81 l'agora avec une enseigne, comme les droguistes. Quoi que tu aies appris, cela même ne nieras-tu pas le savoir, pour ne pas décrier tes doctrines philosophiques comme des objets inutiles? Quel mal t'a fait la philosophie? Quel tort t'a fait Chrysippe pour venir ainsi prouver par ton exemple l'inutilité de ses efforts? N'avais-tu pas assez de toutes tes misères de là-bas, de toutes tes causes de chagrins et d'afflictions, sans t'expatrier et en ajouter encore
82 plusieurs autres? Et si tu fais de nouvelles connaissances et acquiers de nouveaux amis, tu auras plus de motifs encore de gémir, et si, en outre, tu t'attaches à une nouvelle région. Pourquoi donc vis-tu? Pour entasser chagrins sur
83 chagrins qui te rendent malheureux? Et tu viens ensuite m'appeler cela affection naturelle? Quelle sorte d'affection, homme? Si elle est bonne, elle n'est la source d'aucun mal; si elle est mauvaise, je n'ai rien à faire avec elle. Je suis né, moi, pour les biens qui me regardent; je ne suis pas né pour les maux.

84 *L'exercice du philosophe.* Quel est donc l'exercice propre à cette fin? Tout d'abord, le premier, le principal, l'exercice, pour ainsi dire, liminaire, consiste, quand on s'attache à quelque chose, à ne point s'y attacher comme à un objet qu'on ne peut nous enlever, mais comme à un objet du genre d'une marmite ou d'une coupe en verre, de façon que, si on la

---

[1]. Comparer III, 21, 8; III, 23, 32. Cf. Th. Colardeau, *Etude sur Epictète*, Paris, 1903, pp. 90-94.

ὑποθετικούς; Καὶ διὰ ταύτην τὴν αἰτίαν ἀδελφὸν ἀπέλιπες,
πατρίδα, φίλους, οἰκείους. ἵνα ταῦτα μαθὼν ἐπανέλθῃς;
ὥστ' οὐχ ὑπὲρ εὐσταθείας ἀπεδήμεις, οὐχ ὑπὲρ ἀταραξίας, οὐχ ἵν' ἀβλαβὴς γενόμενος μηκέτι μηδένα μέμφῃ,
μηδενὶ ἐγκαλῇς, μηδείς σε ἀδικῇ καὶ οὕτως τὰς σχέσεις
ἀποσῴζῃς ἀπαραποδίστως; Καλὴν ἐστείλω ταύτην τὴν
ἐμπορίαν, συλλογισμοὺς καὶ μεταπίπτοντας καὶ ὑποθετικούς· κἂν σοι φανῇ, ἐν τῇ ἀγορᾷ καθίσας πρόγραψον ὡς
οἱ φαρμακοπῶλαι· οὐκ ἀρνήσῃ καὶ ὅσα ἔμαθες εἰδέναι,
ἵνα μὴ διαβάλῃς τὰ θεωρήματα ὡς ἄχρηστα; Τί σοι κακὸν
ἐποίησεν φιλοσοφία; τί σε ἠδίκησε Χρύσιππος, ‖ ἵν' αὐτοῦ
τοὺς πόνους ἔργῳ αὐτὸς ἀχρήστους ἐξελέγχῃς; Οὐκ
ἤρκει σοι τὰ ἐκεῖ κακά, ὅσα εἶχες αἴτια τοῦ λυπεῖσθαι
καὶ πενθεῖν, εἰ καὶ μὴ ἀπεδήμησας, ἀλλὰ πλείω προσέλαβες; Κἂν ἄλλους πάλιν ἔχῃς συνήθεις καὶ φίλους,
ἕξεις πλείονα τοῦ οἰμώζειν αἴτια, κἂν πρὸς ἄλλην χώραν
προσπάθῃς. Τί οὖν ζῇς; ἵνα λύπας ἄλλας ἐπ' ἄλλαις
περιβάλῃ, δι' ἃς ἀτυχεῖς; εἶτά μοι καλεῖς τοῦτο φιλοστοργίαν; ποίαν, ἄνθρωπε, φιλοστοργίαν; εἰ ἀγαθόν ἐστιν,
οὐδενὸς κακοῦ αἴτιον γίνεται· εἰ κακόν ἐστιν, οὐδέν μοι
καὶ αὐτῇ. Ἐγὼ πρὸς τὰ ἀγαθὰ τὰ ἐμαυτοῦ πέφυκα, πρὸς
κακὰ οὐ πέφυκα.

Τίς οὖν ἡ πρὸς τοῦτο ἄσκησις; πρῶτον μὲν ἡ ἀνωτάτω
καὶ κυριωτάτη καὶ εὐθὺς ὥσπερ ἐν πύλαις, ὅταν τινὶ
προσπάσχεις, ὡς οὐδενὶ τῶν ἀναφαιρέτων, ἀλλά τινι
τοιούτῳ γένει, οἷόν ἐστι χύτρα, οἷον ὑάλινον ποτήριον,

2 ἐπανέλθῃς: ἀπέλθῃς J ‖ 5 ἐγκαλῇς: ἐγκαλεῖς S (corr. S_c) V ‖
6 ἀπαραποδίστως: — δίστους susp. Schenkl ‖ 7-8 post ὑποθετικούς
add. ἐμπορευόμενος Reiske ‖ 9 καὶ: γὰρ Reiske ‖ 10 διαβάλῃς:
— βάλλῃς F ‖ 17 προσπάθῃς Kron.: προσπαθῇς codd. οὕτω προσπαθῇς Elter προσέλθῃς susp. Schenkl ‖ οὖν ζῇς; ἵνα Schenkl: οὖν
ζῇς, ἵνα codd. οὖν; ἵνα ζῇς Elter ‖ 18 περιβάλῃ: — βάλλῃ PBJ ‖
ἀτυχεῖς: ἀτυχῇς Elter ‖ 25 προσπάσχεις SV: προσπάσχῃς ex corr.
et PBJ προσπάσχ' F ‖ ὡς οὐδενὶ: οὐδενὶ S (corr. S_b).

brise, se rappelant ce que c'était, on n'en subisse aucun
trouble. De même aussi dans notre cas, si tu embrasses
ton enfant, ton frère, ton ami, ne laisse jamais libre frein
à ton imagination et ne permets pas à tes épanchements
d'aller jusqu'où ils veulent, mais tire-les en arrière, contiens-
les à la manière de ceux qui se tiennent derrière les triom-
phateurs et leur rappellent qu'ils sont des hommes. De
façon semblable, toi aussi, rappelle-toi à toi-même que
tu aimes un mortel, que tu n'aimes là rien qui t'appartienne en propre ; cela t'a été donné pour le moment,
non sans reprise possible ni pour toujours, mais comme
une figue ou une grappe de raisin, à une saison déterminée
de l'année : si tu les désires pendant l'hiver, tu es stupide.
De même, si tu désires ton fils ou ton ami quand il ne
t'est pas donné de les avoir, sache que c'est comme si tu
désirais une figue pendant l'hiver. Car ce qu'est l'hiver
pour la figue, tout événement de l'univers l'est pour les
objets qui nous sont enlevés par cet événement. Donc, au
moment même où tu jouis de quelque objet, mets-toi
devant l'esprit les représentations contraires. Quel mal y
a-t-il à dire tout bas, en embrassant ton enfant : « Demain
tu mourras », de même pour ton ami : « Demain tu t'expa-
trieras, ou bien moi, et nous ne nous reverrons plus » ?[1]

— Mais ce sont là des paroles de mauvais augure.

— Oui, il y a aussi des incantations qui le sont, mais
parce qu'elles sont utiles, je ne m'en retourne pas, pourvu
seulement qu'elles soient utiles. Mais, toi, qualifies-tu de
mauvais augure d'autres paroles que celles qui signifient
un mal ? Paroles de mauvais augure que les termes de
lâcheté, de bassesse de sentiments, de chagrin, d'affliction,
d'impudeur. Ce sont là des noms de mauvais augure. Et
pourtant nous ne devons pas hésiter à les prononcer pour

---

1. Tout ce passage confirme la justesse de la thèse défendue
par V. Goldschmidt, *Le système stoïcien et l'idée de temps*,
Paris, Vrin, 1953. Les Stoïciens ont été conduits « à privilégier
le présent, comme le seul mode réel du temps, comme le lieu
de la liberté et de l'achèvement instantanés » (*op. cit.*, p. 211)
et à déprécier, par contre, l'avenir qui est par excellence ce qui
ne dépend pas de nous. En effet, l'avenir est le lieu des passions,
de la crainte, qui est *opinio magni mali impendentis* (Cicéron,

ΔΙΑΤΡΙΒΑΙ

ἵν' ὅταν καταγῇ, μεμνημένος τί ἦν μὴ ταραχθῇς. Οὕτως 85
καὶ ἐνθάδ', ἐὰν παιδίον σαυτοῦ καταφιλῇς, ἐὰν ἀδελφόν,
ἐὰν φίλον, μηδέποτε ἐπιδῷς τὴν φαντασίαν εἰς ἅπαν
μηδὲ τὴν διάχυσιν ἐάσῃς προελθεῖν ἐφ' ὅσον αὐτὴ θέλει,
ἀλλ' ἀντίσπασον, κώλυσον, οἷον οἱ τοῖς θριαμβεύουσιν
ἐφεστῶτες ὄπισθεν καὶ ὑπομιμνήσκοντες ὅτι ἄνθρωποί
εἰσιν. Τοιοῦτόν τι καὶ σὺ ὑπομίμνησκε σεαυτὸν ὅτι θνητὸν 86
φιλεῖς, οὐδὲν τῶν σεαυτοῦ φιλεῖς· ἐπὶ τοῦ παρόντος σοι
δέδοται, οὐκ ἀναφαίρετον οὐδ' εἰς ἅπαν, ἀλλ' ὡς σῦκον,
ὡς σταφυλὴ, τῇ τεταγμένῃ ὥρᾳ τοῦ ἔτους· ἂν δὲ χειμῶνος ἐπιποθῇς, μωρὸς εἶ. Οὕτως κἂν τὸν υἱὸν ἢ τὸν φίλον 87
τότε || ποθῇς, ὅτε οὐ δέδοταί σοι, ἴσθι ὅτι χειμῶνος
σῦκον ἐπιποθεῖς. Οἷον γάρ ἐστι χειμὼν πρὸς σῦκον, τοιοῦτόν ἐστι πᾶσα ἡ ἀπὸ τῶν ὅλων περίστασις πρὸς τὰ
κατ' αὐτὴν ἀναιρούμενα. Καὶ λοιπὸν ἐν αὐτοῖς οἷς χαίρεις 88
τινί, τὰς ἐναντίας φαντασίας σαυτῷ πρόβαλε. Τί κακόν
ἐστι μεταξὺ καταφιλοῦντα τὸ παιδίον ἐπιψελλίζοντα
λέγειν· «Αὔριον ἀποθανῇ», τῷ φίλῳ ὡσαύτως· «Αὔριον
ἀποδημήσεις ἢ σὺ ἢ ἐγὼ καὶ οὐκέτι ὀψόμεθα ἀλλήλους»;
— Ἀλλὰ δύσφημά ἐστι ταῦτα. 89

— Καὶ γὰρ τῶν ἐπαοιδῶν ἔνιαι, ἀλλ' ὅτι ὠφελοῦσιν,
οὐκ ἐπιστρέφομαι, μόνον ὠφελείτω. Σὺ δὲ δύσφημα καλεῖς
ἄλλα ἢ τὰ κακοῦ τινος σημαντικά; δύσφημόν ἐστι δειλία, 90
δύσφημον ἀγέννεια, πένθος, λύπη, ἀναισχυντία· ταῦτα
τὰ ὀνόματα δύσφημά ἐστιν. Καίτοι γε οὐδὲ ταῦτα ὀκνεῖν

1 τί ἦν μὴ Wolf: μὴν μὴ SPVBF μὴ Upt. cod. J μὲν μὴ Meib. μόνον μὴ Elter || 3 ἐπιδῷς: ἐπίδως (corr. S$_b$) S ἐπίδος V || τὴν φαντασίαν: σεαυτὸν τῇ φαντασίᾳ susp. Schw. τῇ φαντασίᾳ Cor. || 7 ὅτι: ὅτι τι Breithaupt || 9 *ἀναφαίρετον S || 11 ἐπιποθῇς: ἔτι ποθεῖς Cor. || 12 τότε: ποτὲ J || 13 ἐπιποθεῖς: — ποθῇς (εις ex corr.) S ἔτι ποθεῖς Cor. || 15-16 χαίρεις τινί: τισι χαίρεις Upt. χαίρεις uel χαίρεις ἀεὶ Reiske || 16 πρόβαλε B: πρόσβαλε SVFJ πρόβαλλε Par. 1959 || 21 ἔνιαι: ἔνια PJ || 22 ὠφελείτω: — λείτωσαν Kron. || 23-24 δύσφημόν ἐστι δειλία, δύσφημον (ὅν ἐστι δειλία S in ras. S$_c$) S || 24 δυσφημόν: δυσφημά ut uid. Spr.

91 nous préserver des choses mêmes. Mais tu viens me qualifier de mauvais augure un nom qui désigne une chose naturelle? Qualifie aussi de mauvais augure la moisson des épis de blé, car elle signifie la destruction des épis; mais non pas celle du monde. Qualifie aussi de mauvais augure la chute des feuilles et l'apparition de la figue sèche à la place de la figue fraîche, et les raisins secs qui succèdent
92 aux raisins frais. Car toutes ces choses sont des transformations d'un état antérieur en un état différent; ce n'est pas une destruction, mais une ordonnance et une disposi-
93 tion réglées. Voilà bien ce qu'est une expatriation : un changement, un petit changement. Voilà ce qu'est la mort : un changement plus considérable de ce qui est actuellement non pas en ce qui n'est pas, mais en ce qui, actuellement, n'est pas.

94 — Je ne serai donc plus?
— Tu ne seras pas, mais quelque autre chose sera dont le monde présentement a besoin. D'ailleurs, tu n'es pas né, toi, quand tu l'as voulu, mais quand le monde a eu besoin de toi.

95 *Le sage obéit à Dieu.* Aussi l'homme de bien, se souvenant de ce qu'il est, d'où il est venu et par qui il a été créé, ne s'occupe que d'une seule chose : comment il remplira son poste avec
96 discipline et soumission à Dieu : « Tu veux que je continue de vivre? Je vivrai comme un homme libre, comme un homme de bonne race, comme tu l'as voulu : car tu m'as créé affranchi de toute contrainte en tout ce qui m'appar-
97 tient. Mais tu n'as plus besoin de moi? A ton gré. Jusqu'aujourd'hui, c'est pour toi que je suis resté, pour nul
98 autre, et à présent je t'obéis, je m'en vais. » — « Comment

Tusc., III, 25) et de la cupidité, qui est *opinio uenturi boni quod sit ex usu iam praesens esse atque adesse* (*Tusc.*, IV, 14). Le chagrin, par exemple, *opinio magni mali praesentis* (ibid. III, 25) rend l'homme « susceptible de crainte » (ibid. 14). Ainsi, ce manque *présent* de sagesse engage *l'avenir* en nous prédisposant à la crainte. On peut donc dire avec V. Goldschmidt (*op. cit.*, pp. 168-169) que l'unique faute morale, « c'est de ne pas obéir à l'impératif du présent ». L'impératif catégorique du stoïcisme est bien formulé dans ce précepte de Marc-Aurèle : « A chaque

δεῖ φθέγγεσθαι ὑπὲρ φυλακῆς τῶν πραγμάτων. Δύσφημον 91
δέ μοι λέγεις ὄνομα φυσικοῦ τινος πράγματος σημαντικόν·
Λέγε δύσφημον εἶναι καὶ τὸ θερισθῆναι τοὺς στάχυας·
ἀπώλειαν γὰρ σημαίνει τῶν σταχύων· ἀλλ' οὐχὶ τοῦ κόσμου.
Λέγε δύσφημον καὶ τὸ φυλλορροεῖν καὶ τὸ ἰσχάδα γίνεσθαι
ἀντὶ σύκου καὶ ἀσταφίδας ἐκ σταφυλῆς. Πάντα γὰρ ταῦτα 92
τῶν προτέρων εἰσὶν εἰς ἕτερα μεταβολαί· οὐκ ἀπώλεια,
ἀλλὰ τεταγμένη τις οἰκονομία καὶ διοίκησις. Τοῦτ' ἔστιν 93
ἀποδημία, ⟨μεταβολὴ⟩ καὶ μεταβολὴ μικρά· τοῦτο θάνατος,
μεταβολὴ μείζων ἐκ τοῦ νῦν ὄντος οὐκ εἰς τὸ μὴ ὄν, ἀλλ'
εἰς τὸ νῦν μὴ ὄν.

— Οὐκέτι οὖν ἔσομαι; 94
— Οὐκ ἔσει· ἀλλ' ἄλλο τι, οὗ νῦν ὁ κόσμος χρείαν
ἔχει. Καὶ γὰρ σὺ ἐγένου οὐχ ὅτε ‖ σὺ ἠθέλησας, ἀλλ' ὅτε ὁ
κόσμος χρείαν ἔσχεν.

Διὰ τοῦτο ὁ καλὸς καὶ ἀγαθὸς μεμνημένος τίς τ' ἐστὶ 95
καὶ πόθεν ἐλήλυθεν καὶ ὑπὸ τίνος γέγονεν, πρὸς μόνῳ
τούτῳ ἐστίν, πῶς τὴν αὑτοῦ χώραν ἐκπληρώσῃ εὐτάκτως
καὶ εὐπειθῶς τῷ θεῷ. «Ἔτι μ' εἶναι θέλεις; ὡς ἐλεύθερος, 96
ὡς γενναῖος, ὡς σὺ ἠθέλησας· σὺ γάρ με ἀκώλυτον
ἐποίησας ἐν τοῖς ἐμοῖς. Ἀλλ' οὐκέτι μου χρείαν ἔχεις; καλῶς 97
σοι γένοιτο· καὶ μέχρι νῦν διὰ σὲ ἔμενον, δι' ἄλλον οὐδένα,
καὶ νῦν σοι πειθόμενος ἀπέρχομαι.» —«Πῶς ἀπέρχῃ;» 98

2 ὄνομα: ὄνος S (corr. S_b) ‖ 4 οὐχὶ: οὐ PJ ‖ 5 φυλλορροεῖν:
— λοροεῖν S (corr. S_c) V ‖ 6 ἀσταφίδας: — φίδα Salm. ‖ σταφυλῆς: τῆς σταφυλῆς PV ‖ 7 προτέρων: πρότερον Kron. ‖ 9 ἀποδημία: καὶ ἀποδημία Schw. ‖ < μεταβολὴ > καὶ μεταβολὴ Kron.
καὶ μεταβολὴ codd. μεταβολὴ Upt. Schw. ‖ 10 ἐκ: οὐκ ἐκ S_b (ex
transp.) et PVBFJ ‖ οὐκ prius hic inser. et forte del. S_b (cf. M.
Anton. 11,35) ‖ οὐκ εἰς: εἰς τί; εἰς Schenkl¹ ‖ ὄν, ἀλλ': ὄν;
ἀλλ' Schenkl¹ ‖ 13 Οὐκ del. Meib. ante ἔχει transp. Upt. ‖ ἔσει:
ἔσῃ οὐδέν P et (οὐδέν ex add.) J ‖ 14 σὺ: καὶ Elter ‖ 18 αὑτοῦ ex
corr. B: αὐτοῦ SPVBFJ ‖ 19 μ' εἶναι: με μεῖναι Reiske ‖ ὡς:
μένω ὡς Reiske ἔσομαι ὡς Cor.

t'en vas-tu ? » — « Encore comme tu l'as voulu, comme un
homme libre, comme ton serviteur, comme un homme qui
99 a le sens de tes ordres et de tes défenses. Mais, tant que
je suis à ton service, qui veux-tu que je sois ? Magistrat
ou simple citoyen, sénateur ou plébéien, soldat ou général,
précepteur ou chef de famille ? Tout poste, tout rang que
tu pourras m'assigner, comme dit Socrate, je mourrai mille
100 fois plutôt que de l'abandonner[1]. Et où veux-tu que je
demeure ? A Rome, à Athènes, à Thèbes, ou à Gyaros ?
Je ne te demande qu'une chose : là-bas, souviens-toi de
101 moi. Si tu m'envoies en un lieu où vivre suivant la nature
est impossible aux hommes, je quitterai cette vie, non
pas par désobéissance, mais parce que tu auras sonné
pour moi la retraite. Je ne t'abandonne pas. Jamais de
la vie ! Mais je comprends que tu n'as pas besoin de moi.
102 Que, s'il m'est permis de vivre suivant la nature, je ne
rechercherai point d'autre lieu que celui où je me trouve,
d'autres hommes que ceux avec lesquels je vis. »

103 *Les pensées du sage.* Garde ces pensées, de nuit et de
jour, à ta disposition. Mets-les par
écrit, fais-en ta lecture ; qu'elles soient
l'objet de tes conversations avec toi-même, avec un autre :
« Peux-tu me venir en aide dans cette circonstance ? » Et
de nouveau va trouver un autre homme et un autre
104 encore. Puis, s'il t'arrive quelqu'un de ces événements
qu'on appelle indésirables, tu trouveras aussitôt un premier
soulagement dans cette pensée que ce n'est pas inat-
105 tendu. Car c'est beaucoup de pouvoir se dire en toute circonstance :
« Je savais que je l'avais engendré mortel. »
Ainsi diras-tu, et aussi : « Je savais que j'étais mortel »,

---

heure applique-toi de tout ton soin ... à faire ce que tu
as sur les bras avec une gravité adéquate et sincère, avec amour,
indépendance et justice ; et veille à te libérer de toutes les
autres préoccupations » (*Pensées*, II, 5, 1 : trad. A. Trannoy).
L'exemple de la figue est employé par Épictète en I, 15, 7-8
pour montrer la nécessité de l'effort continu et constant de la
volonté morale (pour son interprétation, voir V. Goldschmidt,
op. cit., pp. 212-213).

1. Platon, *Apologie*, 30 c.

«Πάλιν ὡς σὺ ἠθέλησας, ὡς ἐλεύθερος, ὡς ὑπηρέτης σός, ὡς ᾐσθημένος σου τῶν προσταγμάτων καὶ ἀπαγορευμάτων. Μέχρι δ' ἂν οὗ διατρίβω ἐν τοῖς σοῖς, τίνα με θέλεις 99 εἶναι; ἄρχοντα ἢ ἰδιώτην, βουλευτὴν ἢ δημότην, στρατιώτην ἢ στρατηγόν, παιδευτὴν ἢ οἰκοδεσπότην; Ἣν ἂν χώραν καὶ τάξιν ἐγχειρίσῃς, ὡς λέγει ὁ Σωκράτης, μυριάκις ἀποθανοῦμαι πρότερον ἢ ταύτην ἐγκαταλείψω. Ποῦ δέ μ' εἶναι θέλεις; ἐν Ῥώμῃ ἢ ἐν Ἀθή- 100 ναις ἢ ἐν Θήβαις ἢ ἐν Γυάροις; Μόνον ἐκεῖ μου μέμνησο. Ἂν μ' ἐκεῖ πέμπῃς, ὅπου κατὰ φύσιν διεξαγωγὴ οὐκ ἔστιν 101 ἀνθρώπων, οὐ σοὶ ἀπειθῶν ἔξειμι, ἀλλ' ὡς σοῦ μοι σημαίνοντος τὸ ἀνακλητικόν· οὐκ ἀπολείπω σε· μὴ γένοιτο· ἀλλ' αἰσθάνομαι ὅτι μου χρείαν οὐκ ἔχεις. Ἂν δὲ διδῶται 102 κατὰ φύσιν διεξαγωγή, οὐ ζητήσω ἄλλον ⟨τόπον⟩ ἢ ἐν ᾧ εἰμι ἢ ἄλλους ἀνθρώπους ἢ μεθ' ὧν εἰμι.»

Ταῦτα νυκτός, ταῦτα ἡμέρας πρόχειρα ἔστω· ταῦτα 103 γράφειν, ταῦτα ἀναγιγνώσκειν· περὶ τούτων τοὺς λόγους ποιεῖσθαι, αὐτὸν πρὸς αὐτόν, πρὸς ἕτερον· «Μή τι ἔχεις μοι ‖ πρὸς τοῦτο βοηθῆσαι;» Καὶ πάλιν ἄλλῳ 127ʳ ⟨προσ⟩ελθεῖν καὶ ἄλλῳ. Εἶτα ἄν τι γένηται τῶν λεγομέ- 104 νων ἀβουλήτων, εὐθὺς ἐκεῖνο πρῶτον ἐπικουφίσει σε ὅτι οὐκ ἀπροσδόκητον. Μέγα γὰρ ἐπὶ πάντων τὸ «ᾔδειν 105 θνητὸν γεγεννηκώς.» Οὕτως γὰρ ἐρεῖς καὶ ὅτι «ᾔδειν θνητὸς ὤν», «ᾔδειν ἀποδημητικὸς ὤν», «ᾔδειν ἔκβλητος

---

5 στρατηγόν (η ex corr.) S ‖ παιδευτὴν: παιδαγωγὸν Reiske παιδάριον Schenkl[1] πεδήτην Meiser πελάτην susp. Schenkl[2] ‖ 6 ἐγχειρίσῃς (ί ex corr.) S ‖ 9 ἐκεῖ μου: ἐκεῖνο (corr. S_b) S ‖ 11 ἀνθρώπων: ἀνθρώπῳ Kron. ‖ 14 ἄλλον τόπον Schegk: ἄλλον codd. ἄλλο Reiske ‖ 15 ᾖ* μεθ' S ‖ 18 αὑτόν PJ: αὐτόν SVBF ‖ 19-20 ἄλλῳ προσελθεῖν καὶ ἄλλῳ Wolf: ἄλλῳ ἐλθεῖν καὶ ἄλλῳ codd. ἄλλῳ συνελθεῖν (aut ἐπελθεῖν) καὶ ἄλλῳ uel ἄλλο ἐπελθεῖν καὶ ἄλλο susp. Schw. ἄλλῃ ἐλθεῖν καὶ ἄλλῃ Schenkl ἄλλοσε ἐλθεῖν καὶ ἄλλοσε Gomperz ‖ 23 καὶ: καὶ σὺ S_bPVBFJ.

« Je savais que je pouvais m'expatrier », « Je savais que je pouvais être banni », « Je savais que je pouvais être jeté en prison ». Ensuite, si tu rentres en toi-même et recherches à quel domaine appartient l'événement, tu te souviendras aussitôt que c'est « au domaine des choses indépendantes de nous, des choses qui ne sont pas à moi : qu'est-ce que cela peut donc me faire ? » Puis, le principal : « Qui l'a envoyé ? » Le chef ou le général, la cité, la loi de la cité. « Dès lors, commande qu'il se réalise, car je dois toujours obéir en tout à la loi. » Ensuite, si l'imagination te tourmente (car cela ne dépend pas de toi), combats-la au moyen de la raison, lutte victorieusement contre elle, ne lui laisse point prendre des forces et pousser sa pointe toujours plus loin en retraçant toutes les images qu'elle veut et comme elle le veut. Si tu es à Gyaros, ne te représente pas la vie de Rome et tous les plaisirs dont tu jouissais quand tu y étais, et tous ceux dont tu pourrais jouir en y retournant, mais là-bas, tends tes efforts comme le doit celui qui vit à Gyaros pour y mener une vie courageuse. Et si tu es à Rome, ne te représente pas la vie d'Athènes, mais que la vie de Rome soit ta seule préoccupation.

Le sage, témoin[1] *de Dieu.*

De plus, à tous les autres plaisirs, substitue celui d'avoir conscience que tu obéis à Dieu, que tu accomplis, non pas en paroles, mais en réalité, la tâche de l'homme de bien. Quelle belle chose, en effet, que de pouvoir se dire : « Maintenant, ce que les autres louent avec emphase dans les écoles et ce que l'on regarde comme des paradoxes, je suis en train de l'accomplir ; eux, ils sont assis et prennent mes vertus pour thèmes de leurs développements ; c'est sur moi qu'ils discutent, c'est moi qu'ils vantent ; de tout cela Zeus a voulu que moi-même je fournisse la preuve, et lui, de son côté, a voulu voir s'il avait en moi un soldat tel qu'il doit être, un citoyen tel qu'il doit être, et me pro-

---

1. Dans un remarquable article, *Le sage-témoin dans la philosophie stoïco-cynique*, dans « Bulletin de la Classe des Lettres », Académie royale de Belgique, t. 39, fasc. 4, 1953, A. Delatte a montré que l'on trouve pour la première fois dans les *Entretiens* la conception du philosophe témoin de Dieu.

ὤν», «ᾔδειν εἰς φυλακὴν ἀπότακτος ὤν.» Εἶτ' ἂν ἐπιστρέφῃς κατὰ σαυτὸν καὶ ζητήσῃς τὴν χώραν ἐξ ἧς ἐστι τὸ
συμβεβηκός, εὐθὺς ἀναμνησθήσῃ ὅτι «ἐκ τῆς τῶν ἀπροαιρέτων, τῶν οὐκ ἐμῶν· τί οὖν πρὸς ἐμέ;» Εἶτα τὸ κυριώτα-
τον· «Τίς δ' αὐτὸ καὶ ἐπιπέπομφεν;» ὁ ἡγεμὼν ἢ ὁ στρατη-
γός, ἡ πόλις, ὁ τῆς πόλεως νόμος. «Δὸς οὖν αὐτό· δεῖ γάρ
με ἀεὶ τῷ νόμῳ πείθεσθαι ἐν παντί.» Εἶθ' ὅταν σε ἡ
φαντασία δάκνῃ (τοῦτο γὰρ οὐκ ἐπὶ σοί), ἀναμάχου τῷ
λόγῳ, καταγωνίζου αὐτήν, μὴ ἐάσῃς ἐνισχύειν μηδὲ
προάγειν ἐπὶ τὰ ἑξῆς ἀναπλάσσουσαν ὅσα θέλει καὶ ὡς
θέλει. Ἂν ἐν Γυάροις ᾖς, μὴ ἀνάπλασσε τὴν ἐν Ῥώμῃ
διατριβὴν καὶ ὅσαι διαχύσεις ἦσαν ἐκεῖ διάγοντι, ὅσαι
γένοιντ' ἂν ἐπανελθόντι· ἀλλ' ἐκεῖ τέτασο, ὅπως δεῖ τὸν
ἐν Γυάροις διάγοντα, ἐν Γυάροις ἐρρωμένως διάγειν. Κἂν
ἐν Ῥώμῃ ᾖς, μὴ ἀνάπλασσε τὴν ἐν Ἀθήναις διατριβήν,
ἀλλὰ περὶ μόνης τῆς ἐκεῖ μελέτα.

Εἶτ' ἀντὶ τῶν ἄλλων ἁπασῶν διαχύσεων ἐκείνην ἀντεί-
σαγε, τὴν ἀπὸ τοῦ παρακολουθεῖν ὅτι πείθῃ τῷ θεῷ, ὅτι
οὐ λόγῳ, ἀλλ' ἔργῳ τὰ τοῦ καλοῦ καὶ ἀγαθοῦ ἐκτελεῖς. Οἷον
γάρ ἐστιν αὐτὸν αὑτῷ δύνασθαι εἰπεῖν «Νῦν ἃ οἱ ἄλλοι
ἐν ταῖς σχολαῖς σεμνολογοῦσιν ∥ καὶ παραδοξολογεῖν δο-
κοῦσι, ταῦτα ἐγὼ ἐπιτελῶ· κἀκεῖνοι καθήμενοι τὰς ἐμὰς
ἀρετὰς ἐξηγοῦνται καὶ περὶ ἐμοῦ ζητοῦσιν καὶ ἐμὲ ὑμνοῦ-
σιν· καὶ τούτου με ὁ Ζεὺς αὐτὸν παρ' ἐμαυτοῦ λαβεῖν
ἀπόδειξιν ἠθέλησεν καὶ αὐτὸς δὲ γνῶναι εἰ ἔχει στρατιώτην οἷον δεῖ, πολίτην οἷον δεῖ, καὶ τοῖς ἄλλοις ἀνθρώ-

---

1 ἀπότακτος: ἀπακτός Schw. ‖ 1-2 ἐπιστρέφῃς: ἐπιστραφῇς J
ἐπιστρέψῃ Par. 1959 edd. ἐπιστρέφῃ Elter ‖ 4 πρὸς ἐμέ PVBJ :
πρὸς σὲ μέ SF ‖ 6 πόλις, ὁ: πόλις ἢ ὁ Reiske ‖ αὐτό: ταὐτό S (αὐτὸ
ex corr.) et B αὑτῷ (αὑτῷ ex corr. ut uid.) J ‖ 8 ἀναμάχου:
ἀντιμάχου Meib. ‖ 13 δεῖ: διάγειν δεῖ Reiske ‖ 16 μόνης: μονῆς
S$_b$PVBFJ ‖ 20 αὑτῷ PJ : αὐτῷ SVBF ‖ ἃ: ἂν V ἃ ἂν Upt. cod.
J ‖ 21 σεμνολογοῦσιν: — λογῶσι J ‖ 22 ἐπιτελῶ: ἀποτελῶ Cor.

duire aux yeux des hommes comme un témoin des réalités qui ne dépendent point de nous : « Voyez que vous vous effrayez sans motif, que vous désirez vainement tout ce que vous désirez. Ne cherchez pas les biens au dehors, cherchez-les en vous-mêmes, sans quoi vous ne les trouverez pas. » C'est pourquoi, tantôt il me conduit ici et tantôt m'envoie là-bas, il me montre aux hommes pauvre, sans magistrature, malade; il m'expédie à Gyaros, il me pousse en prison. Ce n'est point qu'il me haïsse (jamais de la vie !). Qui peut haïr le meilleur de ses serviteurs? Ce n'est point qu'il me néglige, lui qui ne néglige même pas le plus petit des êtres, mais il m'exerce et se sert de moi comme d'un témoin devant les autres. Et quand il m'a assigné un pareil service, puis-je encore me faire du souci pour le lieu où j'habite, les compagnons avec qui je vis, ce qu'on dit de moi? Ne dois-je pas tendre de toutes mes forces vers Dieu, vers l'observation de ses commandements et de ses ordres? »

Avec ces principes sans cesse à ta disposition, si tu te les ressasses à toi-même et te les rends familiers, tu n'auras jamais besoin de personne pour t'encourager et te fortifier. Car, en vérité, le déshonneur ne consiste pas à ne pas avoir de quoi manger, mais à ne pas avoir assez de raison pour se prémunir contre la crainte et le chagrin. Mais si, une bonne fois, tu as acquis la sérénité d'âme et l'intrépidité, pourra-t-il y avoir encore pour toi quelque tyran ou quelque garde du corps, ou des partisans de César? Quelque nomination à une dignité excitera-t-elle ton envie, ou bien ceux qui offrent des sacrifices au Capitole pour leur entrée en charge, alors que toi, tu as reçu de Zeus une charge si haute? Seulement garde-toi d'en faire ostentation ou de t'en vanter, mais révèle-la par tes actes et, même si personne ne la remarque, qu'il te suffise d'être toi-même en bonne santé morale et heureux.

ποις προάγειν με μάρτυρα τῶν ἀπροαιρέτων. Ἴδετε ὅτι
εἰκῇ φοβεῖσθε, μάτην ἐπιθυμεῖτε ὧν ἐπιθυμεῖτε. Τὰ ἀγαθὰ
ἔξω μὴ ζητεῖτε, ἐν ἑαυτοῖς ζητεῖτε· εἰ δὲ μή, οὐχ
εὑρήσετε. Ἐπὶ τούτοις με νῦν μὲν ἐνταῦθα ἄγει, νῦν δ'
ἐκεῖ πέμπει, πένητα δείκνυσι τοῖς ἀνθρώποις, δίχα ἀρχῆς,
νοσοῦντα· εἰς Γύαρα ἀποστέλλει, εἰς δεσμωτήριον εἰσάγει.
Οὐ μισῶν· μὴ γένοιτο· τίς δὲ μισεῖ τὸν ἄριστον τῶν ὑπηρε-
τῶν τῶν ἑαυτοῦ; Οὐδ' ἀμελῶν, ὅς γε οὐδὲ τῶν μικροτάτων
τινὸς ἀμελεῖ, ἀλλὰ γυμνάζων καὶ μάρτυρι πρὸς τοὺς
ἄλλους χρώμενος. Εἰς τοιαύτην ὑπηρεσίαν κατατεταγμένος
ἔτι φροντίζω ποῦ εἰμι ἢ μετὰ τίνων ἢ τί περὶ ἐμοῦ λέγουσιν; Οὐχὶ δ' ὅλος πρὸς τὸν θεὸν τέταμαι καὶ τὰς ἐκείνου
ἐντολὰς καὶ τὰ προστάγματα;»

Ταῦτα ἔχων ἀεὶ ἐν χερσὶ καὶ τρίβων αὐτὸς παρὰ σαυτῷ
καὶ πρόχειρα ποιῶν οὐδέποτε δεήσῃ τοῦ παραμυθουμένου,
τοῦ ἐπιρρωννύντος. Καὶ γὰρ αἰσχρὸν οὐ τὸ φαγεῖν μὴ
ἔχειν, ἀλλὰ τὸ λόγον μὴ ἔχειν ἀρκοῦντα πρὸς ἀφοβίαν,
πρὸς ἀλυπίαν. Ἂν δ' ἅπαξ περιποιήσῃ τὸ ἄλυπον καὶ
ἄφοβον, ἔτι σοι τύραννος ἔσται τις ἢ δορυφόρος ἢ Καισα-
ριανοὶ ἢ ὀρδινατίων δήξεταί σε ἢ οἱ ἐπιθύοντες ἐν τῷ
Καπιτωλίῳ ἐπὶ τοῖς ὀπτικίοις τὸν τηλικαύτην || ἀρχὴν
παρὰ τοῦ Διὸς εἰληφότα; Μόνον μὴ πόμπευε αὐτὴν μηδ'
ἀλαζονεύου ἐπ' αὐτῇ, ἀλλ' ἔργῳ δείκνυε· κἂν μηδεὶς
αἰσθάνηται, ἀρκοῦ αὐτὸς ὑγιαίνων καὶ εὐδαιμονῶν.

1 με om. J || ἀπροαιρέτων: προαιρετῶν καὶ ἀπροαιρέτων susp.
Schw. || 2 φοβεῖσθε: φοβεῖσθε ἃ φοβεῖσθε Reiske || 6 ἀποστέλλει:
πέμπει PJ. || 9 μάρτυρι J: μάρτυσι SPVBF || 16 φαγεῖν: inter lin.
γρ φυγεῖν J ἀποφυγεῖν Cor. || 19 ἔτι: ἔτι φοβερός Reiske || 20 ὀρδι-
νατίων: ὀρδιναρίων Meib. ὀρδινάτωρ Cor. || δήξεταί: δεδίξεταί
Reiske || 21 ὀπτικίοις: ὀνικίοις uel οἰνικίοις S_b ὀφρικίοις Wolf
ὀψικίοις Is. Casaubon σοπλικίοις (uel σουπ-) Reiske ὀπφικίοις Cor.

Chapitre XXV

A ceux qui sont infidèles à leurs résolutions.

1 **La constance dans l'effort.** Parmi les résolutions que tu as prises en commençant, considère quelles sont celles que tu as tenues, quelles sont celles que tu as abandonnées, et comment le souvenir de certaines te donne de la joie, celui de certaines autres de la peine, et, si possible, reprends même celles 2 auxquelles tu t'es dérobé. Ils doivent, en effet, ne pas flancher, ceux qui sont engagés dans la plus noble des luttes, 3 mais savoir même recevoir des coups. Car il ne s'agit ni d'athlétisme ni de pancrace dans la lutte qui nous est proposée : là, suivant qu'on est vainqueur ou vaincu, on peut être plus ou moins estimé et, par Zeus, on peut être très heureux, comme on peut être très misérable, mais ici, il 4 s'agit de la félicité elle-même et du bonheur. Que s'ensuit-il ? Ici, même si nous avons le dessous, personne ne peut nous empêcher de recommencer la lutte, et pas n'est besoin d'attendre les quatre ans, jusqu'au retour des jeux Olympiques mais, dès qu'on s'est remis, qu'on a recouvré ses forces et qu'on apporte la même ardeur, on peut lutter et, si l'on succombe encore, on peut encore recommencer et, si une bonne fois on remporte la victoire, on est comme celui qui n'a jamais été vaincu.

5 **Se défier des mauvaises habitudes.** Seulement, que l'habitude d'accomplir une action ne te fasse pas aborder cette action d'un cœur léger et parcourir ensuite, comme un mauvais athlète, le cycle des jeux en te faisant battre régulièrement, semblable en cela aux cailles qui se sauvent.

6 — Je suis vaincu par la représentation d'une jolie fille.

κέ

Πρὸς τοὺς ἀποπίπτοντας ὧν προέθεντο.

Σκέψαι, ὧν προέθου ἀρχόμενος, τίνων μὲν ἐκράτησας, 1
τίνων δ᾽ οὔ, καὶ πῶς ἐφ᾽ οἷς μὲν εὐφραίνῃ ἀναμιμνησκό-
μενος, ἐφ᾽ οἷς δ᾽ ἄχθῃ, καὶ εἰ δυνατόν, ἀνάλαβε κἀκεῖνα
ὧν ἀπώλισθες. Οὐ γὰρ ἀποκνητέον τὸν ἀγῶνα τὸν μέγιστον 2
ἀγωνιζομένοις, ἀλλὰ καὶ πληγὰς ληπτέον· οὐ γὰρ ὑπὲρ 3
πάλης καὶ παγκρατίου ὁ ἀγὼν πρόκειται, οὗ καὶ τυχόντι
καὶ μὴ τυχόντι ἔξεστιν μὲν πλείστου ἀξίῳ, ἔξεστι δὲ
ὀλίγου εἶναι καὶ νὴ Δία ἔξεστι μὲν εὐτυχεστάτῳ, ἔξεστι
δὲ κακοδαιμονεστάτῳ εἶναι, ἀλλ᾽ ὑπὲρ αὐτῆς εὐτυχίας καὶ
εὐδαιμονίας. Τί οὖν; οὐδ᾽ ἂν ἀπαυδήσωμεν ἐνταῦθα, κω- 4
λύει τις πάλιν ἀγωνίζεσθαι οὐδὲ δεῖ περιμεῖναι τετραετίαν
ἄλλην, ἵν᾽ ἔλθῃ ἄλλα Ὀλύμπια, ἀλλ᾽ εὐθὺς ἀναλαβόντι
καὶ ἀνακτησαμένῳ ἑαυτὸν καὶ τὴν αὐτὴν εἰσφέροντι προ-
θυμίαν ἔξεστιν ἀγωνίζεσθαι· κἂν πάλιν ἀπείπῃς, πάλιν
ἔξεστιν, κἂν ἅπαξ νικήσῃς, ὅμοιος εἶ τῷ μηδέποτε ἀπει-
πόντι.

Μόνον μὴ ὑπὸ ἔθους τοῦ αὐτοῦ ἡδέως αὐτὸ ἄρξῃ 5
ποιεῖν· καὶ λοιπὸν ὡς κακὸς ἀθλητὴς περιέρχῃ νικώμενος
τὴν περίοδον ὅμοιος τοῖς ἀποφυγοῦσιν ὄρτυξιν.
— Ἥττᾳ με φαντασία παιδισκαρίου καλοῦ. Τί γάρ; 6

3 τίνων PJ : τίνος SVBF ‖ 4 πῶς ἐφ᾽ J : πῶς· ἐφ᾽ SPVBF ‖ μὲν
εὐφραίνῃ in ras. S ‖ 11 εὐτυχίας : τῆς εὐτυχίας Reiske ‖ 19 αὐτοῦ :
αὐτὸ ποιεῖν Reiske ‖ 20 κακὸς Wolf : καλὸς codd. ‖ περιέρχῃ :
— ἔρχου Richard. ‖ 22 με : μὲν (corr. S_b) S μοι ex corr. F ‖
supra τί γάρ add. ἐγγίνεται B.

Mais quoi? Hier, n'ai-je pas été vaincu? L'envie me démange de critiquer quelqu'un. Mais, hier, n'ai-je point fait de critiques?

7 — Tu nous parles comme si tu étais sorti de là indemne. C'est comme si quelqu'un disait au médecin qui lui défend de se baigner : « Hier, ne me suis-je pas baigné? » Le médecin pourrait alors lui répondre : « Eh bien! après le bain, qu'as-tu donc éprouvé? N'as-tu pas eu la fièvre? 8 N'as-tu pas souffert de la tête? » Et toi, qui hier as critiqué quelqu'un, n'as-tu pas fait œuvre de mauvais coucheur, d'homme qui parle à tort et à travers? N'as-tu pas nourri cette habitude que tu portes en toi, en lui fournissant les actions qui lui sont conformes? Et quand tu as été vaincu 9 par cette jolie fille, t'es-tu tiré de là indemne? Pourquoi donc parler de tes actes d'hier? Tu aurais dû, à mon avis, te les rappelant comme les esclaves se rappellent les coups, 10 t'abstenir des mêmes fautes. Mais ce n'est pas la même chose : dans le premier cas, c'est la douleur qui donne la mémoire, mais, quand il s'agit de fautes, quelle est la douleur, quel est le châtiment? Quand donc as-tu pris l'habitude de fuir les actions mauvaises?

πρῴην οὐχ ἡττήθην; Προθυμία μοι γίνεται ψέξαι τινά. Πρῴην γὰρ οὐχ ἔψεξα;

— Οὕτως ἡμῖν λαλεῖς ὡς ἀζήμιος ἐξεληλυθώς, οἱονεί τις 7 τῷ ἰατρῷ κωλύοντι λούσασθαι λέγοι· «Πρῴην γὰρ οὐκ ἐλουσάμην;» Ἂν οὖν ὁ ἰατρὸς αὐτῷ ‖ ἔχῃ λέγειν· « Ἄγε, λουσάμενος οὖν τί ἔπαθες; οὐκ ἐπύρεξας; οὐκ ἐκεφαλάλγησας;» Καὶ σὺ ψέξας πρῴην τινὰ οὐ κακοήθους ἔργον ἔπραξας; οὐ 8 φλυάρου; οὐκ ἔθρεψάς σου τὴν ἕξιν ταύτην παραβάλλων αὐτῇ τὰ οἰκεῖα ἔργα; Ἡττηθεὶς δὲ τοῦ παιδισκαρίου ἀπῆλθες ἀζήμιος; Τί οὖν τὰ πρῴην λέγεις; Ἔδει δ' οἶμαι 9 μεμνημένον, ὡς οἱ δοῦλοι τῶν πληγῶν, ἀπέχεσθαι τῶν αὐτῶν ἁμαρτημάτων. Ἀλλ' οὐχ ὅμοιον· ἐνταῦθα μὲν γὰρ ὁ 10 πόνος τὴν μνήμην ποιεῖ, ἐπὶ δὲ τῶν ἁμαρτημάτων ποῖος πόνος, ποία ζημία; Πότε γὰρ εἰθίσθης φεύγειν τὸ κακῶς ἐνεργῆσαι;

5 ὁ om. SVBF ‖ 10 τὰ : τὸ Cor. ‖ 14 εἰθίσθης : εἰσθίσθην Upt. cod. J ἠθίσθην P ‖ 15 post ἐνεργῆσαι add. οἱ πόνοι ἄρα οἱ τῶν πειρατηρίων ἑκόντων ἢ ἀκόντων ἡμῶν ὠφέλιμοι S$_b$.

Chapitre XXVI

A ceux qui redoutent le dénuement.

1 *La crainte du dénuement, marque d'esprit peu philosophique.* N'as-tu pas honte d'être plus lâche et plus vil que les esclaves fugitifs [1]? Dans quel état s'enfuient ces derniers quand ils abandonnent leurs maîtres? Sur quels champs peuvent-ils compter, sur quels serviteurs? N'est-il pas vrai qu'après avoir soustrait juste le peu qui est nécessaire pour les premiers jours, ils s'élancent ensuite sur terre ou sur mer, s'ingéniant à trouver un moyen après l'autre pour pouvoir subsister?

2 Et quel esclave fugitif est jamais mort de faim? Mais toi, tu trembles, tu crains que le nécessaire ne vienne à te manquer et, la nuit, tu ne dors pas. Pauvre malheureux!

3 Peux-tu être assez aveugle pour ne pas voir la route, ni où conduit le manque du nécessaire? Où conduit-il donc? Là où conduit la fièvre, là où conduit une pierre qui vous tombe sur la tête: à la mort. Cela, ne l'as-tu donc pas répété souvent toi-même à tes compagnons, n'as-tu pas fait maintes lectures de ce genre, ne l'as-tu pas écrit bien des fois? A combien de reprises t'es-tu vanté qu'en ce qui concerne la mort, tu restais calme?

4 — Oui, mais les miens aussi souffriront de la faim.

— Eh quoi! La faim dont ils souffriront doit-elle les conduire ailleurs? La descente n'est-elle pas la même pour

5 eux? Le monde d'en-bas n'est-il point le même? Refuses-tu donc, pour affronter hardiment tout dénuement et toute nécessité, de regarder là-bas, là où les richards et les plus

---

1. On peut être de condition libre et posséder une âme servile. Or *nulla seruitus turpior est quam uoluntaria*. On peut, par contre, être de condition servile et posséder une âme libre: *Seruus est. Sed fortasse libero animo* (Sénèque, *ep.*, 47, 17).

κς΄

Πρὸς τοὺς τὴν ἀπορίαν δεδοικότας.

Οὐκ αἰσχύνῃ δειλότερος ὢν καὶ ἀγεννέστερος τῶν 1
δραπετῶν; πῶς ἐκεῖνοι φεύγοντες ἀπολείπουσι τοὺς δεσπό-
τας, ποίοις ἀγροῖς πεποιθότες, ποίοις οἰκέταις; Οὐχὶ
δ᾽ ὀλίγον ὅσον πρὸς τὰς πρώτας ἡμέρας ὑφελόμενοι εἶθ᾽
ὕστερον διὰ γῆς ἢ καὶ θαλάττης φέρονται ἄλλην ἐξ
ἄλλης ἀφορμὴν πρὸς τὸ διατρέφεσθαι φιλοτεχνοῦντες;
Καὶ τίς πώποτε δραπέτης λιμῷ ἀπέθανεν; Σὺ δὲ τρέμεις, 2
μή σοι λείπῃ τὰ ἀναγκαῖα, καὶ τὰς νύκτας ἀγρυπνεῖς.
Ταλαίπωρε, οὕτως τυφλὸς εἶ καὶ τὴν ὁδὸν οὐχ ὁρᾷς, ὅποι 3
φέρει ἡ τῶν ἀναγκαίων ἔνδεια; Ποῦ γὰρ φέρει; ὅπου καὶ ὁ
πυρετός, ὅπου καὶ λίθος ἐπιπεσών, εἰς θάνατον. Τοῦτο
οὖν οὐ πολλάκις σὺ αὐτὸς εἶπες πρὸς τοὺς ἑταίρους,
πολλὰ δ᾽ ἀνέγνως τοιαῦτα, πολλὰ δ᾽ ἔγραφες; Ποσάκις
δ᾽ ἠλαζονεύσω ὅτι πρός γε τὸ ἀποθανεῖν μετρίως ἔχεις;
— Ναί· ἀλλὰ καὶ οἱ ἐμοὶ πεινήσουσιν. 4
— Τί οὖν; ‖ μή τι καὶ ὁ ἐκείνων λιμὸς ἀλλαχοῦ που
φέρει; οὐχὶ καὶ ἡ αὐτή που κάθοδος; τὰ κάτω τὰ αὐτά;
Οὐ θέλεις οὖν ἐκεῖ βλέπειν θαρρῶν πρὸς πᾶσαν ἀπορίαν 5
καὶ ἔνδειαν, ὅπου καὶ τοὺς πλουσιωτάτους καὶ τὰς ἀρχὰς

7 καὶ: καὶ διὰ Upt. cod. διὰ Upt. ‖ 9 πώποτε: ποτε F ‖
10 λείπῃ: λίπῃ PJ ‖ ἀγρυπνεῖς. Ταλαίπωρε: ἀγρυπνεῖς; ταλαίπωρε
Kron. ‖ 13 Τοῦτο Upt. cod.: τοῦτον SPVBFJ ‖ 14 πολλάκις —
ἑταίρους om. F ‖ σὺ αὐτός Reiske: δαυτός S δ᾽ αὐτός PVB αὐτός
Upt. cod. J ἤκουσας, πολλάκις δ᾽ αὐτός Kron. ‖ εἶπες (α supra
ες) S ‖ 15 ἔγραφες: ἔγραψας Kron. ‖ 16 γε (γ in ras. S_b): τε V
om. J ‖ 18 καὶ: γὰρ susp. Schw. ‖ που: ποῖ S (υ supra ῖ manu
prima) et BF om. J ‖ 19 καὶ del. Cor. ‖ 21 τὰς: τοὺς Reiske.

hauts magistrats et les rois eux-mêmes et les tyrans doivent descendre, et toi, mourant de faim, si tel doit être ton sort, mais eux crevant d'indigestion et d'ivresse? A-t-on jamais vu beaucoup de mendiants qui n'aient pas atteint la vieillesse? qui ne devinssent extrêmement vieux? Mais, bien qu'ils gèlent nuit et jour et couchent sur la dure et n'aient pour se nourrir que le strict nécessaire, ils en viennent presque à ne pas pouvoir mourir. Mais toi, un homme en parfait état, qui as bras et jambes, tu redoutes si fort la faim? Ne peux-tu aller puiser de l'eau? Ne peux-tu faire le métier de scribe, être précepteur, garder la porte d'autrui?

— Mais c'est une honte d'en arriver à cette nécessité.

— Commence par apprendre ce qui est honteux, et alors, tu pourras te donner à nous comme philosophe. Mais, pour l'instant, ne souffre même pas qu'un autre te donne ce titre.

On ne peut avoir honte de ce dont on n'est pas responsable.

Est-ce une honte pour toi, ce qui n'est pas ton œuvre, ce dont tu n'es pas responsable, ce qui t'est arrivé par accident, comme un mal de tête ou un accès de fièvre? Si tes parents étaient pauvres, ou si, étant riches, ils ont laissé à d'autres leur héritage et si, durant leur vie, ils ne te viennent nullement en aide, est-ce là pour toi une honte? C'est là ce que tu as appris des philosophes? N'as-tu jamais entendu dire que ce qui est honteux, voilà ce qui est blâmable, et que ce qui est blâmable, voilà c'est ce qui mérite d'être blâmé[1]? Or, qui peut-on blâmer pour une situation qui n'est point la sienne, qu'il n'a pas créée lui-même? Est-ce donc toi qui as créé cette situation, qui as fait ton père ce qu'il est? Ou est-il en ton pouvoir de le corriger? Cela t'est-il permis?

---

1. Cicéron, dans le *De Finibus* et les *Tusculanes*, nous donne de nombreux exemples de ces sortes de raisonnements et blâme les Stoïciens de cette manie : « Les Stoïciens forment de petits syllogismes pour établir que la douleur n'est pas un mal, tout comme si le mot et non la chose faisait difficulté. Pourquoi me duper, Zénon? Car lorsque tu affirmes que la douleur, qui me paraît effrayante, n'est pas du tout un mal, je suis séduit,

τὰς μεγίστας ἄρξαντας καὶ αὐτοὺς τοὺς βασιλεῖς καὶ
τυράννους δεῖ κατελθεῖν, καὶ σὲ πεινῶντα, ἂν οὕτως τύχῃ,
ἐκείνους δὲ διαρραγέντας ὑπὸ ἀπεψιῶν καὶ μέθης; Τίνα 6
πώποτ' ἐπαίτην ῥᾳδίως εἶδες μὴ γέροντα; τίνα δ' οὐκ
5 ἐσχατόγηρων; Ἀλλὰ ῥιγῶντες τὰς νύκτας καὶ τὰς ἡμέρας
καὶ χαμαὶ ἐρριμμένοι καὶ ὅσον αὐτὸ τὸ ἀναγκαῖον σιτούμε-
νοι ἐγγὺς ἥκουσιν τῷ μηδ' ἀποθανεῖν δύνασθαι, σὺ δ' 7
ὁλόκληρος ἄνθρωπος χεῖρας ἔχων καὶ πόδας περὶ λιμοῦ
δέδοικας οὕτως; Οὐκ ἀντλεῖν δύνασαι, οὐ γράφειν, οὐ παι-
10 δαγωγεῖν, οὐ θύραν ἀλλοτρίαν φυλάττειν;
— Ἀλλ' αἰσχρὸν εἰς ταύτην ἐλθεῖν τὴν ἀνάγκην.
— Μάθε οὖν πρῶτον τίνα τὰ αἰσχρά ἐστιν, καὶ οὕτως
ἡμῖν λέγε σαυτὸν φιλόσοφον. Τὸ νῦν δὲ μηδ' ἂν ἄλλος τις
εἴπῃ σε, ἀνέχου.

15 Αἰσχρόν ἐστί σοι τὸ μὴ σὸν ἔργον, οὗ σὺ αἴτιος οὐκ εἶ, 8
ὃ ἄλλως ἀπήντησέν σοι, ὡς κεφαλαλγία, ὡς πυρετός;
Εἴ σου οἱ γονεῖς πένητες ἦσαν ⟨ἢ πλούσιοι μὲν ἦσαν⟩,
ἄλλους δὲ κληρονόμους ἀπέλιπον καὶ ζῶντες οὐκ ἐπαρ-
κοῦσιν οὐδέν, σοὶ ταῦτα αἰσχρά ἐστιν; Ταῦτα ἐμάνθανες 9
20 παρὰ τοῖς φιλοσόφοις; οὐδέποτε ἤκουσας ὅτι τὸ αἰσχρὸν
ψεκτόν ἐστιν, τὸ δὲ ψεκτὸν ἄξιόν ἐστι τοῦ ψέγεσθαι; Τίνα
δ' ἐπὶ τῷ μὴ αὐτοῦ ἔργῳ, ὃ αὐτὸς οὐκ ἐποίησεν; Σὺ οὖν 10
ἐποίησας τοῦτο, τὸν πατέρα τοιοῦτον; ἢ ἔξεστίν σοι
ἐπανορθῶσαι αὐτόν; δίδοταί σοι τοῦτο; Τί οὖν; δεῖ σε

2 καὶ Wolf Meib.: εἰ S ἢ S_b || σὲ: σὲ μὲν Reiske ² || 6 αὐτό: οὐδ' αὐτό Reiske ² || 7 τῷ: τοῦ J || 7 σὺ — 9 δύνασαι hab. i. m. S om. PVBJ || 9 δέδοικας οὕτως; Οὐκ: δεδοικας; οὕτως οὐχ Kron. || 16 ἀπήντησέν: — τηκέ PVJ || 17 ἢ πλούσιοι μὲν add. Schw. || ἦσαν add. C. Schenkl || 18-19 ἐπαρκοῦσιν οὐδέν, σοὶ Shaftesbury: ἐπαρκοῦσιν· οὐδέν σοι codd. || 19 αἰσχρά (ά ex corr.) S || 20 ἤκουσας (ε supra ας) SF || 21-22 Τίνα δ' ἐπὶ susp. Schw.: τίνα ἐπὶ codd. τί δ' ἐπὶ Elter < καὶ ὅτι ἄτοπόν ἐστι ψέγεσθαί > τινα ἐπὶ Schenkl ¹ || 22 αὑτοῦ Cor.: αὐτοῦ codd. || post αὐτοῦ add. ψέγεις S_bPVBFJ || ὃ: ὁ S (corr. S_b) || 23 τοῦτο: σοῦ J || 24 δίδοταί: δέδοταί Cor.

Eh quoi ! te faut-il vouloir ce qu'il ne t'est pas permis d'accomplir, ou avoir honte de n'y pas réussir? Mais est-ce 11 là aussi l'habitude que tu as prise quand tu étudiais la philosophie, de fixer ton regard sur les autres et de ne rien 12 espérer de toi-même? Eh bien ! alors, lamente-toi, gémis et ne mange qu'en tremblant de manquer demain de nourriture. S'agit-il de tes esclaves? Tremble qu'ils ne te volent, qu'ils ne s'enfuient, qu'ils ne meurent. Vis de la 13 sorte et ne cesse jamais de mener une telle vie, toi qui n'as eu accès à la philosophie que de nom, toi qui as discrédité ses principes, autant que cela dépendait de toi, en montrant leur inutilité et leur stérilité pour ceux qui les accueillent. Non, tu n'as jamais désiré la fermeté, l'ataraxie, l'impassibilité; tu n'as jamais cultivé aucun maître à cette fin, mais beaucoup, en vue des syllogismes [1] ! Jamais tu n'as examiné à fond en toi-même quelqu'une de ces représentations, en te posant la question: « Suis-je capable, oui ou non, de supporter cela? Que me reste-t-il à faire? » 14 Mais, comme si tout chez toi était en bon état et en sécurité, tu t'adonnais au thème philosophique qui doit venir en dernier lieu, celui de l'immutabilité, pour rendre immuable — quoi? Ta lâcheté, ta bassesse d'âme, ton admiration pour les riches, l'avortement de tes désirs, la chute dans ce que tu voulais éviter. C'est de mettre tout cela en sécurité que tu étais soucieux.

15 **Donner un fondement à sa philosophie.** Ne devais-tu pas commencer par acquérir quelque connaissance philosophique avant d'essayer de la mettre en sûreté? Qui as-tu jamais vu construire une corniche autour d'un édifice sans l'étayer d'aucun mur? Et quelle sorte de portier peut-on

---

je désire savoir comment il se peut faire qu'une chose telle qu'elle me paraît à moi le comble du malheur, ne soit même pas un mal. « Rien », dit-il, « n'est un mal, si ce n'est la honte et le vice ». Tu retombes dans tes niaiseries, car l'objet de mon angoisse, tu ne l'élimines pas » (*Tusc.*, II, 29; trad. J. Humbert).
1. L'étude de la logique convient à ceux qui sont établis en sagesse. Comparer III, 2, 16-18.

θέλειν τὰ μὴ διδόμενα ἢ μὴ τυγχάνοντα αὐτῶν αἰσχύνεσθαι; Οὕτως δὲ || καὶ εἰθίζου φιλοσοφῶν ἀφορᾶν εἰς ἄλλους καὶ μηδὲν αὐτὸς ἐλπίζειν ἐκ σεαυτοῦ; τοιγαροῦν οἴμωζε καὶ στένε καὶ ἔσθιε δεδοικὼς μὴ οὐ σχῇς τροφὰς αὔριον· περὶ τῶν δουλαρίων τρέμε μὴ κλέψῃ τι, μὴ φύγῃ, μὴ ἀποθάνῃ. Οὕτως σὺ ζῆθι καὶ μὴ παύσῃ μηδέποτε, ὅστις ὀνόματι μόνον πρὸς φιλοσοφίαν προσῆλθες καὶ τὰ θεωρήματα αὐτῆς ὅσον ἐπὶ σοὶ κατῄσχυνας ἄχρηστα ἐπιδείξας καὶ ἀνωφελῆ τοῖς ἀναλαμβάνουσιν· οὐδέποτε δ' εὐσταθείας ὠρέχθης, ἀταραξίας, ἀπαθείας· οὐδένα τούτου ἕνεκα ἐθεράπευσας, συλλογισμῶν δ' ἕνεκα πολλούς· οὐδέποτε τούτων τινὰ τῶν φαντασιῶν διεβασάνισας αὐτὸς ἐπὶ σεαυτοῦ· «Δύναμαι φέρειν ἢ οὐ δύναμαι; τί μοι τὸ λοιπόν ἐστιν;», ἀλλ' ὡς πάντων ἐχόντων σοι καλῶς καὶ ἀσφαλῶς περὶ τὸν τελευταῖον κατεγίνου τόπον, τὸν τῆς ἀμεταπτωσίας, ἵν' ἀμετάπτωτα σχῇς τίνα; τὴν δειλίαν, τὴν ἀγένvειαν, τὸν θαυμασμὸν τῶν πλουσίων, τὴν ἀτελῆ ὄρεξιν, τὴν περιπτωτικὴν ἔκκλισιν· περὶ τῆς τούτων ἀσφαλείας ἐφρόντιζες.

Οὐκ ἔδει προσκτήσασθαι πρῶτον ἐκ τοῦ λόγου, εἶτα τούτῳ περιποιεῖν τὴν ἀσφάλειαν; Καὶ τίνα πώποτ' εἶδες τριγχὸν περιοικοδομοῦντα μηδενὶ τειχίῳ περιβαλλόμενον αὐτόν; ποῖος δὲ θυρωρὸς καθίσταται ἐπὶ οὐδεμιᾷ θύρᾳ;

1 διδόμενα: δεδομένα ex corr. rec. J || 2 εἰθίζου: *θίζου S || 3 τοιγαροῦν J: τοιγάρτοι S (ι γάρ τοι in ras.) et F τοιγαροῦντοι VB || 5 τι om. PVJ || 6 σὺ om. J || 7 μόνον: μόνῳ V || 13 alt. δύναμαι: δύναμαι φέρειν PJ || 14 λοιπόν: λεῖπον susp. Schw. || 18 περιπτωτικὴν Reiske: ἀποτευκτικὴν codd. ἀποτευκτικήν, τὴν περιπτωτικὴν susp. Schenkl || 20 Οὐκ ἔδει: τοῦτ' ἔδει uel οὐκ ἔδει τοῦτο Wolf οὐκ ἔδει τι susp. Upt. τί ἔδει susp. Shaftesbury || τοῦ λόγου: τῶν λόγων Reiske || 21 τούτῳ: τούτων J || πώποτ': ποτ' Upt. cod. || 22 τριγχὸν S: θριγχὸν S_b || μηδενὶ τειχίῳ S_b: μηδεν τειχίον S μηδὲν τειχίον susp. Schenkl || περιβαλλόμενον: περιβαλόμενον susp. Schenkl || 23 αὐτόν S_b: αὐτὸ αὐτοῦ S loc. corrupt. susp. Schenkl || δὲ om. PJ.

16 installer là où il n'y a pas de porte? Mais toi, tu te préoccupes d'acquérir la capacité de démontrer — quoi? Tu te préoccupes de ne pas te laisser ébranler par les sophis-
17 mes. Ébranler d'où? Commence par me montrer ce que tu gardes, ce que tu mesures, ce que tu pèses. Ensuite, montre-moi de même ta balance ou ta mesure. Ou jus-
18 qu'à quand mesureras-tu de la cendre? Ce que tu dois démontrer, n'est-ce pas ce qui fait le bonheur des hommes, ce qui fait prospérer pour eux les affaires à leur gré, ce qui les empêche de blâmer personne, d'accuser personne, les incline à se soumettre au gouvernement de l'univers? Montre-moi cela.

19 — Voilà, je le montre, dit-il, je vais t'analyser des syllogismes.

— Cela, c'est l'instrument de mesure, esclave, mais ce
20 n'est pas ce que l'on mesure. Voilà pourquoi tu subis à présent la peine de tes négligences : tu trembles, tu ne dors pas, tu prends conseil de tout le monde, et si tes résolutions ne doivent pas plaire à tous, tu crois que tes résolutions ne valent rien.

21 *La peur d'une vie simple et frugale.* Et puis, tu t'imagines redouter la faim. Mais non, ce n'est pas la faim que tu redoutes; ce dont tu as peur, c'est de ne pas avoir de cuisinier, c'est de n'avoir personne pour faire tes provisions, personne pour te chausser, pour
22 t'habiller, te frictionner, t'accompagner, afin qu'au bain, quand tu t'es déshabillé et étendu dans la position des crucifiés, on puisse te frictionner dans tous les sens et qu'après cela, le masseur qui se tient auprès de toi commande : « Change de place, donne-moi son côté, tiens-lui la tête, présente l'épaule », puis, afin qu'au retour de ton bain, tu puisses crier chez toi : « Personne ne m'apporte à manger? », et ensuite : « Lève la table, passe
23 l'éponge. » Ce que tu redoutes, c'est de ne pas être capable de vivre une vie de malade, car, en vérité, pour celle des gens bien portants, apprends à la connaître en voyant comment vivent les esclaves, comment vivent les ouvriers, comment vivent les philosophes authentiques, comment a vécu Socrate, et lui encore avait femme et enfants, comment a vécu Diogène, comment a vécu

Ἀλλὰ σὺ μελετᾷς ἀποδεικνύειν δύνασθαι· τίνα; μελετᾷς 16
μὴ ἀποσαλεύεσθαι διὰ σοφισμάτων· ἀπὸ τίνων; Δεῖξόν 17
μοι πρῶτον τί τηρεῖς, τί μετρεῖς ἢ τί ἱστάνεις· εἶθ᾽
οὕτως ἐπιδείκνυε τὸν ζυγὸν ἢ τὸν μέδιμνον. Ἢ μέχρι
τίνος μετρήσεις τὴν σποδόν; Οὐ ταῦτά σε ἀποδεικνύειν 18
δεῖ, || ἃ ποιεῖ τοὺς ἀνθρώπους εὐδαίμονας, ἃ ποιεῖ προχω-
ρεῖν αὐτοῖς τὰ πράγματα ὡς θέλουσιν, δι᾽ ἃ οὐ δεῖ μέμφε-
σθαι οὐδενί, ἐγκαλεῖν οὐδενί, πείθεσθαι τῇ διοικήσει τῶν
ὅλων; ταῦτά μοι δείκνυε.

— Ἰδοὺ δεικνύω, φησίν, ἀναλύσω σοι συλλογισμούς. 19

— Τοῦτο τὸ μετροῦν ἐστιν, ἀνδράποδον· τὸ μετρούμενον
δ᾽ οὐκ ἔστιν. Διὰ ταῦτα νῦν τίνεις δίκας ὧν ἠμέλησας· 20
τρέμεις, ἀγρυπνεῖς, μετὰ πάντων βουλεύῃ· κἂν μὴ
πᾶσιν ἀρέσκειν μέλλῃ τὰ βουλεύματα, κακῶς οἴει βεβου-
λεῦσθαι.

Εἶτα φοβῇ λιμόν, ὡς δοκεῖς. Σὺ δ᾽ οὐ λιμὸν φοβῇ, ἀλλὰ 21
δέδοικας μὴ οὐ σχῇς μάγειρον, μὴ οὐ σχῇς ἄλλον ὀψωνη-
τήν, ἄλλον τὸν ὑποδήσοντα, ἄλλον τὸν ἐνδύσοντα, ἄλλους
τοὺς τρίψοντας, ἄλλους τοὺς ἀκολουθήσοντας, ἵν᾽ ἐν τῷ 22
βαλανείῳ ἐκδυσάμενος καὶ ἐκτείνας σεαυτὸν ὡς οἱ ἐσταυ-
ρωμένοι τρίβῃ ἔνθεν καὶ ἔνθεν, εἶθ᾽ ὁ ἀλείπτης ἐπιστὰς
λέγῃ· «Μετάβηθι, δὸς πλευρόν, κεφαλὴν αὐτοῦ λάβε, παρά-
θες τὸν ὦμον», εἶτ᾽ ἐλθὼν ἐκ τοῦ βαλανείου εἰς οἶκον
κραυγάσῃς· «Οὐδεὶς φέρει φαγεῖν;», εἶτ᾽ «Ἆρον τὰς τρα-
πέζας, σπόγγισον.» Τοῦτο φοβῇ, μὴ οὐ δύνῃ ζῆν 23
ἀρρώστου βίον, ἐπεί τοι τὸν τῶν ὑγιαινόντων μάθε πῶς
οἱ δοῦλοι ζῶσιν, πῶς οἱ ἐργάται, πῶς οἱ γνησίως φιλοσοφοῦντες, πῶς Σωκράτης ἔζησεν, ἐκεῖνος μὲν καὶ μετὰ
γυναικὸς καὶ παίδων, πῶς Διογένης, πῶς Κλεάνθης ἅμα

---

1 μελετᾷς ἀποδεικνύειν: μελέτας μελετᾷς; ἀποδεικνύειν Salm. ||
3 τί τηρεῖς del. Reiske || 8 πείθεσθαι: προθέσθαι PV προσθέσθαι J ||
12 ἠμέλησας Schenkl: ἠμέλησας φιλοσοφίας codd. || 14-15 βεβου-
λεῦσθαι: βουλεύσασθαι Upt. cod. J || 26 ἐπεί: ἐπί (corr. S_b) S.

Cléanthe, qui pouvait également étudier et puiser de l'eau. Cela, si tu le désires, tu l'auras partout et tu vivras en toute confiance. Confiance en quoi? En la seule chose à laquelle il faille se fier, à ce qui est sûr, sans entraves, à ce qui ne peut être enlevé, c'est-à-dire à la personne morale, à la tienne. Mais pourquoi t'es-tu rendu à ce point inutile et stérile que personne ne veuille te recevoir chez lui ni s'occuper de toi? Quand on a jeté dehors un vase intact et qui peut servir, quiconque le trouve l'emportera et pensera que c'est tout gain, mais de toi, personne ne croira semblable chose et tout le monde croira que c'est pure perte. De sorte que tu n'es capable de rendre le service ni d'un chien ni d'un coq. Pourquoi donc veux-tu encore vivre, dans l'état où tu es?

Dieu pourvoit aux besoins du sage.

Un homme de bien redoute-t-il que les vivres ne viennent à lui manquer? Ils ne manquent pas aux aveugles, ils ne manquent pas aux boiteux; manqueront-ils à l'homme de bien? Au bon soldat ne manque pas qui l'emploie et lui paie sa solde, tout comme au bon ouvrier et au bon cordonnier. Et l'homme de bien ne trouverait pas? Dieu se désintéresse-t-il à ce point de sa création, de ses serviteurs, de ses témoins, de ceux-là seuls dont il se sert comme exemples auprès des gens sans instruction, pour prouver « et qu'il existe et gouverne sagement l'univers et ne se désintéresse pas des affaires humaines et que, pour l'homme de bien, il n'y a jamais de mal, ni de son vivant, ni après la mort »?

— Mais que dire donc, quand il ne me fournit pas de vivres?

— Quoi d'autre, sinon que, tel un bon général, il a sonné pour moi le rappel? J'obéis, je marche à la suite de mon chef, en le louant, en chantant ses œuvres. Et en effet, je suis venu quand il lui a plu, je repars quand il lui plaît et, durant ma vie, c'était ma fonction de chanter les louanges de Dieu, seul pour moi-même ou devant un autre ou devant plusieurs. Dieu me donne peu de choses, et aucune en abondance, il ne veut pas que je vive dans le luxe: il ne donnait pas davantage à

σχολάζων καὶ ἀντλῶν. Ταῦτα ἂν θέλῃς ἔχειν, ἕξεις 24
πανταχοῦ καὶ ζήσεις θαρρῶν. Τίνι; ᾧ μόνῳ θαρρεῖν ἐνδέχεται, τῷ πιστῷ, τῷ ἀκωλύτῳ, τῷ ἀναφαιρέτῳ, τοῦτ᾽ ἔστι
τῇ προαιρέσει τῇ σεαυτοῦ. Διὰ τί δ᾽ οὕτως ἄχρηστον 25
καὶ ἀνωφελῆ σαυτὸν παρε ‖ σκεύακας, ἵνα μηδείς σε εἰς
οἰκίαν θέλῃ δέξασθαι, μηδεὶς ἐπιμεληθῆναι; Ἀλλὰ σκεῦος
μὲν ὁλόκληρον καὶ χρήσιμον ἔξω ἐρριμμένον πᾶς τις
εὑρὼν ἀναιρήσεται καὶ κέρδος ἡγήσεται, σὲ δ᾽ οὐδείς, ἀλλὰ
πᾶς ζημίαν. Οὕτως οὐδὲ κυνὸς δύνασαι χρείαν παρασχεῖν 26
οὐδ᾽ ἀλεκτρυόνος. Τί οὖν ἔτι ζῆν θέλεις τοιοῦτος ὤν;

Φοβεῖταί τις ἀνὴρ ἀγαθὸς μὴ λείπωσιν αὐτῷ τροφαί; 27
Τοῖς τυφλοῖς οὐ λείπουσι, τοῖς χωλοῖς οὐ λείπουσι· λείψουσιν ἀνδρὶ ἀγαθῷ; Καὶ στρατιώτῃ μὲν ἀγαθῷ οὐ λείπει ὁ
μισθοδοτῶν οὐδ᾽ ἐργάτῃ οὐδὲ σκυτεῖ· τῷ δ᾽ ἀγαθῷ λείψει;
Οὕτως ὁ θεὸς ἀμελεῖ τῶν αὐτοῦ ἐπιτευγμάτων, τῶν 28
διακόνων, τῶν μαρτύρων, οἷς μόνοις χρῆται παραδείγμασιν
πρὸς τοὺς ἀπαιδεύτους, ὅτι **καὶ ἔστι καὶ καλῶς διοικεῖ τὰ ὅλα καὶ οὐκ ἀμελεῖ τῶν ἀνθρωπίνων πραγμάτων καὶ ὅτι ἀνδρὶ ἀγαθῷ οὐδέν ἐστι κακὸν οὔτε
ζῶντι οὔτ᾽ ἀποθανόντι;**

— Τί οὖν, ὅταν μὴ παρέχῃ τροφάς; 29

— Τί γὰρ ἄλλο ἢ ὡς ἀγαθὸς στρατηγὸς τὸ ἀνακλητικόν
μοι σεσήμαγκεν; πείθομαι, ἀκολουθῶ, ἐπευφημῶν τὸν
ἡγεμόνα, ὑμνῶν αὐτοῦ τὰ ἔργα. Καὶ γὰρ ἦλθον ὅτ᾽ ἐκείνῳ 30
ἔδοξεν, καὶ ἄπειμι πάλιν ἐκείνῳ δοκοῦν καὶ ζῶντός μου
τοῦτο τὸ ἔργον ἦν, ὑμνεῖν τὸν θεὸν καὶ αὐτὸν ἐπ᾽ ἐμαυτοῦ
καὶ πρὸς ἕνα καὶ πρὸς πολλούς. Οὐ παρέχει μοι πολλά, 31
οὐκ ἄφθονα, τρυφᾶν με οὐ θέλει· οὐδὲ γὰρ τῷ Ἡρακλεῖ

12-13 λείψουσιν : λείψουσι δ᾽ Kron. ‖ 13 alt. ἀγαθῷ del. Upt. ‖
14 ἀγαθῷ : ἀγαθῷ ἀνδρὶ Reiske ἀνδρὶ ἀγαθῷ (cf. l. 19) uel ἀνδρὶ
Schw. ‖ 15 αὐτοῦ J : αὐτοῦ SPVF ἑαυτοῦ B ‖ ἐπιτευγμάτων : ἐπιτηδευμάτων Upt. cod. J ἐπιταγμάτων Wolf ‖ 15-16 τῶν διακόνων τῶν
μαρτύρων del. Bernays ‖ 20 ζῶντι (ζ in ras.) S.

Héraclès, son propre fils : c'était un autre qui régnait sur Argos et Mycènes; lui, obéissait et peinait et accomplissait ses travaux. Quant à Eurysthée[1], qui avait le titre de roi, il ne régnait ni sur Argos ni sur Mycènes, lui qui ne régnait même pas sur lui-même. Héraclès, au contraire, était maître et chef sur la terre entière et sur la mer; il les purgeait de l'injustice et de l'iniquité, il y introduisait la justice et la piété, et cela, il l'accomplissait sans armes et tout seul. Et quand Ulysse fut jeté sur la côte par un naufrage, se laissa-t-il humilier par son dénuement, a-t-il perdu courage? Voyez comment il aborda les jeunes filles pour leur demander ces objets de première nécessité qu'il est, pense-t-on, si honteux de demander à autrui!

Comme un lion nourri dans la montagne[2].

Le don du philosophe. A quoi se fiait-il? Non pas à la réputation, ni aux richesses, ni aux dignités, mais à ce qui faisait sa force à lui, c'est-à-dire à ses jugements sur ce qui dépend ou ne dépend pas de nous. Voilà, en effet, les seules choses qui font les hommes libres, les seules qui les affranchissent, les seules qui redressent la tête de ceux qui ont été humiliés, les seules qui permettent de regarder en face et d'un regard droit riches et tyrans. Voilà le don destiné au philosophe. Et, au lieu de partir avec confiance, tu vas trembler pour tes misérables habits et tes petits vases d'argent? Malheureux homme, as-tu donc ainsi jusqu'à présent gaspillé le temps?

— Mais alors, si je tombe malade?
— Tu seras un bon malade.
— Qui me soignera?
— Dieu, tes amis.
— Je coucherai sur la dure.
— Mais comme un homme.

---

1. C'est Eurysthée qui, pour se débarrasser d'Héraclès, lui avait assigné les douze travaux qui feront de lui le héros par excellence des Stoïciens et des Cyniques. Comparer II, 16, 44; III, 22, 57; 24, 13.
2. Homère, *Odyssée*, VI, 130.

παρεῖχεν, τῷ υἱεῖ τῷ ἑαυτοῦ, ἀλλ' ἄλλος ἐβασίλευεν
Ἄργους καὶ Μυκηνῶν, ὁ δ' ἐπετάσσετο καὶ ἐπόνει καὶ
ἐγυμνάζετο. Καὶ ἦν || Εὐρυσθεὺς μέν, ὃς ἦν, οὔτε Ἄργους
οὔτε Μυκηνῶν βασιλεύς, ὅς γ' οὐδ' αὐτὸς ἑαυτοῦ, ὁ δ'
Ἡρακλῆς ἁπάσης γῆς καὶ θαλάττης ἄρχων καὶ ἡγεμὼν ἦν,
καθαρτὴς ἀδικίας καὶ ἀνομίας, εἰσαγωγεὺς δὲ δικαιοσύνης
καὶ ὁσιότητος· καὶ ταῦτα ἐποίει καὶ γυμνὸς καὶ μόνος. Ὁ
δ' Ὀδυσσεὺς ὅτε ναυαγὸς ἐξερρίφη, μή τι ἐταπείνωσεν
αὐτὸν ἡ ἀπορία, μή τι ἐπέκλασεν; ἀλλὰ πῶς ἀπῄει πρὸς
τὰς παρθένους αἰτήσων τὰ ἀναγκαῖα, ὧν αἴσχιστον εἶναι
δοκεῖ δεῖσθαι παρ' ἄλλου;

Ὥς τε λέων ὀρεσίτροφος.

Τίνι πεποιθώς; οὐ δόξῃ οὐδὲ χρήμασιν οὐδ' ἀρχαῖς, ἀλλ'
ἀλκῇ τῇ ἑαυτοῦ, τοῦτ' ἔστι δόγμασι ⟨περὶ⟩ τῶν ἐφ' ἡμῖν
καὶ οὐκ ἐφ' ἡμῖν. Ταῦτα γάρ ἐστι μόνα τὰ τοὺς ἐλευθέρους
ποιοῦντα, τὰ τοὺς ἀκωλύτους, τὰ τὸν τράχηλον ἐπαίροντα
τῶν τεταπεινωμένων, τὰ ἀντιβλέπειν ποιοῦντα ὀρθοῖς
τοῖς ὀφθαλμοῖς πρὸς τοὺς πλουσίους, πρὸς τοὺς τυράννους. Καὶ τὸ τοῦ φιλοσόφου δῶρον τοῦτο ἦν, σὺ δ' οὐκ
ἐξελεύσῃ θαρρῶν, ἀλλὰ περιτρέμων τοῖς ἱματιδίοις καὶ
τοῖς ἀργυρωματίοις; Δύστηνε, οὕτως ἀπώλεσας τὸν μέχρι
νῦν χρόνον;

— Τί οὖν, ἂν νοσήσω;
— Νοσήσεις καλῶς.
— Τίς με θεραπεύσει;
— Ὁ θεός, οἱ φίλοι.
— Σκληρῶς κατακείσομαι.
— Ἀλλ' ὡς ἀνήρ.

1 ἐβασίλευεν: ἐβασίλευσεν P || 2 ἐπετάσσετο: ὑπετ — ed.
Salmant. i. m. || 12 post. ὀρεσίτροφος add. ἁλκὶ πεποιθώς J ||
14 περὶ add. Schenkl || 20 θαρρῶν: αὐτῷ θαρρῶν Reiske || ἀλλὰ:
ἀλλὰ κάθησαι Reiske || 21 ἀργυρωματίοις; Δύστηνε Kron.: ἀργυρω-
ματίοις. δύστηνε codd.

— Je n'aurai pas de maison commode.

— Tu seras malade dans une maison incommode.

— Qui me préparera la nourriture?

— Ceux qui la préparent aussi aux autres. Tu seras malade comme Manès[1].

38 — Mais encore, quelle sera l'issue de la maladie?

— Y en a-t-il d'autre que la mort? Ne te rends-tu donc pas compte que ce qui, pour l'homme, est le principe de tous les maux et de sa bassesse d'âme et de sa lâcheté, ce n'est pas la mort, mais bien plutôt la crainte de la 39 mort? Voilà, par conséquent, contre quoi tu me feras le plaisir de t'exercer; à cela doivent tendre tous tes raisonnements, toutes tes études, toutes tes lectures, et tu reconnaîtras que c'est uniquement de cette façon que les hommes se libèrent.

FIN

DU TROISIÈME LIVRE
DES ENTRETIENS D'ÉPICTÈTE
D'ARRIEN

---

1. Manès est un nom d'esclave. Il y a une allusion à un mot attribué à Zénon par Musonius Rufus (fr. XVIII A. p. 98, 4 sqq. O. Hense).

— Οἴκημα ἐπιτήδειον οὐχ ἕξω.

— Ἐν ἀνεπιτηδείῳ νοσήσεις.

— Τίς μοι ποιήσει τὰ τροφεῖα;

— Οἱ καὶ τοῖς ἄλλοις ποιοῦντες· ὡς Μάνης νοσήσεις.

— Τί δὲ καὶ τὸ πέρας τῆς νόσου;

— Ἄλλο τι ἢ θάνατος; ‖ ἆρ' οὖν ἐνθυμῇ ὅτι κεφάλαιον τοῦτο πάντων τῶν κακῶν τῷ ἀνθρώπῳ καὶ ἀγεννείας καὶ δειλίας οὐ θάνατός ἐστιν, μᾶλλον δ' ὁ τοῦ θανάτου φόβος; Ἐπὶ τοῦτον οὖν μοι γυμνάζου, ἐνταῦθα νευέτωσαν οἱ λόγοι πάντες, τὰ ἀσκήματα, τὰ ἀναγνώσματα, καὶ εἴσῃ ὅτι οὕτως μόνως ἐλευθεροῦνται ἄνθρωποι.

ΑΡΡΙΑΝΟΥ
ΤΩΝ ΕΠΙΚΤΗΤΟΥ ΔΙΑΤΡΙΒΩΝ
Γ̄

2 ἀνεπιτηδείῳ ed. Cantabr. (post Wolf): ἐπιτηδείῳ codd. ἐπιτηδείῳ οὐ Schenkl ἀνεπιτηδείῳ οὖν Oldfather ‖ 9 οὐ : ὁ S (in ras.) et BF ‖ 10 μοι del. Kron. ‖ 11 ἀσκήματα : ἀκούσματα susp. Schw. post Wolf ‖ 12 ἄνθρωποι : οἱ ἄνθωποι Upt. cod. J.

ACHEVÉ D'IMPRIMER
EN SEPTEMBRE 1990
SUR LES PRESSES
DE
L'IMPRIMERIE F. PAILLART
À ABBEVILLE

DÉPÔT LÉGAL : 3ᵉ TRIMESTRE 1990
Nº. IMP. 7722, Nº. D. L. ÉDIT. 2776